KB097664

아픈 몸, 무대에 서다

아픈 몸, 무대에 서다

여섯 몸의 삶이 펼쳐지기까지

나드·다리아·박목우·안희제·재·홍수영 글

조한진희 × 다른몸들 기획

오월의봄

그들이 몸으로 들려준 이야기들은 내가 나의 몸으로 경험해왔던 여러 억압의 기억을 불러일으켰다. 전신의 근육세포가 자신을 복구하지 못하고 서서히 무력해져갈 때, 늘어가는 위축의 규모만큼이나 필요한 의존이 내 일상의 대부분을 채워갔다. 연극에서는 말한다. 방석이 필요하다면 방석을, 매트가 필요하다면 매트를 요구하라고. 혼자 아프지 말자고. 그 당연한 말이 너무나도 사무쳤다. 나의 아픔도 장애도 모두 살아 있는 삶 그 자체이므로 나는 내 삶을 다시 온몸으로 껴안고서 말해야 한다. 몸은 정당하다. 어떤 몸이라도 존중받아야 한다. ─강병재(관객)

연극의 제목을 보면서 그런 생각을 했다. 아파도 미안하지 않을 수 있을까. 그러면서도 나에게 필요한 말이 아닐까 싶었다. 아파도 미안해하지 않을 수 있는 것, 아파도 주변 사람들이 이해해주고 아픔이 지나갈 때까지 기다려줄 수 있는 것. 나는 정말로 아파도 괜찮은지 그리고 미안해하지 않아도 되는 건지 의문을 품었던 지난날들을 떠올린다. ─Hanna Kim(관객)

세상에는 노력한다고 나아질 수 없는 몸이 있다. 돌을 아무리 굴려 올려도, 결국 더 빠른 속도로 떨어질 거라는 것을 깨달은 사람들이 있다. 아픈 몸에게 '완치라는 환상'을 강요하지 않았으면 좋겠다. 나드의 말대로, '아픈 사람의 책임은 자신의 고통을 목격하고 증언하는 것'이지, 완전한 치유가 아니다. 서로를 조금 더 잘 이해하고 살아갈 수 있도록, 아픈 몸의 이야기가 수치심 없이 드러날 수 있기를 소망한다. ─이의영(관객)

각 장에서 이야기의 주인공인 배우들은 종종 눈물을 흘렸다. 자신의 이야기이더라도 무대에 선 배우는 캐릭터를 연기하는 것이고 배우 자신의 감정을 객관화해야 한다. 이들의 눈물은 극적 상황을 표현하기 위한 연기가 아니었다. 그럼에도 이들의 눈물은 아름답다. 시민연극이라서 연기술을 기대하지 않기 때문이 아니다. 또 이들의 이야기가 너무 아픈 것이어서도 아니다. 어려움에도 불구하고 이야기를 꺼내어 들려주고 그것을 듣고 있는 '연극'이라는 행위의 절실함 때문이다. 코로나19로 멈춘 세상에서, 가장 먼저 극장이 문을 닫는 시절에 아픈 몸들이 만나 연극을 만들었다. 비록 우리는 지금 서로 함께 만나지 못하지만 함께하는 것의 아름다움을 알고 있고 그 아름다움을 함께 나누고 있다. 그래서 나는 이 연극이 아름답고 고맙다. —김소연(연극평론가)

세계적으로 '사람 중심' '환자 중심'의 의료가 새로운 건강 이념으로 주목받는 때, 아픈 몸과 마음들이 스스로 그 중심의 중심으로 들어간다. —김창엽(서울대보건대학원, 시민건강연구소)

'아픈 몸' 정체성을 통해 온전한 '나 자신-되기'를 선택한 이들. —김효실(《한겨레》 기자)

아프면서 나를 가장 미안하게 만든 것은 나였다. 연극을 보고 나는 나와 화해하고 함께 변화하고 싶어졌다. —미류(인권운동사랑방)

아픈 몸을 버린 사회체제에 대한 비판은 〈아파도 미안하지 않습니다〉를 환우회 체험기로 만들지 않게 하는 핵심 요인이다. ─박정수(《비마이너》기자)

미팅을 갔다가 갑자기 위가 아프고 소리가 멀리 들렸다. 평소의 나라면 그 시간이 지나가길 버텼겠지만, 자리에서 양해를 구하고 집으로 와 휴식을 취할 수 있었던 것은 이 책 덕이다. 아픈 것은 그냥 아픈 것. 연극이 만들어지는 환경도 그 이후도 그러했다. '건강이 최고!'라는 말은 허상이다. 아무도 최고가 될 수 없다. 이 책은 우리를 그 허상에서 내려오게 만든다. 대신 다른 곳으로 초대한다. 아픈 몸들이 가득 찬 그곳은 병실이 아니다. 바로 무대다. 당신의 아픈 몸에도 40퍼센트의 그리 강하지 않은 환한 조명이 비춰지길 꿈꾼다. ─신승은(영화감독, 뮤지션)

세상의 많은 질병수기들은 아픈 이에게 '힘내' '완쾌를 빈다' 같은 말이 희망은커녕 더 큰 절망일 수도 있다는 걸 알려준다. 그런데도 '아픈 몸과 더불어 사는 법'에 대해 무지한 나는 좀처럼 다른 말을 찾지 못한다. 이 책의 저자들도 그랬다. '아픔'은 보편적인 현상이지만, '타인의 아픈 경험을 나누는 일'은 특별히 공을 들여 훈련해야 하는 기술이다. 이 책을 쓴 여섯 명의 아픈 이들은 다른 사람이 들려주는 '질병 이야기'의 한 배역이 되어봄으로써 비로소 자기의 아픔을 이해하게 됐다. 이제 이들의 몸은 '아픈 몸'이기만 한 것이 아니라, '표현하는 몸'이자 '배우는 몸', 즉 '배우의 몸'이다. 무대에 오른 배우에게 무슨 말이 더 필요할까. 뜨거운 박수, "다음에 또 만날래요?"라는 인사, 그리고 열렬한 '앙코르!'면 좋지 않을까. ─오혜진(문학평론가)

이것은 "완전한 치유"가 아닌 "완전한 치유로부터의 자유"를 말하는 혁명적인 질병서사다.

—은유(작가)

여기 엮어진 '아픈 몸'은 전문가에게 진단받는 몸이거나 가족과 친구들을 힘들게 하는 몸이 아니라, 각자의 고통에 대해 증언하는 몸이다. 그 몸들은 "질병이 환대받는 경험"을 통해 그야말로 아파도 미안하지 않은 사람이 되는 소중한 경험을 한다. 책과 연극을 오가는 이 작업의 가장 중요한 성취는 환자/비환자의 구별에 대한 우리의 관념을 흔든다는 것이다.

—이라영(예술사회학자)

관객과의 대화에서 나는 수줍음을 무릅쓰고 말했다. 질병과 아픈 몸을 가시화하려는 친구(쟤)의 노력이, 건강과 질병에 대한 나의 편협한 사고를 무너뜨리고 세계를 확장했다고. 누군가는 또 이 연극과 아주 강렬하게 만날 것이다. 그 사이에서 튀어오르는 새로운 가능성을 기대한다.

—이진송(《계간홀로》 발행인)

아픈 사람도 당당하게 일하는 사회. 노동자 건강권 운동의 새로운 숙제.

—최민(한국노동안전보건연구소, 직업환경의학과 의사)

아파도 미안하지 않은 세상, 그곳이 천국이 아닐까.

—최원영(서울대병원 간호사, 전 행동하는 간호사회)

차례

연극과 책에 쏟아진 찬사 ———————————— 4

기획의 말 • 조한진희 ————————————— 12

배우 소개 ————————————————— 34

(1막) **조명이 켜지기 전**

여섯 개의 창들, 나의 첫 관객 • 홍수영 ———————— 38

'쓰고 있고, 쓸 수 있는' 서사 • 나드 ———————— 47

석연치 않고, 특별할 것 없는 이야기 • 다리아 ————— 63

나의 일상이 공감을 얻을 수 있을까 • 재 ——————— 71

억눌렀던 슬픔이 처음 몸 바깥으로 흘러나올 때 • 안희제 83

첫 봄비 바다를 두드리는 날에는 • 박목우 —————— 93

2막 막이 오르고

거울 안에는 가만히 내려앉은 평화가
당신의 얼굴처럼 비춰들고 • 박목우 ——————— 108

당신의 악역 • 안희제 ——————— 122

세심한 존중의 무대 만들기 • 재 ——————— 139

감히 이해한다고 말할 수는 없지만 • 다리아 ——————— 155

시선들 • 홍수영 ——————— 168

우리의 삶이 연극이 될 때 • 나드 ——————— 181

3막 연극이 끝나고 난 뒤

춤추는 삶이 될 때까지 • 나드 ——————— 210

다시 글을 쓰기로 하며 • 다리아 ——————— 227

아파도 미안하지 않은 연극 • 안희제 ——————— 236

모두를 위한 일터는 가능할까 • 재 ——————— 249

싸늘함 속에서도 나는 보았지, 번져가는 꿈결을 • 박목우 264

일상을 건넬 이들의 존재 • 홍수영 ——————— 276

부록

대본 ——————— 290

연극 제작기 • 조한진희 ——————— 326

시민연극 〈아파도 미안하지 않습니다〉가 걸어온 길 —— 338

나무의 결이 드러나는 무대 중앙에 놓인 플라스틱 재질의 검은 의자와 그 옆의 작은 페트병. 뒤에는 "아파도 미안하지 않습니다, 아픈몸들의 질병서사로 만들어진 시민연극"이라고 적힌 연극 포스터의 일부분이 넓은 스크린을 꽉 채운다.

몸 둘 곳 없는 이들의 이야기

시민연극 〈아파도 미안하지 않습니다〉가 세상에 나오기까지

조한진희

질병권: 아픈 몸들에게 무엇이 필요할까

아픈 몸의 이야기가 세상의 변화를 만들어낼 수 있을까? 변화까지는 아니더라도 약간의 균열이라도 낼 수는 없을까? 아니, 균열은커녕 과연 우리의 목소리가 시민들에게 닿을 수는 있을까? 그러나 분명히, 질병서사는 저항의 언어가 될 수 있다!

책의 원천이 된 시민연극 〈아파도 미안하지 않습니다〉를 기획하던 당시, 내게는 이런 열망과 확신들이 오갔다.

'건강을 잃으면 모든 것을 잃는 것'이라는 말이 '덕담'으로 회자되는 사회에서 아픈 몸들은 어떻게 살고 있을까. 건강중심사회는 잃어버린 건강을 반드시 되찾으라고 하지만,

더 이상 회복이 불가능한 몸은 좌절로 미끄러질 수밖에 없다. 건강이 스펙이 된 지 오래된 사회에서 아픈 몸은 자기 관리의 실패자일 따름이다. 완전한 건강을 되찾을 수 없다는 것을 알지만, 혹시나 하는 희망을 놓을 수 없어서 오롯이 현재를 살지 못하는 날들이 수년에서 수십 년씩 이어진다. 그동안 삶의 주인은 질병이 되어버리고, 욕망과 꿈은 건강을 완전히 되찾은 이후로 끝없이 유예된다.

'건강을 잃는 것은 곧 모든 것을 잃는 것'이라는 말은 아픈 몸의 소수자들을 배제한다는 점에서 문제적이다. 하지만 그럼에도 우리 사회는 건강을 잃으면 모든 것을 잃도록 만드는 잔인한 현실을 부추긴다. 이것이 내가 몇 년째 '잘 아플 권리'(질병권)라는 선언과 운동을 이어가고 있는 이유다. 아픈 몸들에게 필요한 것은 다름 아닌 질병권이다. 아픈 몸을 회복하지 않아도 온전한 삶이 가능한 사회를 만들기 위해, 이 사회에 작지만 분명한 목소리로 말을 걸고 있는 중이다. 아픈 몸의 동료들과 글을 쓰고, 책을 내고, 강의를 열고, 토론회를 열고, 성명서를 쓰고, 거리의 시위에 함께 몫을 보태고, 시민연극 〈아파도 미안하지 않습니다〉도 만들었다.

소수자들에게는 자신의 경험을 설명할 언어가 없다. 그래서 그들은 자주 침묵 속에 갇힌다. 그 침묵의 의미를 사회가 조금이라도 헤아려주면 좋으련만, 더 큰 목소리를 듣기에도 바쁜 세상에서 침묵은 아예 존재하지 않는 것으로 여

겨진다. 아픈 몸은 그 아픔을 설명할 언어가 없어서 '몸 둘
바를 모르겠는 몸'이며, 동시에 '몸 둘 곳 없는 몸'이 되기도
한다. 건강중심사회에서 아픈 몸이 있을 곳은 병원과 집뿐
이기 때문이다.

　결국 아픈 몸은 난민과 같은 존재다. 질병은 생로병사
가 삶 속에 통합되어 있던 과거와 달리 삶 바깥으로 추방되
었다. 그리고 여전히 의료권력이라는 절대왕정 아래에서
'완치'되지 않으면 '실패'한 것이라는 이분법에 갇혀 있다. 질
병을 삶의 일부로 다시 들여오기 위해서는 의료권력의 언어
로 질병을 재단하지 않으면서 질병을 둘러싼 이야기를 복원
하는 과정을 밟아야 한다. 실패, 절망, 고통의 말로 납작하게
포장된 질병의 이면을 더 많이 들추는 것이다. 의료사회학
자 아서 프랭크가 말했듯, 아픈 몸들은 '상처 입은 스토리텔
러wounded storyteller'이며 이들의 이야기는 몸에 '대한' 것이 아
니라 몸을 '통해' 발화된다. 그렇다면 어떻게 좀 더 잘 발화
하는 몸을 만들 수 있을까? 다른 아픈 몸들과 함께하려면 어
떻게 해야 할까.

준비 과정: 아픈 몸의 동료들을 찾아서

이 책의 배경이 된 연극 〈아파도 미안하지 않습니다〉에

대해 설명하려면, '질병과 함께 춤을'이라는 모임에 관한 이야기를 먼저 해야 할 것 같다. '질병과 함께 춤을'은 2015년 페미니즘 저널 《일다》 시민교실에서 열었던 동명의 강의를 계기로 결성된 아픈 몸들의 모임이다. '질병과 함께 춤을'에서 '질병서사'를 글로 쓰는 작업을 여러 해 진행했다. 그렇게 나온 동료들의 글을 2020년 동명의 꼭지로 《일다》와 진보적 장애인언론 《비마이너》에 연재했고, 그 연재를 마무리하는 마지막 글에 '아픈 몸들의 질병서사로 만들어지는 연극(낭독극)' 〈아파도 미안하지 않습니다〉 참여자를 모집한다는 내용을 담았다. 연극을 통해 고립되어 있을 또 다른 아픈 '동료'들을 찾고 싶었다.

　이 프로젝트를 강의나 글쓰기가 아니라 연극 형식으로 준비하기까지 여러 고민이 있었다. 가장 핵심은 앞서 말했듯 어떻게 하면 질병 경험을 좀 더 잘 '발화하는 몸'으로 만들어볼 수 있을까 하는 고민이었다. '질병과 함께 춤을' 모임에서 동료들과 함께 글을 오래 쓰다보니, 우리의 감정과 경험이 너무 빠르게 정돈되는 느낌이 들었다. 자신의 감정과 좀 더 깊게 접촉하고, 좌절을 좀 더 과감히 드러내도 될 것 같은데, 글을 쓸수록 생생함보다 가지런함이 늘어갔다. 더 깊은 상처나 두려움에 접촉하는 게 두려워 적당한 선에서 협상하고 있는 듯했다. 고통에 대한 두려움이 준 방어기제일지도 모른다는 생각이 들었다. 오랜만에 호흡을 가다듬기 위해 2019년 모임에서 연극 기법을 활용해 각자의 질병서사를 다시 다뤄보는 시간을 가졌다. 글을 쓸 때와 달리, 날것의 감정이 비죽하게 올라오기도 하고, 질병에 대한 그 어떤 책도 다루지 않은 방식으로 자신의 서사를 설명하는 순간이 잠시나마 늘어나는 것을 목격했다. 글쓰기가 고요하게 감정의 역동을 만나게 했다면, 연극은 몸 자체를 뒤흔들었다.

　이 경험을 토대로 오랫동안 꿈만 꾸었던 아픈 몸들의 연극에 대해 확신을 얻을 수 있었다. 아픈 몸들의 질병서사로 만들어진 연극 〈아파도 미안하지 않습니다〉는 언론 공개모집을 통해 질병 이야기가 마음에 충분히 고여 있는 여섯 명의 아픈 몸 동료들을 초대했다. 돌아가면서 '자신의 어떤 순간'을 표현하던 날, 자기 차례가 돌아오자 허공을 향해 힘껏 주먹질을 한 참여자가 있었다. 그가 표현하는 게 무엇일지 순간 호기심이 일었다. 상대에게 강한 펀치를 날리고 KO 시킨 위너가 아닐까 싶었지만, 이내 그것이 강제입원을 당한 정신병동에서 나가게 해달라는 간절한 두드림이었다는 것을 알게 됐다. 묵직한 고통이 모든 참여자의 몸을 관통했고, 각자의 방식으로 그 순간을 함께 앓았다. 또 다른 참여자의 순서가 되었을 때는 무언가를 꾹꾹 참으며 몸을 움직이는 것을 보았다. 화가 난 것인지 슬픈 것인지 모호하다고 느꼈다. 그는 자신의 질병 회복을 바랐던 가족들의 마음을 표현한 것이라고 했다. '시댁'의 '건강한 자궁'이 되지 못할까봐 불안해했던 가족들의 마음 말이다. 참여자들은 동시에 한숨을 쉬며 허탈감을 씹었다.

그렇게 석 달에 이르는 시간 동안, 아픈 몸과 살아가는 시민배우들은 각자의 질병과 함께해왔던 고단함과 기쁨에 대해 느리게 말하기 시작했다. 서로에게 서서히, 밀도 높게 스며들었다. 이 공연은 대본을 외워서 연기하는 일반적인 연극이 아니었다. 배우들은 무대에서 '멋진 연기'를 보여주겠다는 욕심이 없어 보였다. 다만 무대 위에서 처음부터 끝까지 그저 자기 자신일 수 있도록, 발을 단단히 바닥에 붙이려고 하는 듯했다. 무대 위든 세상 어디든, 그저 온전히 자신일 수 있도록. 적지 않은 이들이 이 연극을 통해 감동을 느꼈다고 말한 것은 대단한 연기력 때문이 아니라, 몸에서 자연스럽게 흘러넘치듯 강력하게 쏟아진 이야기와 거기에 담긴 절실함 때문이었을 것이다.

회복될 수 없는 아픈 몸으로 산 지 오래인 나 또한 아픈 몸을 이야기하는 절실함과 절박함을 여전히 느끼고 있다. 그 시작에는 질병세계의 언어가 절박했던 나머지 사회에 말 걸기를 시도했던 과정이 있었다. 첫 시작은 2015년에 시작한 연재 칼럼 〈반다의 질병관통기〉였다. 그와 동시에 '질병과 함께 춤을' 강의를 4년간 진행했다. 2018년부터는 아픈 몸들의 모임 '질병과 함께 춤을' 모임을 만들었고, 2020년에는 같은 이름으로 아픈 몸 동료들의 언론 연재를 시작하고 시민연극 〈아파도 미안하지 않습니다〉를 제작했다. 2021년 책《질병과 함께 춤을》과 2022년《아픈 몸, 무대에 서다》출 간까지, 서서히 질병세계의 언어를 확장해나간 시간이었다. 이 과정에서 최소 두 가지를 중요하게 염두에 뒀다. 첫 번째 는 아픈 몸들의 연결이다. 햇수로 7년간 이어진 이 질병서사 혹은 질병세계의 언어를 구축하는 작업은 기본적으로 고립 되어 있던 다양한 아픈 몸들을 모으고 천천히 연결하는 시 간이었다. 지금과 같은 건강중심세계에서 아픈 몸이 회복된 다는 것은 생의학적으로 질병을 제거하는 것이라기보다, 고 립되지 않는다는 것에 더 가까울지 모른다. 아무리 노력해 도 건강세계의 시민권을 가질 수 없는 이들에게 회복된다는 것은 다른 아픈 몸들과 연결되는 것이다. 우리는 건강세계 의 시민권을 욕망하며 좌절하기보다는 건강을 재단당하지 않으며 질병세계에서 동료 시민들과 어울려 살길 바란다.

두 번째는 아픈 몸들의 마이크를 확장하는 것이다. 즉 발화권력이 있는 한 명이 마이크를 쥐고 다수의 아픈 몸들 을 일방적으로 대변하기보다는, 더 많은 마이크를 만들어내 고, 그 마이크를 나누며 아픈 몸들의 다양한 릴레이 행렬을 만들고자 했다. 나는 이 일련의 과정을 통해 하나의 물결이 점점 더 많은 동심원을 만들고, 그 원이 모여 점차 파도를 일 으키길 바랐다. 우리의 질병 경험을 글과 연극으로, 그리고 이후에 또 다른 형식으로 발화하고픈 희망이 있다. 질병서사의 확장을 통해 너무나 남루한 수준인 질병을 둘러싼 정치와 인권 현실에 개입하고자 한다. 그러면서도 그 개입이 소수자 개인의 치유에만 초점을 맞춰 이 모순적 구조에 티끌만큼의 균열도 내지 못하는 방식으로 이뤄지지 않길 바란다. 그리고 동시에 구조의 변혁 속에서 개인들이 도구화되거나 마모되는 방식도 아니었으면 한다.

이것이 어디까지, 언제까지 가능할지 모르겠다. 어쨌든 2022년 현재, 아픈 몸의 동료들은 의료인과 정책전문가들에 의해 호명·관리·대리되는 식민지화된 몸에서 스스로 발화하는 몸이 되어가는 중이다. 우리가 시민연극 〈아파도 미안하지 않습니다〉와 이 책 《아픈 몸, 무대에 서다》를 통해 열등감과 패배감을 요구받는 몸에서, 수치심 없이 자신을 드러내며 조금씩 저항하는 몸으로 변이하는 것을 나는 목격했다.

연극의 여정: '회복' 혹은 '실패'의 이분법을 넘어

이 책의 구성은 연극에 참여하기까지의 과정을 담은 1막, 연극에 참여하고 연습 과정을 거쳐 무대에 오르며 느낀 것들을 담은 2막, 연극이 끝난 뒤 달라진 삶의 경험을 담은 3막으로 이루어져 있다. 독자들의 이해를 돕기 위해 연극의 내용 일부와 의미를 서문에서 안내할 필요를 느낀다.

"얼굴 하나, 표정 하나를 갖고 싶어서 헤맸던 시간들. 경련이 웃음으로 변하고, 그 어떤 웃음도 내 것이 아니었던 시간들. 너무도 많은 사람들이 나를 떠나갔다. 나를 스치듯이 보고 스치듯이 사랑하려 했던 사람들."

근육병을 가진 수영은 근육병으로 인한 경련 때문에 표정과 움직임을 마음대로 조절할 수 없다. 컨디션 상태에 따라 어떤 날은 너무 '멀쩡'해 보이기도, 어떤 날은 너무 '이상'해 보이기도 하는 질병의 특성을 모르는 이들은 수영을 오해하거나 부끄러워한다. 무지한 건 그들인데, 그들의 무지 때문에 수영은 거짓말쟁이가 된다.

아픈 몸들은 자주 의구심 앞에 놓인다. 크론병과 살고 있는 대학생 희제 또한 증세로 인해 자주 병결 신청을 하지만, 학교나 동료들은 꾀병이 아니냐는 의구심을 거두지 않는다. 학교생활을 위해 희제는 교수나 조교, 동료들에게 끊임없이 자신의 몸을 설명하고 또 설명한다. 그럼에도 그 설명은 종종 수용되지 않고 미끄러진다. 평생 질병과 함께 살아야 하는 이들에게 주변 사람들의 몰이해는 그 자체로 고유한 '통증'이 된다. 그 통증은 '치료'가 필요하다. 치료 방법은 우리 사회의 다수가 다양한 질병서사에 노출되고, 다른 아픈 몸들과 연결되는 것임을 다시금 강조하고 싶다. 이 책이 독자들에게 질병서사에 적극적으로 접속하는 계기가 되길 바라고, 저자인 여섯 명의 시민배우들에게는 다른 아픈 몸들과 더 많이 연결되는 장이 되길 바란다.

"오진과 책임 전가, 약 부작용의 반복. 내 두통조차 설명 못하고, 팔에 생긴 염증 하나에 쩔쩔매면서 자신은 틀렸을 리 없고 내 몸이 특이하다고 말하는 뻔뻔함. 제 발이 진료과들 사이를 헤맨 이유는 의사들의 혼란 때문이었습니다. 그러니까, 헤맨 건 내가 아니라 의학이죠."

희제는 현대의학을 정면으로 비판한다. 몸의 증세에 따라 다양한 과科를 전전하지만, 정작 해결되는 증세는 많지 않다. 최첨단 현대의학이라고 하지만, 그의 몸 앞에서 현대의학은 지속적으로 무능력을 드러낸다. 그럼에도 의학은 거만한 태도를 고수할 뿐이다. 의학이 오류를 인정하지 않을 때, 환자의 몸이 오류가 된다.

"내 난소를 위해 기도하지 마세요!"

가부장제 사회에서 여성의 몸은 출산을 위한 '자궁'(포궁)과 동일시되곤 한다. 이런 이유로 다리아의 자궁 건강은 그 자신을 위한 신체 기관이 아니라 손주를 안겨주는 임무를 수행하기 위한 도구가 된다. 시어머니는 다리아의 몸이 손주를 낳을 수 있는 자궁이 되길 바라며 난소의 혹이 없어지길 기도하고, 친정부모는 난소에 혹이 있는 다리아와 결혼하는 남자에게 미안해하고 고마워한다. 몸이 아프다고 해서 존재의 가치가 손상되는 게 아님에도 특정 기능을 수행해야 존재 가치를 인정받는 대상화된 몸들에게, 건강 손상은 존재 자체의 가치 손상과 연결된다.

물론 여성의 몸만 대상화·도구화되는 것은 아니다. 노동자의 산업재해는 자본가에게 그저 노동력의 상실일 뿐, 한 존재의 삶이 고통에 놓이는 일은 별로 중요하지 않은 것과 같은 이치다. 즉 인격이 몸에서 분절되고 기능적 대상으로 취급되는 현실에서, 건강 손상이 의미하는 것은 단지 건강중심사회에서 살아가는 존재가 겪게 될 삶의 어려움이 아니다. 이는 특정 기능을 수행할 수 없는 쓸모없는 존재가 되는 것을 의미한다. 그 남루한 위치는 자신의 존재 자체로 인정받지 못하고 특정 기능으로 타자화된 이들의 건강이 손상되었을 때 선명히 드러난다. 다리아가 자신의 난소를 위해 기도하지 말라고 외칠 때, 그것은 자신을 2세 출산을 위한 '자궁'으로 여기는 그 남루한 위치를 탈주하겠다는 의미이다. 자신의 인격을 지우고 자신을 '자궁'으로 대하는 가부장제에 대한 저항의 외침이다.

"환청은 세상의 연약한 것들이 내는 소리에 귀 기울이고 싶던 내 마음이었을 거야. 망상은 소외된 꿈들이 짓는 몹시도 뜨거운 희망."

20년 넘게 조현병과 살고 있는 목우에게 환청은 그가 '정상'이 아닌 존재라는 증표가 된다. 반복된 강제입원과 약물치료에도 불구하고 결코 사라지지 않는 목소리, 환청. 그것은 목우 자신에게는 하나의 '실재'이지만, 다른 한편으로는 강제입원의 근거이자 약물 속에 무기력하게 갇혀야 하는 이유가 된다. 현대 정신의학에서 '환청'은 약물로 삭제되어야 할 의미 없는 위험한 목소리로 간주된다.

그러나 연극 〈아파도 미안하지 않습니다〉에서 목우는 환청을 "연약한 것들이 내는 소리에 귀 기울이고 싶던 내 마음"이라고 의미를 부여하며 긍정한다. 이 대사는 '목소리 듣기 운동hearing voice movement'에서 주장하는 철학을 담고 있다. 목소리 듣기 운동은 환청을 '병리적 증세'가 아닌 '특별한 경험'으로 전복시키는 정신장애인 당사자의 경험적 지식이 주도하는 운동이다. 즉 약물로 '치료'되지 않는 환청을 무조건 부정하거나 삭제할 것이 아니라, 그 목소리를 함께 들음으로써 대처와 변화가 가능하다는 입장을 전제하고 있다.※

그러나 현대 정신의학에서 환청에 귀를 기울이고 관여하는 것은 비합리적이고 위험한 일로 규정된다. 그만큼 이 운동은 세계적으로 다양한 토론과 논란을 야기하고 있다. 반면 한국에서는 아직 본격적 논의조차 시작되지 않은 듯하다. 이런 현실에서 나는 목우가 꼭 자신의 환청을 긍정하는 발화를 해보길 바랐다. 그와 몇 차례 '목소리 듣기 운동'에 관한 대화를 나눌 때 그 가능성에 설레하는 모습을 보았

※ 송승연, 〈정신과적 증상인 '환청'이 '목소리'가 되었을 때〉, 《가톨릭뉴스 지금여기》, 2019. 10. 8.

기 때문이다. 그는 오랜 세월 조현병과 살아왔고 정신과 약물의 효능을 인정하지만, 그것이 억압이 될 수 있다는 것을 너무나 잘 알고 있다. 그래서 더더욱 '목소리 듣기 운동'에서 가능성을 보았을 것이다.

그가 했던 "환청은 세상의 연약한 것들이 내는 소리에 귀 기울이고 싶던 내 마음"이라는 말은 일반적인 사회관계 안에서라면 '미친 소리'가 된다. 진료실에서 그런 말은 '약물 복용량 증가 처방'의 근거가 된다. 그러나 '가상의 공간'이라는 연극 무대의 특성은 그에게 안전하게 발화할 수 있는 장을 마련해주었다. 그는 비로소 무대 위에서, 수십 년 동안 환청과 살고 있으며 약물로 '치료'되지 않는 증세로 인해 평생 '환청이 들리는 이상한 사람'이라는 '낙인'을 넘어설 수 있었다. 처음으로 그 환청을 사람들 앞에서 긍정적으로 해석해본 것이다.

물론 환청에 대한 긍정적 해석을 시도해본 것이 현대 정신의학을 전면 부정한다는 의미는 아니다. 다만 그 시도는 정신의학에서 반드시 제거되어야 할 대상이자 '비정상인'의 증표로 여겨졌던 환청에 다른 의미를 덧붙이고, 의사가 아닌 한 그 증세에 대해 규정할 수 없는 의료권력의 현실에 균열을 낸다. 반드시 제거되어야 한다고 하지만 수십 년간 이어진 약물치료에도 제거되지 않았던 환청에 대해 의사가 아닌 조현병 당사자가 자신의 환청은 병리적 증세가 아닌 '특별한 마음'이었다고 규정해본 것이다. 이는 환청에 대한 전복적 해석일 뿐 아니라 의료권력에 대한 저항이었다.

현대 의료권력은 거의 모든 면에서 강고한 위치를 점하지만, 특히 정신의학 분야에서 더욱 그렇다. 인간의 신체를 결박하고 구금할 수 있는 권한은 사법권력 그리고 정신과 의사에게만 부여된다. 게다가 한국은 정신병원 강제입원율이 매우 높다. 이런 현실에서 강제입원의 트라우마를 입게된 목우의 목소리는 이 연극에서 매우 상징적인 함의를 가진다.

"아니 아픈 사람이 왜 일을 해요?"

"이번 달 약값만 얼마 나왔는지 아세요? 비보험이라 360만 원 나왔어요. 그 돈은 어디서 나오는데요?" "우리 사회에서 암만큼 두려운 게 가난 아닌가요?"

직업교육 상담 교육을 받으러 간 유방암 생존자 쟤는 고용센터 직원에게 왜 일을 하려고 하냐는 핀잔을 받는다. 쟤는 그를 반박한다.

이 대사는 최소한 두 가지를 고민하게 한다. 우선, 노동권의 성별성이다. 만약 쟤가 젊은 여성이 아닌 중년 남성이었다면 어땠을까? 고용센터 직원은 그토록 쉽게 '아픈데 왜 일하려고 하나'는 핀잔을 주기보다, 아파도 일해야 하는 상황을 위로하고 일자리를 걱정해주지 않았을까. 젊은 여성은 엄연한 생계 주체임에도 여전히 소비와 경제적 의존의 대상으로 손쉽게 규정되곤 한다. 현재의 코로나19나 1997년 IMF 구제금융 때처럼, 위기 국면마다 젊은 여성이 해고 0순위가 되는 것은 이 때문이다. 따라서 아픈 젊은 여성에게 일자리가 필요하다는 점 역시 자주 간과된다.

질병이 있다고 할 때 그나마 남성이 (젊은 여성에 비해) 노동권을 좀 더 인정받는 것은 사실이다. 그러나 근본적으로 이 사회는 '아픈 몸의 노동권'을 보장하지 않는다. 몸이 아픈 이에게는 전적으로 치료에 집중해야 하는 시기가 필요하다. 반면 몸이 완전히 회복되지 않았더라도 지속적인 치료나 관리를 병행하며 노동할 수 있고, 노동이 권장될 뿐 아니라 절박한 시기도 분명히 존재한다. 아픈 몸들의 상당수가 이 후자에 속한다. 의사들은 적절한 노동이 일상 복귀와 건강 관리에 오히려 도움이 된다고 말하고, 여러 통계는 적절한 노동이 건강 회복과 유지에 매우 긍정적인 영향을 미친다고 지적한다. 이뿐만 아니라 몸이 아프면 병원비를 비롯해 더 많은 지출이 발생한다. 아플수록 더 많은 돈이 필요하기에 임금노동이 절박해진다.

그러나 우리 사회에서 아픈 몸의 노동권은 전혀 보장되지 않는다. '아픈 몸의 노동권'이라는 단어나 개념 자체도 사실상 존재하지 않는 것 같다. 아픈 몸에게 부여되는 것은 회복할 의무 혹은 권리이지, 노동할 권리가 아니다. 간혹 암 환자의 삶의 질을 논의하는 담론에서 적당한 노동이 오히려 삶에 긍정적인 영향을 미친다는 논의는 있지만, 생계와 노동권을 중심으로 한 본격적 담론은 찾아보기 쉽지 않다.

암 경험자들은 종종 '암과의 싸움에서 승리해서 목숨은 지켰지만, 일자리 지키기 싸움은 실패했다'고 말한다. 목숨을 지키는 것보다 일자리 지키기가 더 어려웠다는 이야기다. 사회는 아픈 몸들이 질병과 '투쟁'하는 존재일 뿐 아니라 일상을 살아가는 존재임을 인정하지 않는다. 건강중심사회는 아픈 몸들에게 빠르게 건강한 몸으로 회복하라고 요구할 뿐, 이들이 아픈 몸으로 살아가야 하는 시기를 어떻게 헤쳐 나가는지에는 관심이 없다. 아픈 몸으로 살아가야 하는 시기가 일시적일 수도 평생 지속될 수도 있지만, 사회는 대안을 제시하지 않는다. 회복되지 않는 아픈 몸들은 자본주의 사회에서 생산성도 쓸모도 없는 존재로 여겨지기 때문이다. 세계적으로 암 환자에 대한 논의는 생의학적 치료에서 벗어나 일상의 복귀와 삶의 질을 논의하는 단계로 나아가고 있다. 그러나 한국의 경우 암 치료 기술과 생존율은 높은 반면, 일상과 삶의 대안에 대한 논의는 여전히 초보적인 상태에 머물러 있다.

한국의 고용정책법 7조는 병력病歷을 이유로 한 차별을 금지한다. 하지만 현실에서 이 조항은 사실상 지켜지지 않는다. 게다가 '병력이 있다'는 판단은 통상 과거에 병력을 가지고 있었으나 현재는 완치된 몸을 상정하는 경우가 많다.

이 조항으로 아픈 몸의 노동권을 보장하기란 쉽지 않아 보인다. 사람들은 기업에서 몸이 아픈 이들의 고용을 꺼리는 것이 당연하며 심지어 정당하다고 여긴다. 아픈 몸은 효율성이 떨어진다는 것이 그런 판단의 근거가 된다. 그렇다면 장애인의 노동권은 어떨까? 효율성만으로 따지면 표준의 몸에서 비껴난 장애인도 마찬가지이지만, 장애인의 노동권이 보장되어야 한다는 것에 대해서는 적지 않은 이들이 최소한의 '당위'로서 동의한다. 그러나 아픈 몸의 노동권에 대해 동의하는 이들은 드물다.

"나는 이제, 완전한 치유가 아닌, 완전한 치유로부터의 자유를 원합니다."

우리가 질병에서 생존한다는 것은 단지 생의학적으로 사망하지 않는다는 것만을 의미하지 않는다. 질병에 점유되지 않고 삶의 주체성을 상실하지 않는 것이 핵심이다. 발병부터 재활, 재발로 이어지는 나드의 20년 세월은 오로지 건강을 되찾기 위한 노력으로 점철된 시간이었다. 콘서트를 가거나 다양한 삶의 가능성을 꿈꾸는 일상은 건강을 되찾은 이후로 계속해서 유예되었다. 아프기 전의 몸을 되찾아야 한다는 목표 이외의 것들은 모두 미래에 저당잡힌 채 삶은 질병에 점유되었다. 그러나 이제 나드는 "완전한 치유로부터의 자유"를 외침으로써 질병 중심의 삶에서 벗어나 아픈 몸으로 현재를 살겠다고 선언한다. 닿을 수 없는 '질병을 극복한 건강한 몸'에 대한 사회적 압박과 자신의 집착을 끊어내고 마침내 자유로워지는 순간이다. 그는 더 이상 질병이 자신의 삶을 잠식하게 두지 않기로 한다. 이 선언을 통해 그는 질병의 생존자로 거듭난다.

　의학은 아픈 몸을 하나의 결핍으로서 회복되어야 할 상태로 규정하고, 그 때문에 의학이 상정한 건강한 몸으로 회복되지 않는 몸들은 그저 열등한 몸으로 남게 된다. 우리 연극에는 자신의 몸과 사회를 재규정하는 선언들이 담겨 있다. 연극을 통해 우리는 치료 담론을 거부하며, 회복되어야 할 의무를 넘어 아픈 몸으로 살아가는 상태 그 자체로 초점을 이동했다. '소수자들이 언어를 갖는 것'이 소수자 인권운동의 시작이자 끝이라고 할 때, 아픈 몸들이 겪는 현실에 저항할 수 있는 다양한 가능성을 언어화했다는 점이 이 연극의 성취라고 감히 말해본다. 무엇보다 건강의 손상이 곧 존재의 손상이 아니라는 점을 분명히 하고자 했다.

　우리는 연극을 통해 아픈 몸들이 겪고 있는 차별과 낙인, 혐오의 현실을 설명하는 것을 넘어서, 저항적 목소리를 담고자 했다. 잘 아플 권리(질병권)가 보장되는 사회가 멋진 아이디어이긴 하지만 다소 막연할뿐더러 불가능에 가깝다고 말하는 이들이 적지 않다. 그러나 없는 길을 만드는 것은 언제나 막연하고 때로 불가능해 보인다. 그리고 '불가능해 보인다'는 것이 '불가능하다'는 뜻은 아니다.

    질병권 운동의 갈 길은 멀지만, 그래도 가능성이 있다는 것을 최근 여러 방식으로 확인한다. 이 작은 연극이 (에피소드 부분 상영을 포함해) 누적 관객 2만 명을 기록했다는 것, 여러 대중과 언론이 반응하고 있다는 것, 무엇보다 사회 곳곳의 아픈 몸들이 연극을 통해 자신의 몸을 다르게 보기 시작했다는 이야기를 들려줄 때 그렇다. 인권운동사랑방의 미류 활동가는 이 연극을 추천하며 "아프면서 나를 가장 미안하게 만든 것은 나였다. 연극을 보고 나는 나와 화해하고 함께 변화하고 싶어졌다"고 말했다. 연극을 관람한 수많은 아픈 몸들이 자신을 다른 몸으로 재해석하며 변화하고 있다.

    그리고 1년 넘게 의대나 간호대 교수들이 수업시간에 학생들과 연극을 관람하고 싶다거나, 인권단체에서 인권교육 수업에 연극의 영상을 활용하고 싶다는 연락이 이어지고 있다. 아픈 몸의 저항적 서사와 인권이 우리 사회에 꼭 필요한 의제로 자리 잡아가고 있음을 느낀다. 게다가 보건의료인, 정책연구자, 그리고 평범한 시민들이 연극을 관람하고는 아픈 몸에 대한 인식이 확장되고 변화했다며, 더 많이 알기 위해 제도적 문제를 연구하고 고민하겠다는 이야기를 전해온다. 우리 사회가 아주 조금씩 변화하고 있다는 것을 느끼는 순간이다.

    아픈 몸 앞에 '회복' 혹은 '실패'라는 두 가지 길만 존재하는 것이 아니라는 점이 좀 더 명확해졌으면 한다. 아픈 몸으로 살아가는 과정이 그 자체로 존중되며, 아픈 몸에 대한 극복과 죽음 사이에 놓인 무수한 n개의 서사가 복원되어야 하는 것이다. 질병을 통해 사회의 모순을 드러내며 아픈 몸이 변화의 주체가 되는 저항적 질병서사는 질병권 운동의 첫걸음이다.

감사 인사

불가능한 기획에 무모하게 도전하고 있다는 수많은 말들 속에서 외롭게 시민연극 프로젝트를 시작했다. 그럼에도 많은 분들의 도움 덕분에 연극이 사회 전반에 널리 가닿을 수 있었고, 이렇게 책으로까지 이어질 수 있었다. 그런 점에서 "잘 차려진 밥상에 숟가락만 얹었을 뿐"이라는 한 배우의 수상 소감은 이 책에도 통한다. 영화는 물론 연극 역시 겉으로 드러나는 배우나 연출자 이외에 보이지 않는 수많은 이들의 노력 속에서 만들어진다. 특히 인권 연극으로 기획된 이런 프로젝트에는 (잘 드러나지 않지만) 보통의 작품보다 더 많은 이들의 땀과 조율과 협업이 필요하다.

감사 인사를 전하고 싶은 분들이 너무나 많지만, 지면 관계상 일부 분들만 언급하는 것에 양해를 구한다. 우선 연극 〈아파도 미안하지 않습니다〉에 참여한 시민배우 글을 연재해준 페미니즘 저널 《일다》와 조이여울 편집장에게 고마운 마음을 전한다. 애초에는 아파서 혹시나 당일 무대에 오르지 못하는 시민배우들이 있을까봐 팸플릿에 그들의 글을 실었던 것이었고, 연재는 그런 이유에 덧붙여 홍보를 염두에 두고 생각하게 된 것이었는데, 《일다》에서 기대보다 더 멋지게 연재를 기획해준 덕분에 더 많은 관객을 만날 수 있었다. 또한 이 책 제목 《아픈 몸, 무대에 서다》는 연재 당시 꼭지명이기도 하다. 너무나 적실한 꼭지명을 지어주어서, 우리 책 제목으로 삼는 데 이견이 없었다. 우리 시대에 페미니즘 저널 《일다》가 있어서 늘 고맙다.

코로나로 인해 협업이 어려웠지만, 그럼에도 여러 도움을 준 '인권연극제'와 '장애인문화예술판'에도 감사의 마음을 전한다. 앞서 '비정상적 존재'들의 연극을 꾸준히 만들어준 덕분에 좋은 관객층이 형성될 수 있었다고 본다.

진보적 문화예술작품을 선정하는 2020년 '레드어워드'의 수상작이 된 것도 기쁘고 감사하다. 어려운 여건 속에서도 10년째 레드어워드를 통해 우리 사회의 변화를 추동하는 문화예술을 소개하고 힘을 주는 레드어워드가 오래 함께하길 바란다.

2021년 '백상문화예술' 연극 부문 후보에 오른 것도 놀랍고 감사하다. 당일 행사장에서 다른 연극 부문 후보자들에게 미안한 마음이 든다는 말을 했다. 후보에 오른 것이 기쁘면서도 평생 연극에 영혼을 싣고 있는 분들이 계신데, 그 자리에 오르지 못한 많은 연극인과 작품들에게 미안했다.

그리고 우리 여섯 명의 시민배우들의 목소리가 무대뿐 아니라 지면을 통해서도 독자를 만날 수 있도록, 이 책 작업을 제안하고 정성스럽게 만들어준 임세현 편집자를 비롯한 오월의봄 분들에게도 뜨거운 감사 인사를 전한다.

마음을 다 전하기 어려울 만큼 감사한 것은 이 작은 연극을 함께 만든 스태프들과 관람으로 연대해준 관객들이다. 연출 빠빠, 무대감독 김동규, 음향감독 정재익, 조명감독 박병호, 영상오퍼 백상민, 무대크루 김광현, 진행스탭 진영·서영화·혜정, 수어통역 수어통역협동조합의 김선미·임동초·장진석·윤영표, 문자통역 AUD협동조합의 이시은, 영상감독 마민지, 오건영, 디자인 조은영, 후원 아름다운재단·도서출판 동녘. 그리고 이 책에 실린 흑백의 사진들은 별도의 표기가 없는 한 모두 김덕중 감독의 작품이다. 또한 그 누구보다 관람으로 연대해준 관객들에게 뜨거운 감사의 마음을 전한다. 이분들이 없었다면 연극은 물론 이 책도 없었으리라 확신한다. 감사의 마음을 뜨겁게 표현하고 싶은데, 할 수 있는 게 별로 없어서 마지막 페이지에 관람으로 함께해준 분들의 이름을 실었다(단체 관람은 개인 이름을 파악할 수 없어 단체명만 표기한 것이 아쉽다). 이따금 이름과 단체명 하나하나를 눈에 다시 담는다.

나드 　찬란한 미래를 꿈꾸던 스물여섯에 특별한 백수가 되었다. 졸업하고, 취직하고, 유학 가고 싶다는 계획은 하나도 이루지 못했다. 대신 성실한 환자가 되었다. 수술과 재활을 반복하다가 나이의 앞자리가 두 번 바뀌었다. 밥벌이에 대한 고민은 늘 있지만, 무엇이 되고 싶다는 생각은 없다. 제대로 아프고, 정확하게 슬퍼하고, 넉넉하게 감사하고, 빠짐없이 감탄하고 싶다. 《여기서 우리는 괜찮은 사람이 됩니다》를 함께 썼다.

다리아 　난소낭종, 화상, 골절 수술을 받았고, 지금은 난소낭종이 재발한 상태다. 그 외 염증성 질환으로 종종 고생하지만, 더 이상 '내 탓'을 하지 않으려고 한다. 누구나 조금씩은 아프며 살아갈 수밖에 없다고 생각한다. 《질병과 함께 춤을》을 함께 썼다.

박목우 　누군가에게 평범한 햇빛이고 싶고 늘 찾아오는 빗소리이고 싶고 끼니때마다 풍겨오는 어머니의 김치찌개 냄새 같은 것이고 싶다. 무언가에 닿고 어루만져주며 그를 조금 움직이게 하고 따뜻하거나 상쾌하게 하고 곁에 있는 동안 하나의 사물인 듯 무심하고 평온한 것이 되기를 바란다. 나날을 최선을 다해 분투하고 있는 우리 모두의 가슴에서 현을 켜는 소리, '조현'이라는 말에서 음악이 들려왔으면 좋겠다. 《질병과 함께 춤을》《네가 좋은 집에 살면 좋겠어》를 함께 썼다.

안희제　　스무 살에 크론병 진단을 받고 극복과 수용과 체념 사이에서 무수히 흔들리며 살아간다. 나도 아프다고 외치는 것은, 아프기만 한 사람으로 보이고 싶지 않기 때문이다. 면역억제제도 먹고, 술도 먹는다. 시사주간지 《시사IN》과 장애인언론 《비마이너》 등에 칼럼을 쓰고, 《난치의 상상력》과 《식물의 시간》을 썼다.

재　　잘 버티며 살아오던 가난한 예술인 비혼 여성. 자신에게 더 집중할 수 있는 홀로 되기에 대해 고민하고 그것을 행하며 즐기고자 예술 프로젝트를 기획하다가, 생각지 못한 타이밍에 유방암과 그 주변에 전이된 암을 발견했다. 현재 4기 유방암 생존자로 살아내고 있다. 아픈 몸이 된 후 더욱 여성의 삶에 관심을 갖게 되어, 여성 베테랑을 통해 여성의 노동에 대해 알아보는 WSW 프로젝트를 진행했다. 젊은 청년 여성의 아픈 몸을 이 사회가 어떻게 바라보는지 여실히 느끼며 사회와 분투하고 때로는 연대하는 삶을 살고 있다.

홍수영　　바디 에세이스트. 기다리고, 듣고, 느리게 대답하는 사람. 약을 복용하면 근육의 수축과 떨림이 경감되는 '경증'의 근육병 환자로 살고 있다. 근육을 쥐어짜는 통증과 휴지기가 반복적으로 오기 때문에 몸 상태가 급작스럽게 바뀌며, 하루에도 몇 번씩 다른 몸과 만난다. 사랑을 주장하는 곳에 있는 배제, 다양성을 외치는 곳에 있는 선긋기를 마주하는 순간들을 적는다. 《몸과 말》을 썼다.

조명이 켜지기 전

여섯 개의 창들,
나의 첫 관객

홍수영

나드, 다리아, 목우, 희제, 쟤, 그리고 수영. 첫 워크숍에서 우리가 나눈 것은 이름뿐이었다(희제는 아파서 오지 못했지만 마음으로 함께했다). 우리는 테이블 위에 흩어져 있는 여러 사진들 중에서 현재 자신의 상태와 앞으로 변화하고 싶은 상태를 가장 잘 표현할 수 있는 사진을 각각 두 장씩 골랐다. 그 사진들을 고른 이유를 간단히 설명했고, 설명을 토대로 즉흥적인 극을 만들었다. 까만 하늘 위 색색의 폭죽이 터지는 사진을 고른 다리아는 원하는 바를 거침없이 표현하고 마음껏 꿈꾸는 삶으로 변화하고 싶다고 했다. 나는 다리아의 열망을 내 손에 쥐고 일어나 다리아가 되어 말했다.

"나, 더 이상 어떤 시선도 의식하고 싶지 않아. 내 마음이 하는 말을 좇아갈래. 이제 자유로워질 거야."

처음부터 용기를 낼 수 있었던 건 아니었다. 서로의 얼굴을 흘끔흘끔 쳐다보며 눈치를 살피는 동안 우리 사이에는 어색한 기류가 흘렀다. 그러다 누군가 불완전한 몸짓으로 극을 시작했고, 대답을 하듯 다른 사람이 불쑥 일어나 새로운 움직임과 언어로 이어갔다. 아직도 선명히 떠오른다. 머뭇거리다 의자에서 일어나 한 발짝 앞으로 걸어 나온 목우가 주먹 쥔 손을 치켜올렸다. 내가 '지금의 상태'를 대변하기 위해 고른 사진을 표현하기 위함이었다. 사진 속에는 마구 자라난 억센 덩굴로 뒤덮인 창문이 담겨 있었다. 안에서는 절대로 열리지 않을 것 같은 창이었다.

"답답해."

그녀의 첫 마디에 가슴이 자근자근 밟힌 것처럼 아파왔다. 보이지 않는 창을 있는 힘껏 주먹으로 두드리며 허공을 내리치는 손짓에 속도가 붙었다.

"나가고 싶어. 열어줘! 거기 누구 없어요? 아무도 없어요?"

그녀가 구체적인 역할을 수행하자 곧 나드가 합류했다. 목우의 조용하고 구슬픈 목소리가 나드의 쩌렁쩌렁한 고함으로 동심원을 그리듯 퍼져나가는 순간이었다. 소리들이 융화됐다. 그에 대비되어 두 팔과 다리를 넓게 벌리고 자신의 몸을 벽으로 만들어 끈질기게 두 사람을 가로막는 재. 우리는 즉흥적인 재즈 연주를 하듯 악사가 되었다.

아무런 논의나 계획 없이 하나의 이야기 속에서 자기 자리를 만들고, 창조적으로 기능하며, 서로의 몸짓들을 뒷받침하고 엮어나갔다. 다른 사람이 어떤 움직임으로 나의 경험을 묘사하는지, 지금 내 마음이 그런 묘사에 어떻게 반응하는지 충실하게 느끼려고 노력했다. 해결되지 못한 감정들이 완결되는 기묘한 안정감과 함께, 혼자가 아니라는 생각이 타인의 체온처럼 깊이 파고들기 시작했다. 소통을 위해 움직이는 몸이 우리의 정체성을 강화시켰다.

중학교에 다니던 시절, 근육병 진단을 받았다. 어느 날부턴가 수업이 시작되고 대략 20분 정도가 흐르면 고개가 내 의지와 상관없이 수그러들기 시작했다. 등이 구부정해졌고 몸 왼쪽과 오른쪽의 무게가 확연히 다르게 느껴졌다. 정자세로 똑바르게 앉아 있을 수 없을 만큼 목이 흔들렸다. 거기에 갑작스러운 가정의 불화, 학우들의 집단 따돌림. 마음과 몸이 함께 휘청거렸다.

말을 하려고 하면 안면이 찌그러졌으며 연하장애로 인해 음식물을 잘 삼킬 수 없어 죽만 먹었다. 약을 복용하면서부터는 낮부터 저녁까지 어지럼증과 구토감에 시달렸다. 누워 있어도 통증으로 잠들 수 없는 나날이 계속됐다. 암기 능력이 떨어져 아무리 열심히 무언가를 외워도 다음 날이 되면 희미해졌다. 학업을 이어갈 도리가 없었다. 가장 두려운 점은 바로 그것, 기억력이 쇠미해진다는 사실이었다. 떠올릴 수 없는 장소와 얼굴이 눈앞을 부유스름히 스쳐갔다. 할 수 있는 일이라고는 메모장에 하루의 일과를 눌러 적는 것뿐이었다. 그때부터 일기를 쓰기 시작했다. 작고 사소한 것들을 놓치지 않고 기록했다. 지난겨울 어느 날엔 이런 메모를 끄적거렸다.

나는 기억한다.[*]
나는 기억한다. 내게 남은 옹알거림을.
나는 기억한다. 우리 모두가 원래는 말을 하지 못하는 아이였음을.
나는 기억한다. 어떤 언어에도 속하지 않은 당신의 감탄사를.
나는 기억한다. 기도하려는 마음 자체가 하나의 기도라던 톨러[**]의 대사를.
나는 기억한다. 나의 무심함을. 이웃과 하나님을 향한.
나는 기억한다. 교회 버스를 코앞에서 놓치고 교회까지 걸어가던 새벽을. 그때의 아무도 밟지 않은 오독오독한 눈길의 감각을.

[*] 조 브레이너드의 책 《나는 기억한다》(천지현 옮김, 모멘토, 2016)의 형식을 따랐다.
[**] 영화 〈퍼스트 리폼드〉(2017)의 주인공 톨러의 대사.

나는 기억한다. 병명을 알게 된 날, 처음으로 인터넷에 검색해보던 순간을. 어머니와 나는 세상에서 가장 긴 밤을 지새웠다.

나는 기억한다. 나를 위해서 기도해준 고마운 사람들을.

나는 기억한다. 열일곱에 만났던 에밀리 디킨슨을.

나는 기억한다. 앞머리가 비죽비죽 잘려서 미용실에 다녀오면 언제나 우울했던 나를.

나는 기억한다. 치과 치료를 받을 때마다 내 목을 고정시키기 위해 잡아주던 어머니의 두 손을. 10초에 한 번씩 쉬면서 받아야 했던 신경치료를. 다 됐어. 괜찮아. 다독거리는 목소리를.

나는 기억한다. 마티스의 로사리오 경당을. 파랑의 환대를.

나는 기억한다. 약효 시간이 짧아지던 밤들을. 그런 날이면 빨래를 짜듯이 비틀리던 몸의 부위들을.

나는 기억한다. 언덕바지를 하나씩 오를 때마다 노도처럼 밀려들던 바람. 하워스의 검붉은 히스꽃을.※

나는 기억한다. 양들이 쓸쓸하게 무리 지어 앉아 있던 언덕을. 그렇게 한 덩이의 바위에 기대 눈을 감았던 그

※ 하워스는 영국 웨스트요크셔 지역에 위치한 소도시로, 히스꽃이 무성한 하워스 고원은 에밀리 브론테의 소설 《폭풍의 언덕》의 배경이 되었다.

와 나를.

나는 기억한다. 약을 끊기 위해 하루에 세 시간씩 걸었던 스물다섯을.

나는 기억한다. 제이미가 새로운 치료법과 의사들의 명단을 들고 정신없이 매기를 끌고 다니던 장면을. 그를 떠나며 매기가 했던 마지막 말을. "나도 낫고 싶어. 그런데 치료법이 없어. 날 사랑하려면 나을지 확인이 필요해?"**

나는 기억한다. 기억력 때문에 가슴 졸이며 나눴던 환우들과의 대화를.

나는 기억한다. '기억나?' 하고 누군가 물으면 고개를 주억거리던 거짓말쟁이를.

나는 거짓말이 늘고 있다.

나는 기억한다. 우습게도 그렇게 되된다.

나는 기억한다. 나의 기억은 모래의 먼지들처럼 자유롭다.

나는 기억한다. 그 꽃의 이름이 지워진 오후를. 어디서 처음 만났는지 알 수 없지만 지금 내 곁에 있는 사람을.

나는 기억한다. '또 뭘 기억할 수 있어?' 하고 묻던 불안한 눈동자를.

** 영화 〈러브 앤 드럭스〉(2010)에서 주인공 매기가 자신의 연인 제이미에게 한 대사.

나는 기억한다. 흔적이 지워져도 내가 사랑하는 그의 현전을. 지금 여기를.

나는 기억할 수 없었다. 기억은 허물어지고 있었다. 뒤돌아볼 수 없게. 소통을 잃은 삶은 열리지 않는 창과 같았다. 밖은 환해졌다가 어두워지기를 반복했으나 나의 시간은 오래도록 문 안에 갇혀 있었다. 연관성 없는 생각의 편린들이 머릿속을 어지럽혔고 사람들과의 대화는 미끄러지기 일쑤였다. 가까운 친구들마저 나의 모든 말을 의심했다. 네가 그걸 아는 게 확실해? 진짜야? 갈 길을 잃고 투둑 끊어진 문장들. 망각은 시가 되리라, 지워짐 뒤에 시가 오리라 위안하며 나는 스스로를 안아줬던가. 언제 그었는지도 모를 낯선 밑줄들이 자욱하게 내려앉은 책과, 고요한 색종이처럼 접힌 혼잣말. 과거가 나의 경험이 아닌 내가 들었던 다른 누군가의 경험으로 점철된 시간 같았다.

가끔은 궁금하다. 대체 언제 기억을 잃어버리는 것인지. 기억을 잃고 있는 그 찰나의 순간을 돌아보고 싶다. 어제 빵집에서 나올 때였나. 아니면 판데목(통영 해저터널) 바람을 맞을 때였나. 다시 학교에 갈 자신이 없다고 주저앉던 내 등을 벗의 그림자가 덮어줬던 그날이었는지도 모른다. 정확한 때를 안다면, 아니 짐작이라도 해서 그때 거기에 두고 온 것 같다고 말해볼 수 있다면 얼마나 좋을까. 떨어뜨린 것 같다거나 그래서 다시 가봐야 없을 자리에 돌아가 '어, 여기도 없네?' 하며 한숨 쉴 수 있다면. 김광석의 음악을 듣다가 네가 건넨 위로의 말을 잃었다고 말하고 싶었다. 우리가 나눴던 대화를 거기 선유도 공원 벤치 어딘가에 놓고 왔다고. 밥을 짓다가 네가 매일 밤 읽어주던 시를 잃었다고.

연극 연습을 하는 동안 창밖엔 늦은 봄꽃이 피고 졌다. 열리지 않는 여섯 개의 창들. 우리는 바깥 세상에 대해 말했고 우리의 몸과 마음을 가둔 가장 내밀한 경계에 대해 말했다. 창을 휘감고 있는 무성한 덩굴의 정체에 대해서도. 같은 듯 다른 그들을 만나 거의 15년 만에 대화다운 대화를 나눈 뒤 집으로 돌아가는 길이면, 나를 기다리고 있는 집은 연남동의 좁은 몇 칸짜리 방이 아니라 불 꺼진 그들의 창가인 것만 같았다. 창가에 서서 그 아픈 몸들 근처를 오래 서성이고, 지켜주고 싶은 심정이었다.

세 번의 워크숍이 지나도록 우리는 병명이나 질병 경험에 대한 세부적인 대화를 나누지 않았다. 극의 연출을 맡은 빠빠의 세심한 배려였다. 빠빠는 우리에게서 늘 계산되지 않은 무언가를 끌어냈다. 설정된 틀 안에서가 아닌, 우리의 몸을 관통했던 가장 진실한 경험으로부터 우리의 표현이 출발할 수 있도록 도와주었다. 얼마나 편안했던가. 우리는 그저 우리가 느낀 감정 그 자체에 몰입했고, 우리를 가로막았던 장벽과 편견의 얼굴들이 되어보았다. 상처만 남긴 채 떠나간 사람들이 던진 몰이해의 말들에 다시 정면으로 부딪혔다. 우리 각각의 절망의 현장 속으로 들어가 당사자가 내뱉지 못했던 멍든 언어들을 추출해내기도 했다.

우리의 연습은 '되어보기'의 연속이었다. 인간은 끝내 자기 자신으로만 살아갈 수 있을 뿐이지만, 발길을 멈추고 나무 사이사이를 가르는 미풍을 들이마시듯 맞은편에 놓인 이의 상함과 고통을 호흡해보는 시간은 귀중하기 그지없었다. 그가 받은 편견을 재현하며 함께 겪는 것만큼 상대를 이해할 수 있는 방법이 또 있을까. 진정으로 함께 울 수 있었기에 우리 모두는 서로의 친구였다. 질병서사를 나누는 일에 모든 감각을 동원했던 멤버들. 이들의 용기가 너무 곱고 아름다워서 나는 연습을 하다가도 자주 눈물이 맺혔다.

돌아보면 서툴고 부족하기만 했다. 잘해내야지 하는 포부를 던지며 연습에 열심히 임하다가도 이유를 알 수 없는 두려움으로 길을 잃었다. 과거의 상처들을 풀어내는 게 겁이 나서 창문 안으로 더 깊게 숨어들고 싶은 순간도 많았다. 그럴 때 내 곁에는 늘 멤버들이 있었다. 나를 다독여주고 따뜻한 위로의 시간을 건네주며 '힘들지 않은지' 물어줬다. 그 질문에 감사하다. 그 질문들로 인해 연습실까지 가는 길이 벅찰 만큼 행복했다. 나의 첫 관객이 되어주었던 소중한 이름들을 나지막이 불러본다.

'쓰고 있고, 쓸 수 있는' 서사

나드

아픈 몸. 나와 떼려야 뗄 수 없는, 내 온몸에 스며들어 있는 말이다.

침대 머리맡에는 각양각색의 마사지 도구들이 항상 놓여 있다. 그중 주먹만 한 마사지볼을 골라 등 아래에 넣고 굴리며, 다른 한 손으론 휴대폰을 들고 코로나19 뉴스를 읽고 있었다. 글쓰기 모임 채팅창에 내 닉네임이 소환되었다.

"오, 나드가 딱이다! 글도 낭독도."

호기심 어린 눈으로 메시지를 밀어 올리니 '아픈 몸들의 질병서사로 만들어지는 낭독극: 아파도 미안하지 않습니다' 참여자 모집 링크가 올라와 있었다.

아픈 몸들의 질병서사로 만들어지는 낭독극은 어떤 모습일까. 상상이 잘 되지 않았다. 자신의 질병 에세이를 짧은 글로 써서 제출하면 신청이 완료된다고 했다. 마침 틈틈이 썼던 글들이 컴퓨터 파일에 30여 편쯤 쌓여 있었다. 대부분 아팠던 이야기로 채워져 있는 글들이었다. 게다가 어릴 때부터 수업시간에 책을 읽으면 귀에 잘 들어온다는 말을 듣곤 했으니, 지인의 말처럼 내게 딱 맞는 기회인지도 몰랐다.

하지만 하고 싶은 이유보다 하기 어려운 이유가 먼저 떠올랐다. 선뜻 마음이 움직이지 않았다.

질병왕국의 시민이 되다

2002년 가을, 휴학계를 접수하고 교학과 문을 닫고 돌아서는데 참았던 눈물이 쏟아졌다. 대학원에 진학하면서 하고 싶었던 공부를 본격적으로 하며 즐겁게 보냈기에 아쉬움이 컸다. 6년 동안 오가던 학교를 걸어 나오며 마치 처음 보는 것처럼 건물과 나무와 벤치를 오래도록 바라보았다. 교정을 걸어 다니는 사람들 무리에서 나만 분리되어 다른 세상으로 걸어가고 있었다. 솟구쳐 오르는 눈물을 닦으며 하루빨리 나아서 돌아오면 된다고 스스로를 다독였다.

두 번의 턱관절 수술을 받고 퇴원한 다음 날부터, 귀부터 턱까지 흰 붕대와 반창고를 칭칭 싸매고도 즐겁게 대학 교정을 누볐다. 진통제와 소염제를 달고 살면서도 '아프다'

는 말보다 '바쁘다'는 말이 입에서 먼저 튀어나왔다. 전신마취 후유증으로 손에 힘이 빠져 버스 손잡이를 놓쳐 넘어지고 손상된 턱관절이 신경을 눌러 구토를 해서 힘이 들 때면, 택시를 타고 학교에 갔다. 순간을 잘 견디면 지나가는 아픔이라 여겼다.

하지만 스물여섯, 두 번 수술했던 턱관절이 재발하면서 아픔은 지나가는 것이 아니라는 걸 받아들여야 했다. 손상된 턱관절에 염증이 심해지면서 턱뼈가 녹아내렸다. 아래턱뼈는 뒤로 밀려 들어갔고, 위턱뼈는 위로 들렸다. 턱뼈에 연결된 치아는 교합이 완전히 어긋났다. 손가락 한 마디만 한 관절이 삶을 갉아먹고 있었다. 먹고 자고 숨 쉬는 것이 힘들어지자 당연했던 일들이 불가능해졌다. 거울에 비친 내 모습이 점점 낯설어졌고, 공부를 한다는 건 사치스런 일이 되었다. 학교를 휴학하고 소망하던 미래를 잠시 접어두었다. 가능할 거라고 믿었던 세계가 급작스레 축소되었다.

변화된 세계를 받아들이는 처음의 내 방식은 회복하기 위해 모든 노력을 다하는 것이었다. 다시 이전의 세상으로 돌아가는 것이 유일한 목표가 되었다. 사람들은 건강왕국의 시민권과 질병왕국의 시민권을 모두 가지고 태어나며, 이 중 좋은 쪽의 여권만을 사용하고 싶을지라도 결코 그럴 수는 없다는 수전 손택의 말을 빌리자면, 나는 건강왕국의 시민권을 잠시 박탈당했을 뿐이라고 믿었다. 여러 병원을 전전하며 의사의 오진과 무책임한 말들에 자주 좌절하고 낙심하기도 했지만, 진통제를 밥처럼 삼키며 대학병원 치과 세 곳을 성실하게 오갔다. 그 어떤 의사의 말도 신뢰할 수 없어 혼란스러운 날에는 컴퓨터 앞에 앉아 턱관절 수술의 권위자와 논문을 검색하며 밤을 새우기도 했다.

미국행, 수술, 그리고……

공항에서 휠체어를 타고 다시 미국행 비행기에 올랐다. 미국에서 수술을 받고 돌아온 지 한 달 만이었다.

세 번째 턱관절 수술은 미국에서 받았다. 수술은 잘 끝났다. 하지만 6개월 후 비자가 만료되어 집으로 돌아오던 날, 아슬아슬하게 회복되고 있던 턱관절이 급작스레 덜컹거렸다. 머리와 턱이 흔들리며 통증이 덮쳤다. 한 달 동안 강한 진통제와 근육이완제를 먹어도 나아지지 않아 다시 미국 병원으로 향했다. 여행 캐리어를 끌고 가는 들뜨고 활기찬 사람들 속에서 휠체어를 탄 채 멍하니 허공을 바라보며 울음을 참고 있었다.

다행히 재발은 아니었다. 근육경련이라는 진단을 받고,

※ 수전 손택, 《은유로서의 질병》, 이재원 옮김, 이후, 2002, 15쪽.

일시적으로 근육을 마비시키는 주사를 여러 차례 맞고 집으로 돌아왔다. 하지만 주사의 효력은 한 달도 지속되지 못했다. 턱과 머리에서 시작된 통증은 몇 달이 지나자 등에서 배로, 또다시 팔과 다리로 퍼졌다. 머리부터 발끝까지 길고 단단한 끈으로 연결된 여러 층의 근육이 사방에서 수시로 온몸을 잡아당기며 점점 경직되었다. 조금씩 회복되던 얼굴은 다시 일그러졌다. 길을 걷다가, 밥을 먹다가, 가만히 앉아 있다가도 갑자기 몸 어딘가가 굳어지면서 통증이 밀려왔다. 가슴 근육이 조이는 날은 숨쉬기가 힘들었고, 아랫배가 딱딱해지는 날은 하혈을 했다. 음식을 먹으면 왼쪽 갈비뼈 부분의 근육이 찢어지는 것처럼 아팠다. 몸 어디의 어떤 통증이 말썽을 부릴지 예측할 수 없었고, 통증의 정도와 방향에 따라 얼굴 근육은 급격히 수축되고 변형되었다. 수술하고 나면 필요 없을 거라고 생각했던 모자를 찾아 다시 꾹 눌러 썼다.

이후 4년간 대부분의 시간을 누워서 지냈다. 간절한 기대가 좌절된 후유증은 무기력이었다. '수술이 잘되면……'이라는 희망에 가족이 가진 자원과 내 마음의 에너지를 전부 소진했다. 그 어떤 시도를 할 힘도 의지도 없었다. 봄이 오고 여름이 오고 낙엽이 지는 것을 알지 못했다. 하늘의 구름도 겨울의 첫눈도 나와는 상관이 없었다.

통증에 시달리다 해가 뜰 때 잠들고, 잠들어도 한두 시간을 채 못 자고 비명을 지르면서 깨는 날들이 계속되었다. 휴학 기간 내에 돌아가지 못해 결국 대학원을 자퇴했다. 지긋지긋한 통증보다 상실감이 가슴을 더 짓눌렀다. 가진 걸 잃는 것보다 손에 닿을 듯했던 미래를 잃는 게 더 서러웠다. 석사를 마친 후 취직을 하고 돈을 벌어 유학을 갈 수 있을 거라고 생각했던 미래는 나와 점점 멀어지고 있었다. 대기업과 컨설팅 회사에 취직하고, 석사·박사 학위를 받고, 대리에서 과장·차장으로 승진하는 동료들의 소식을 들을 땐, 아프지 않았다면 그 어딘가에 서 있었을 내 모습을 그려보기도 했다. 하지만 학교에 가고 싶고, 친구들과 만나 놀고 싶고, 무언가 이루고 싶고, 돈을 벌고 싶은 마음이 삐죽 자라날 때마다 애써 잘라내야 했다. 내 희망은 날카롭고 뾰족해서 그것을 품을 때마다 마음에 상처를 냈다. 소망의 나무는 점점 더 앙상해졌고, 덜 상처받기 위해 아무것도 꿈꾸지 않았다. 기대를 지우는 것이 철벽과도 같은 현실에서 내가 살아남는 방식이었다.

그럼에도 지켜내고 싶었던 것

잠수종이 한결 덜 갑갑하게 느껴지지 시작하면, 나의 정신은 비로소 나비처럼 나들이 길에 나선다.[*]

프랑스 잡지 엘르의 편집장이었던 장 도미니크 보비는 어느 날 운전하다가 뇌졸중으로 쓰러져 온몸이 마비되었다. 몸을 움직일 수 없는 감금증후군locked-in syndrome 상태에서 그는 유일하게 움직일 수 있는 왼쪽 눈을 깜박거리며 글을 쓰기 시작했다. 그에게는 마비되지 않은 게 더 있었다. 상상력과 기억.

무엇을 잃은 시간을 오래 앓다보면, 남아 있는 것들을 골똘히 바라보게 되는 순간이 찾아온다. 낮밤이 바뀐 채 해를 보지 않고 며칠을 지내고, 3일 동안 입 한번 열지 않고 침대에 누워 멍하니 천장만 바라보았다. 훌쩍거리거나 목 놓아 울다 지쳐 잠드는 나날이었다. 그러다 어느 날엔 상실감에 허우적거리던 스스로에게 다른 질문을 던지게 되었다. '내가 잃어버린 것들은 나를 포장하는 껍데기일 뿐이 아니었을까?'

가지 쳐낸 소망들은 나를 이 세상에 증명하고 싶었던 헛된 욕심의 일부였고, 앙상한 나무는 부족함이 아니라 본질에 가까운 것이라는 사실이 천천히 스며들었다. 현실의 슬픔 속에서 헤매다 조금씩 거리를 두고 내 삶을 바라볼 수 있게 되었을 때, 절실하던 것을 잃어버렸을 뿐 전부를 잃은 건 아니라는 걸 자각하는 힘이 생겼다. 내게는 어려운 상황

※ 장 도미니크 보비, 《잠수종과 나비》, 양영란 옮김, 동문선, 2015, 16쪽.

가운데에도 모든 지원을 아끼지 않는 가족이 있었고, 아픔을 함께 나누고자 했던 친구들이 있었고, 힘든 순간마다 도움의 손길을 뻗어준 사람들이 있었고, 아프지만 움직일 수 있는 몸이 있었다. 그리고 무엇보다 내겐 지켜내고 싶은 마음이 있었다.

　육체의 아픔이 마음을 단단하게 할 수 있다고 믿었다. 몸은 어쩔 수 없어도 마음까지 병드는 것은 막고 싶었다. 하루 대부분의 시간을 치료와 운동에 전념해도 롤러코스터를 타는 몸의 컨디션에 마음이 좌지우지되도록 내버려둘 수는 없었다. 그냥 두었다가는 몸보다 마음이 먼저 검게 탄 재처럼 변해버릴 것만 같았다. 몸의 통증과 마음의 상태를 분리하려고 노력하며 아플 때마다 마음을 다잡았다. 통증은 나를 살리려는 몸의 신호라고 스스로를 설득하면서 매일 몸을 움직이며 땀을 흘렸다. 몸의 회복도 중요했지만, 무엇보다 마음을 다스리기 위해 치료와 운동에 전념했다. 최선을 다해 몸을 움직였다는 사실 자체가 불안의 치료제였다. 시간이 지나자 몸이 갑작스레 아파오는 순간에도 마음은 이전처럼 휘청거리지 않게 되었다.

실크 원피스와 검정 군모

　오랜만에 방을 정리하다 옷장에 걸려 있는 베이지색 실크 원피스를 발견했다. 10여 년 전에 사놓고 한 번도 입지 못한 그 옷이 꼭 나의 일부 같아서 옷장 문을 오래도록 닫지 못했다. 내 삶의 일부분을 옷장에 넣어둔 채 살고 있었다는 자각에 마음 한켠에 휑한 바람이 불었다.

　옷장 밖 방문 앞에는 늘 여러 개의 모자가 놓여 있다. 턱관절이 재발했던 10여 년 전부터 모자는 휴대폰보다 중요한 외출 아이템이 되었다. 모자는 다양한 기능을 수행했다. 머리 손질 시간과 거울 보는 시간을 줄여줬고, 우연히 유리창에 비친 내 모습에도 덜 놀라게 해주었으며, 자연스레 땅으로 시선을 고정시켜주었고, 혹시 아는 사람들을 만나도 모른 척 지나갈 수 있게 해줬다. 챙으로 가린 세상은 내 마음의 보호막이었다. 근육경련이 생긴 후 모자의 쓸모는 추가되었다. 기온과 바람이 변할 때 머리 근육이 굳어지는 걸 막아줬고, 밥을 먹을 때나 말을 할 때 갑작스럽게 얼굴 근육이 수축되는 걸 덜 의식할 수 있도록 해주었고, 통증이 밀려올 때 내 눈빛과 표정을 다른 사람에게 들키지 않도록 해줬다.

　검정색 군모도, 갈색 카스케트도, 베이지색 린넨 베레모도 실크 원피스와는 어울리지 않았다. 모자를 쓰는 자아와 원피스를 차려입은 자아 두 개를 분리해서 하나를 격리

시키고, 그 자아의 욕망도 함께 가둬두었다. 부드럽고 반짝거리는 옷과 어울리지 않는 몸을 외면한 채 마음만 내 것으로 취하려 했다. 그렇게 나는 마음과 몸을, 과거의 나와 현재의 나를 차별하고 있었다. 마음은 자유로워졌을지언정 몸은 굳게 닫힌 옷장 안에 처박혀 있었다. 거울을 보는 게 싫어서 세수하기가 귀찮았고, 누군가를 만나는 것도 여전히 스트레스였다. 아파서, 아직은 덜 회복되어서라는 이유는 만남도 여행도 다른 즐거움도 외면할 수 있는 좋은 구실이었다.

마음은 오랜 시간에 걸쳐 단단해지고 있었지만, 정작 몸의 회복은 그보다 훨씬 더뎠다. 나는 몸을 외면한 채 마음에 집착하고 있었다. 몸의 아픔을 마음을 단련하기 위한 수단으로 여길 때도 있었다. 아픈 몸이 삶에 기여할 수 있으니 괜찮다고 스스로를 다독이고 설득해왔지만, 아픈 몸으로 계속 살아간다는 건 여전히 괜찮지 않았다.

다른 한편으로는 단단해진 마음이 기적처럼 몸의 회복을 가져다주지 않을까 하는 일말의 희망도 버리지 못했다. 열심히 노력하면 아주 조금 나아지고 그냥 두면 급격히 나빠지는 몸은, 그 자체로 희망고문이었다. 약간의 진전을 위해 하루 일곱 시간씩 수년간을 재활과 치료에 매달리면서도, 몸의 상태가 하강 곡선을 그리는 날엔 와르르 무너지는 마음을 견뎌야 했다. 온 에너지를 재활과 치료에 쏟다보면, 완치까지는 아니더라도 기대하는 회복의 기준에 가까이 가고 싶어졌다. 통증 때문에 깨지 않고 하루 다섯 시간은 잘 수 있어야, 바람과 온도 변화에도 근육이 갑자기 수축되지 않아야, 무엇보다 거울에 비친 모습이 스스로에게 받아들일 만해야 내가 원하는 삶을 꾸려갈 수 있다고 여겼다.

아픔을 통해 도달해야만 하는 모습보다 아픈 채 살아가는 현재가 더 중요하다는 걸 알고 있었지만, 그 앎은 끝내 삶이 되지 못했다. 나 자신을 온전히 받아들이는 일은 실크 원피스를 입고서 검정색 군모를 쓰는 것처럼 요원하게 느껴졌다.

성공과 극복이 아닌, '잘되지 않는 삶'에 관하여

자궁과 난소 수술을 받았다. 세 번의 턱관절 수술 이후 네 번째 수술이었다. 수술 후, 상태가 좋지 않아서 재발할 수 있다는 의사의 말에 한동안 망연자실했다. 그러다 아픈 몸으로 할 수 있는 일들을 떠올리기 시작했다. 오랫동안 아팠던 삶이 자산이 될 수 있는 일이 무엇일까 생각하다가 글을 써야겠다고 마음먹었다. 수술한 지 몇 달 안 됐으니 당장은 괜찮겠지 생각하며 글쓰기 수업을 등록했다.

"난소에 7센티미터 정도의 낭종이 또 생겼어요. 다시 수술해야 합니다."

"3개월만 수술을 미뤄도 될까요?"

수업 개강을 며칠 앞두고 병원에 갔다. 검사 결과가 좋지 않았다. 하지만 수술 때문에 하고 싶은 걸 또다시 미루고 싶지 않았다. 수업 전날까지 고민했지만, 위급한 병은 아니니 우선 수업을 듣자고 마음먹었다.

"저는 아팠던 얘기를……"

자기소개를 하는데 눈물이 터졌다. 글쓰기 수업에서 빙둘러앉은 스무 명 남짓한 사람들의 자기소개가 시작되었다. 내 차례가 오기 전까지는 결코 슬프지 않았다. 다른 사람들의 재치 있고 재미있는 이야기에 깔깔거리기까지 했다. 내차례가 되어 이름과 필명을 말하고 어떤 글을 쓰고 싶은지 이야기하는데, 갑자기 눈물이 흐르더니 멈추지 않았다.

'아픈 이후로 10여 년 만에 낯선 사람들이 모인 공간에 처음 와서 그런 것일까. 내 안에 쌓여 있는 눈물이 아직도 너무 많이 남은 것일까. 아팠던 기억을 떠올리면 눈물샘이 조건반사처럼 자극되는 것일까.'

"언제든 재발할 수 있습니다."

다섯 번째 수술을 받았고 의사는 걱정스러운 얼굴로 말했다. 기억을 거슬러 올라가보면, 20년 전 첫 번째 수술을 받을 때부터 줄곧 들었던 경고였다. 처음엔 그 말의 무게를 알지 못했고, 한동안은 그 말의 무게에 짓눌렸다. 다섯 번째 수술을 받고서야 그 말을 그저 받아들이는 삶이 어떤 것일지

고민했다. 언제든 재발할 수 있고 갑작스레 아플 수 있다는 것은 삶에 대한 위협이 아니라 건조한 사실이었다. 아무리 노력해도 내가 그리는 치유된 모습에 도달할 수 없는 현실을 수용해야 했다. 글을 쓰면서 오늘 허락된 만큼의 내 모습을, 부족하고 아픈 모습 그 자체를 받아들일 수는 없는지 스스로에게 질문하기 시작했다. 그 과정을 통해 잃어버렸다고 여겼던 시간도 내 삶으로 서서히 끌어안을 수 있게 되었다.

나는 여전히 하루빨리 몸이 회복되어 사회에 나가서 공부하고 일할 수 있기를 갈망했고, 노동의 대가로 통장의 잔고가 늘어 사람들에게 물질적으로 베풀 수 있길 원했다. 통증을 달래기 위해 쓰는 에너지를 미래를 꾸리는 다른 종류의 고민에 쓰며 성취를 맛보고 싶었다. 하지만 주어진 상황과 한계 안에서 나만이 할 수 있는 이야기가, 아픈 사람의 시선으로만 담을 수 있는 세계가 존재했다. 성공과 극복의 스토리가 주목받는 세상에서, 노력해도 잘되지 않는 삶에 대한 이야기가 많아지길 바랐다. 여전히 '쓰고 싶은' 서사 곁을 기웃거리지만, 언젠가부터 '쓰고 있는' 서사와 '쓸 수 있는' 서사의 가치를 발견해나가고 있다.

'나와 딱 맞는' 일일 수도 있는 낭독극 모집 공고를 보며 오래도록 고민했다. 어릴 적 나는 무엇을 시도하고 도전하는 일이 전혀 어렵지 않은 사람이었다. 초등학교에 막 입학했을 당시 열린 동화구연대회에 나가는 것도 내겐 두렵기보다 재미있는 일이었고, 중학교 때는 방송반 활동을 하며, 중고등학교 시절엔 합창대회 지휘를 맡으며 사람들 앞에 서는 것에 익숙했다. 대학교 프레젠테이션 시간에는 지식과 생각을 소통할 수 있어서 즐거웠다. 하지만 몸이 아프게 되면서 누군가의 시선을 받는 상황을 피하게 되었다. 나의 이야기를 가지고 무대에 서는 것은 나를 받아들이는 긴 여정의 여러 선택지에 전혀 없었던 방식이었다. 가지치기에 익숙한 나뭇가지 끝에 새로운 가지가 돋아나는 일이랄까. 그 잎의 모양과 색은 전혀 상상해보지 못한 종류일 것이다. 하지만 내 몸은 아직 통증을 관리하기 위해 많은 시간을 할애해야 하고, 아무리 최선을 다해도 몸의 어떤 부분이 갑자기 굳을지 예측할 수 없다. 20년 동안 사진 한 장 찍지 않았는데, 모자를 벗고 조명을 받으며 무대에 선다는 게 엄두가 나지 않았다. 응모를 한다고 해서 된다는 보장도 없고, 꼭 내가 아니더라도 다른 사람들이 하면 되는 일이었다. 결국 마감 시한인 3월 31일까지 응모하지 않았다.

그런데 며칠 후 SNS 공지에서 마감을 4월 10일까지 연장한다는 글을 보게 되었다. 다시 고민을 안고 누워 있다가 침대 옆 책장에 놓여 있던 《아픈 몸을 살다》를 무작정 집어 들어 읽기 시작했다. 이 책을 쓴 아서 프랭크는 아픈 사람들의 진정한 책임은 낫는 일이 아니라 자신의 고통을 목격하고 경험을 표현하는 것이라고 이야기했다.[*]

침대에 누워 책을 읽다가 붉은 색연필로 밑줄을 긋고 별표를 그렸다. 2년 전쯤 읽었던 책인데 새로운 구절이 마음에 박혔다. 내가 가진 고민의 결을 따라 책이 새롭게 다가왔다. '책임'이란 단어 앞에 한참을 머물렀다. 아픈 사람은 치료받고 건강을 돌보는 절대적인 책임 이외의 다른 책임에서 자연스럽게 면제된다. 아픈 사람에게 다른 책임이 있다는 말이 절실했던 건 그 때문이었을 것이다. 그 책임이 내 이야기를 펼쳐 보일 수 있다는 용기를 북돋았다. 내 삶의 유일한 체험자이자 목격자이자 증언자로서 나만이 할 수 있는 이야기들이 한 귀퉁이에 쌓여 있었다. 고립되었던 사적인 이야기가 공적인 이야기로 확장될 수 있는 기회인지도 모른다. 나의 아픔이 타인의 삶과 연결될 수 있다면, 움켜쥐고 있던 슬픔이 날아오를 수 있을 것이다.

해야 하는 이유를 떠올리다보니 망설임은 힘을 잃었다.

---

[*] 아서 프랭크, 《아픈 몸을 살다》, 메이 옮김, 봄날의책, 2017, 195쪽.

오랜 시간 겪어온 질병을 나의 삶으로 받아들인다면, 그동안 쌓인 경험으로 할 수 있는 것을 외면하지 않는 것 또한 스스로에 대한 책임이라는 생각이 들었다. 할 수 없는 것을 쳐내다보니 해야만 하는 것이 남았다. 해야만 하는 것을 미루면 언제 다시 기회가 올지 모르는 일이었다. 나를 온전히 수용할 수 있을 때 책임을 다할 수 있는 것이 아니라, 책임을 다하는 과정에서 조금씩 나를 받아들일 수도 있겠지. 미리 걱정하지 말고 할 수 있는 것부터 하나씩 해보자고 마음먹었다. 힘들면 잠시 멈춰도 괜찮을 테니.

새로운 책임감은 마음에 균열을 냈고, 주저하던 내 등을 떠밀었다. 오랜만에 책상 앞에 앉아 컴퓨터를 켜고 그동안 썼던 글들을 뒤적였다. 그중 두 편을 골라 참가 신청서를 작성했다.

석연치 않고,
특별할 것 없는 이야기

다리아

내게 가족은 짐이었다. 영화감독 기타노 다케시는 "아무도 안 보면 몰래 내다 버리고 싶은 게 가족"이라고 말했다. 이 말이 내 속을 그대로 보여주는 것 같았다. 평생 스스로가 가난하다고 여겼고, 더 가난해질까봐 전전긍긍하며 살았다. 그래서 결혼을 결심할 때도 무척 망설였다. 내 어깨에 짐을 하나 더 얹는 것은 아닐까.

아파서 가난하고 가난해서 아픈 연속의 고리를 벗어날 수 없고, 돌봄은 가족의 영역이라는 생각이 보편적인 사회에 살고 있다. 가족이 아프면 내가 감당할 수 없는 불행이 닥칠지도 모른다. 더 가난해지고, 사는 게 더 지긋지긋해질 것이다. 나는 내가 아픈 것만큼이나 가족이 아프면 어쩌나 하는 불안을 안고 있다.

연극 〈아파도 미안하지 않습니다〉는 여섯 배우 각자의 이야기로 이루어져 있다. 배우들은 자기 자신을 연기하면서, 다른 배우들의 이야기에서 크고 작은 역을 맡기도 했다. 내가 맡은 역할 가운데 목우의 어머니는 가장 공감이 가고 아픈 역이었다. 조현병을 앓는 딸을 둔 엄마는 "남들처럼 평범하게 살고 싶었"다. 그 삶이 얼마나 고단했을지 대사 한 줄만으로도 짐작이 갔다. "그냥 다 원망스러웠어. 너도, 네 아빠도, 이렇게 살고 있는 나도"라고 읊으면서 마음이 쓰렸다.

남편이 일하지 못할 정도로 아프다면, 가까이에서 늘 그를 돌봐야 한다면, 나는 그를, 그리고 내 삶을 원망하지 않을 수 있을까. 혹여 아픈 남편의 병수발을 하며 살게 될까 하는 불안 때문에 그가 군것질을 할 때마다 잔소리를 했다. 가족 병력을 들먹이며 건강 좀 챙기라고 닦달한 적도 있다.

내가 함께해도 될까?

"난 내가 아픈 사람에 속하는지 몰랐어."

〈아파도 미안하지 않습니다〉의 대본 연습을 도와주다가 남편이 말했다. 크론병을 앓고 있는 희제가 수업과 조 모임에 참여하지 못할 때마다 자신의 질병과 통증을 구구절절 설명하는 장면이었다. 제조업에서 일하는 남편은 오랫동안 허리 통증에 시달리고 있다. 남편이 씁쓸해하며 말했다. "일 끝나고 집으로 오는 지하철에서, 다리가 저려 서 있기조차 힘들어도 내가 노약자석에 앉을 수 있을까?" 그 누구도 180센티미터가 훌쩍 넘는 청년을 아픈 사람으로 보지 않는다.

남편은 겉으로 보이는 것과 달리 건강한 사람이 아니다. 그는 허리 통증 때문에 집에서 대체로 누워서 지내고, 매주 물리치료를 받으러 병원에 간다. 나는 이런 남편의 상태를 배려해 그에게 집안일을 같이하자고 하지 않는다. 그는 가끔 설거지와 빨래 널기 정도만 한다. 게다가 제조업이 워낙 노동 강도가 세기 때문에, 대부분의 살림과 생활 관련한 일들을 내가 도맡고 있다. 그의 먹을 것, 입을 것, 살면서 필요한 것을 내가 챙긴다. 사실상 나는 그를 돌보고 있다. 그를 이미 아픈 사람으로 의식하고 있었던 것이다. 그러나 그는 자신을 아픈 사람으로 여기지 않았다.

비단 남편뿐 아니라 대부분의 사람들이 자신을 아픈 사람으로 인식하지 않는다. 만성질환이 있다 해도 말이다. 마찬가지로 나 역시 내가 '아픈 몸'인지 몰랐다. 내가 아픈 몸들의 질병서사로 만드는 연극에 나올 자격이 될까? 연습하면서도, 무대에 오르는 순간까지도 내내 이 의심이 떠나지 않았다. 난소낭종, 화상, 골절 등을 겪었고, 식도염, 치질 등으로 고생하며, 염증을 달고 살지만 노동을 하고 일상생활을 한다. 현대인은 나 정도는 아프면서 산다. 내 이야기는 특별할 것이 없다.

처음 아픈 몸의 이야기로 낭독극을 하자고 제안받았을 때 나는 스스로가 아픈 사람인지, 아닌지 따지지 않았다. 연극을 위한 워크숍에서 연출과 다른 배우들을 세 번째 만났을 때, 우리는 각자의 질병서사를 이야기했다. 근육병, 조현병, 유방암, 크론병, 턱 수술로 오래 투병한 이야기를 듣고 나니, 내가 여기에 있어도 될까라는 물음표가 생겼다. 나보다 훨씬 더 아픈 사람들 앞에서 내 아픔을 이야기해도 될까. 연극 연습을 하면서 우리는 자주 서로에게 괜찮냐고 묻고 컨디션을 확인하고 걱정했다. 나는 나를 걱정하는 말을 듣는 게 민망했고, 미안했다. 나를 아픈 사람으로 여기는 것에 대해 타인과 자신 모두를 속이고 있는 기분이 들 때도 있었다.

함께하는 시간이 길어질수록 내가 이들과 한 무리에 섞여도 될까 하는 생각은 짙어졌고, 한편으로는 다른 이들보다 덜 아프다는 이유로 이런 고민을 하는 것이 옳지 않은 것 같아 혼란스러웠다. 내가 통증과 질병을 마치 계급처럼 나누고 있나? 하면 안 되는 생각을 한 것처럼 부끄러웠고, 고민을 말로 꺼내는 것조차 조심스러웠다. 연극의 기획자에게만 겨우 이런 마음을 이야기할 수 있었다. 기획자 조한진희는 대부분의 이들이 나와 비슷한 경험을 하고 있을 것이기에 사람들이 크게 공감할 거라고 힘을 줬다. 그럼에도 여전히 나를 '아픈 몸'으로 규정하는 것이 석연치 않았다.

공연 날이 다가올수록 고민이 깊어졌다. 관객에게 평범하기 그지없는 내 삶을 보여주는 것이 무슨 의미가 있을까 회의가 들었고, 사람들이 내 이야기에 어떻게 반응할지 걱정이 됐다. 처음으로 연기를 한다는 부담감, 무대에서 실수하지 말아야 한다는 스스로에 대한 압박도 있었다. 스트레스로 식도염이 심해졌고, 공연 일주일 전부터는 소화가 제대로 되지 않아, 거의 먹지 못했다.

무대에 오를 용기를 낸 것은 전적으로 동료들 덕분이었다. 연습하는 동안 다른 배우들의 이야기에 감동받았고 자주 눈물을 흘렸다. 관객들도 그럴 것이라고 믿었다. 그러나 여전히 내 이야기에는 자신이 없었다. 여섯 개의 이야기 가운데 하나라 다행이라고 스스로를 안심시켰다. 다른 이야기에 묻혀갈 수 있으니까.

두 번째이자 마지막 공연이 끝나고 관객과의 대화가 있었다. 나는 내 이야기가 특별하지 않아 연극에 올릴 만한지 자신은 없었지만, 이 연극은 나만이 아니라 우리의 이야기이기에 끝까지 할 수 있었고, 다른 배우들 덕분에 공연까지 용기를 냈다는 내용의 소감을 말했다. 프로그램이 완전히 끝난 뒤, 친구들이 꽃을 내밀며 칭찬의 말을 아끼지 않았다. 그중 한 친구가 내 소감에 대해 다리아가 있어서 연극에 더욱 공감할 수 있었다고 말했다. 너무 고마웠던 나머지 눈물이 날 뻔했다. 이 연극에서 내 이야기도 의미가 있었다는 말을 들으니 안도감이 들었다.

아픈 몸을 인정한다는 것

내가 그토록 스스로가 아픈 사람에 속하는지 의심했던 이유는 큰 병을 앓고 있지 않고, 무리없이 일상을 유지하고 있기 때문이다. 아픈 사람이라고 일상이, 삶이 없는 게 아니다. 남편은 연극을 보고 질병과 장애에 관해 너무 몰랐다며 스스로를 반성했다. 그는 아픈 사람도 학교에 가고, 조 모임에 참여하고, 돈을 벌어야 하는 등의 '역할'을 해야 한다는 너무도 당연한 사실을 이제야 알았다고 했다. 우리 사회는 아픈 사람에게도 삶이 있다는 것을 잊고 있다. 그러니 재의 이야기에 나온 것처럼 '아프면 집에서 쉬지 왜 일을 하려고 하냐'고 아무렇지 않게 말한다. 정작 아파도 마음 편히 쉴 수 있는 사회도 아니건만, 아플 때도 주어진 역할을 하고, 사회생활을 하려고 하면 배제하고 차별한다.

연극을 끝까지 보고 난 뒤 남편은, 우리 연극이 '결혼은 건강한 두 남녀가 아이를 낳고 가정을 꾸리는 것이다, 노동과 콘서트 가기는 건강해진 다음에야 할 수 있다, 통증은 설명하고 타인에게 이해시켜야 마땅한 것이다, 질병은 극복해야 하는 것이다……' 등 이제껏 당연하게 여겼던 사회 통념에 대한 저항이라고 했다. 그는 또 이 연극이 관객보다 배우를 위한 것이라면서, 배우들이 더 많아지길 바랐다.

하지만 여전히 그는 질병, 아픈 몸을 자신의 것으로 온전히 받아들이지 못했다. 건강 때문에 그만두었던 회사에 복직했을 때, 나는 남편이 일을 그만두길 바랐다. 내가 2년 반 동안 일을 쉬면서 지친 몸과 마음을 돌보았듯이 남편에게도 휴식의 기회와 시간을 주고 싶었다. 더불어 허리 통증도 나아지길 바랐다. 남편은 언제든 일을 그만두더라도 내가 비난하지 않을 것이라는 믿음이 생긴 것에 만족한다고 했다. 자신을 아픈 몸으로 받아들이지 않으면, 아마도 일을 그만두기로 결정하기 힘들 것이다.

스스로 아픈 사람임을 인정하려면 자신을 깊이 들여다봐야 한다. 시간이 필요하고, 인정하기가 쉽지 않다는 것을 이해한다. 무대에서 자신의 질병서사를 펼치는 배우들이 더 많아졌으면 하는 그의 바람은 곧 그 자신을 아픈 몸으로 좀더 수월하게 받아들이고 싶은 열망이 아닐까. 그는 '30대의 건장한 청년은 열심히 돈을 벌고 사회생활을 해야 한다'는 사회적 기대와 만약 아프다고 말하면 그때부터는 더 이상 '정상'이 아니게 되는 자본주의적 역할론에 저항하고 싶은 것은 아닐까.

연극을 본 그날, 나의 친구들은 자신의 질병서사를 서로 공유했다고 한다. 친구들의 반응을 전하면서 나는 무척 기쁘고 뿌듯했고, 연극에 함께한 이들도 좋아했다. 친구들도 나처럼 일을 하고, 여행을 다니고, 일상을 유지하는 데 큰 무리가 없지만, 다치거나 아팠던 경험이 있고, 큰 병은 아니지만 만성질환을 갖고 있다. 이처럼 건강과 질병 사이의 경계에 있는 사람들이, 그리고 남편이 이어서 〈아파도 미안하지 않습니다〉의 배우가 되길 바란다. 이것이 특별하지 않은 아픈 몸인 내가 이 연극에 참여한 의미다.

재

아프면 내 탓이 되는 사회

늘 몸과 마음이 아프고 피곤한 상태였지만, '아프니까 청춘'이라는 레토릭을 우스갯소리처럼 내뱉거나 내면화할 수밖에 없었다. 그게 사회생활을 하던 20대 후반과 30대 초반의 현실이었다. 지친 노동과 인간관계, 그리고 짐짓 평등해 보였지만 위계의 폭력이 작동했던 곳. 상처, 피로, 무기력, 번아웃을 겪으면서도 피폐해진 몸과 마음을 제대로 파악하지 못한 채 그 상태에 그대로 적응하며 보냈다. 그것이 이 사회를 살아내는 나의 버티기 작전이었다.

무던하게 참아내는 게 나름 장점인 줄만 알았는데, 그 사이 몸은 아픔을 잘 감지하지 못할 만큼 고장 나 있었다. 원래 사회생활을 하면 이 정도는 힘들고 아픈 거라 여기며 살았던 것 같다. 게다가 나는 프리랜서로, 나 자신을 돌보기는커녕 어디가 아픈지 정밀 검사를 받는 것조차 부담이 되는 재정 상태로 살고 있었다. 아픔과 질병이 마치 재판 결과처럼 '땅! 땅!' 하고 판정될 것만 같은 막막함을 외면하며 남몰래 모로 누워 베개를 눈물로 적시는 날들이 쌓여갔다. 걷잡을 수 없이 아픈 몸이 되면 '무능력한 사람'이라는 낙인이 찍히는 사회이니까. 쉬고 싶은 나의 마음이 '능력 없음'과 '의지박약'으로 치부될까 무척이나 두려웠다.

결국 나는 지하철에서 블랙아웃이 되어 쓰러졌다. 그 뒤 걷는 것조차 힘들었다. 식은땀을 흘리고, 마른기침을 하고, 밥을 먹을 수도 잠을 잘 수도 없이 통증이 커져갔다. 식욕이 떨어지고, 가슴의 종양이 눈에 띄게 튀어나와 쥐어짜는 듯한 통증과 열감 등으로 걷잡을 수 없는 상태에 이르렀을 때에야 병원을 찾았다. 아이러니하게도 병원에서 비로소 작은 쉼을 누릴 수 있었다. 불안하고 두려운 마음은 잠시 접어두었다. 이마저도 모친이 강권해 들어둔 사보험에 때문에 가능했다는 것이 너무 슬펐지만.

그동안 나는 30대 페미니스트 프리랜서 여성으로서 예술계에서 일을 해왔다. 숨길 수 없이 심각하게 아프고 나서야 잠시나마 쉼을 가질 수 있었고, 나를 힘들게 하는 것들로부터 조금이나마 해방될 수 있었다. 집중 치료 덕분이었다.

치료에 전념하며 시간을 보내는 동안 아픈 몸과 삶에 대해 하고 싶은 이야기들이 생겼다.

사회가 아픈 몸을 대하는 태도

'젊은 여성 환자'가 오랜 병원생활에서 겪은 에피소드는 마치 드라마보다 더 드라마 같았다. 마냥 웃고 넘기기 어려운 상황들이 많았다. 왜 사람들은 젊은 여자의 질병에 이리도 훈수를 두고 싶어 할까. (나의 모친 또한 병원에서 만나는 타인에게 훈수 놓는 성격이라 그걸 말리느라 진땀을 빼곤 했다.) 사실 항암 치료 기간에 겪는 신체적 고통보다 이런 정신적 스트레스를 겪는 게 더 힘들었다. '젊은데 아픈 여자'에게 쏟아지는 '불행하고 불쌍한 삶'이라는 전형적인 운명론적 시선에서 벗어나고 싶었다. 그저 아픈 몸으로도 질병과 함께 살아내는, '그럴 수도 있는 삶'이 되었으면 했다.

하지만 그전에 먼저 나부터가 아픈 몸으로 사는 삶에 대해 고민해본 적이 없었다. 나는 아파도 괜찮고, 잘 아플 수 있는 삶을 위해 무엇을 말해야 하는지 고민하기 시작했다. 아프다는 것은 결코 '잘못한 것' 혹은 '잘못된 것'이 아니다. 아픈 원인을 나에게 돌려 자책하거나 누군가를 원망하는 데 시간과 에너지를 쓰지 않아야겠다고 생각했다. 그건 나를 위한 삶의 태도가 아니라고. 음식과 생활을 완전히 바꿔야 깨끗하게 낫는다는, 미디어나 여느 책들이 강조하는 증명하기도 실천하기도 어려운 이상적인 지침에 의존하지 않고 아픈 몸으로 살아가는 삶의 선택지를 다양하게 만들고 싶었다. 내가 모든 것을 바꿔야 나을 수 있다는 자기계발적인 가치관과 정상성의 기준에서 벗어나고 싶었다. 그러나 '아픔과 함께하는 일상의 철학'을 이야기하는 사람들은 찾아보기 어려웠다.

기나긴 병원생활은 무료했다. 무기력함을 떨치기 위해 나는 열심히도 할 일을 찾았다. 그중 하나가 SNS와 책을 통해 아픈 사람들의 이야기를 찾는 것이었다. 하지만 그런 이야기는 많지 않았다. 아마도 대부분의 사람들이 아픈 이들을 불편하게 느끼고, 아픈 게 나의 일이 아니길 바라며, 아픈 타인의 불행을 자신의 건강과 비교하는 식으로 대상화하고 있어서 그런 것이 아닐까.

건강한 몸은 날씬하고 아름다운 몸과 등치되기도 한다. 반면 질병은 미디어가 만들어내는 비극의 장치로 소비되는 경우가 많다. 사람들을 아플 수밖에 없게 만드는 사회에서 왜 아픈 삶의 스펙트럼은 이리도 눈에 띄지 않는 것일까. 많은 아픈 이들이 각자의 스펙트럼으로 다양하게 삶을 영위하고 있는데 말이다.

나의 아픈 몸과 삶에 대한 이야기를 시작하기 위해 처음 기획한 것이 있다. 바로 항암 치료 때문에 빠지는 머리카락을 삭발하는 모습을 공개적으로 보여주는 것이었다. 주변 예술인 동료들의 도움으로 인스타그램과 페이스북에 나의 삭발식을 생중계하는 퍼포먼스를 무리 없이 기획할 수 있었다. 나는 사람들이 상상하는 슬픔과 눈물의 삭발식이 아닌, 그냥 '빡빡이 여성이 된 암 환자 라이프'에 대해 이런저런 이야기를 하고 싶었다.

무척이나 긴장되는 순간이었지만, 삭발 퍼포먼스를 통해 사람들에게 나의 상태를 일일이 설명하지 않고도 소식과 마음을 전할 수 있었다. 암 환자의 스테레오타입에서 벗어나 있는 내 삶의 지향점과 태도에 사람들은 생각보다 많은 응원을 보내왔다. 다들 내가 예상보다 잘 지내고 있는 것 같다는 반응이었다. 내가 삭발을 한 뒤 달라진 내 모습에 적응할 수 있도록 여러 가지 아이디어를 내주기도 했다. 그 덕택에 나는 '환자택스'가 잔뜩 붙은 비싼 항암모자를 선택하

※ 동일한 상품·서비스임에도 여성용이 남성용보다 더 비싼 경우를 두고 '핑크택스pink tax'라 일컫는 것처럼, 환자용으로 출시되는 제품이나 건강보조식품 따위가 (일반 제품과 질적으로 별 차이가 없는데도) 터무니없이 비싼 가격으로 판매되는 경향을 말한다.

지 않을 수 있었다. 항암모자란 주로 고급 소재로 홍보되는, 가발이 달려 있는 모자이다. 하지만 내게 그것은 단순히 '모자'라기보다 '항암'이라는 낙인을 강조하는 물건으로 보였다. 호르몬 치료 때문에 겨울에도 하루 수십 번씩 땀이 나긴 하지만 관리하기 힘든 고가의 가발을 꼭 착용해야 할 필요는 없겠다는 생각이 들었다. 나는 다른 선택지가 있는지 열심히 찾아보았다. 외국인들이 긴 스카프를 터번처럼 만들어 두르고 다니는 모습을 참고해 겨울에는 주로 터번을 쓰고 다녔다. 다른 계절에는 약해진 피부를 따가운 햇볕으로부터 보호해주면서도 나의 개성을 보여줄 수 있는 모자를 고르곤 했다. 평소 내가 좋아하는 모자인 베레모는 특히 자주 썼다. 까까머리를 한 나의 모습은 흡사 종교인을 연상케 했고, 베레모를 썼을 땐 인사동 곳곳에서 만날 수 있는 고미술상이나 아저씨 미술가들의 인상착의와 닮아 있었다.

나라도 그랬을 테지만 사람들은 4기 유방암 환자인 나를 어떻게 대해야 할지 몰라 조심스러워했다. 그동안 알던 내가 아닌, 환자라는 익숙하지 않은 모습의 나에게 어떤 위로의 말을 건네야 할지 당혹감을 느끼는 듯했다. 아픈 사람에게 어떤 태도를 취해야 할지 제대로 생각해볼 기회가 거의 없다는 것이 새삼 놀라웠다.

이렇게 항암 기간을 보내는 동안 큰 힘이 되어준 것이 있었으니, 페미니스트 저널 《일다》에 연재된 〈반다의 질병

관통기〉였다. 그 글들을 통해 우리에게 필요한 것이 단순히 '건강권'이 아닌 '잘 아플 권리'라는 것을 알게 되었다. 연재 글들은 2019년 《아파도 미안하지 않습니다》*라는 제목의 책으로 출간되었다. 출간 직후 북토크가 열린다는 소식을 접한 나는 북토크에 참여해 저자의 이야기를 좀 더 구체적으로 접했다. 나 역시 아픈 몸에 대해 좀 더 이야기할 수 있겠다는 용기를 얻은 자리였다.

운 좋게도 항암 치료 이후 나는 유방 절제 수술을 받을 수 있을 정도로 호전되었다. 아직 내 몸 곳곳에 종양이 존재하고 있지만 적어도 내 몸을 꽉 옥죄던 가슴의 암세포와 작별할 수 있었다. 수술 이후 절제된 한쪽 가슴 자리에는 가슴을 가로질러 겨드랑이까지 이어지는 큰 흉터가 남았다. 게다가 수술한 쪽의 팔을 자유롭게 움직일 수 없었고, 가슴과 목 주변 근처에는 방사선 치료 때문에 생긴 점처럼 새겨진 표식이 남았다. 하지만 거울을 보며 어색해진 나를 받아들이기로 했다. 빈 왼쪽 가슴도 볼륨이 있는 브라로 채우지 않기로 결정했다. 샤워하기 전 내 가슴을 오랫동안 자세히 들여다보고 그 질감을 느껴보는 시간을 가졌다. 가슴 살에 가려 그동안 보이지 않던 갈비뼈와 그 사이에서 콩콩 움직이는 심장박동도 가만히 보면 볼 수 있었다. 내가 살아 있음을

※ 조한진희, 《아파도 미안하지 않습니다》, 동녘, 2019.

느끼는 순간이었다. 지금 이대로의 나를 피하지 않고 직시할 수 있는 삶을 살기로 결심했다.

아픈 몸을 이야기하는 새로운 무대

그 이후 나는 여성의 몸에 대해 자신의 경험을 말하는 CBS 팟캐스트 〈말하는 몸〉에 출연해 젊지만 아픈 여성의 몸을 향한 시선에 대해 이야기하기도 했다. 가슴이 없고, 아픈 몸으로 사는 여성이 얼마나 의존적이고 독립적이지 못한 존재로 여겨지는지 말이다.

사람들은 나에게 깨끗이 다 나을 거라며 기도해주었지만, 그때마다 나는 묘한 감정이 들었다. 물론 나도 완치되기를 바랐고, 그렇게 되기 위해 노력했지만, 사실 내 몸은 그런 희망과 달리 완치되기 어려운 몸이다. 이 사회는 언제든 재발하고 전이될 수 있는 암 환자의 일상에 대해서는 잘 이야기하지 않는다. 장애인의 다양한 몸과 삶이 여전히 잘 가시화되지 않는 것과 비슷한 맥락이 아닐까. 사람들은 건강하지 않은 몸을 어떻게 대해야 하는지 잘 모르고, 그 무지로 인해 그 사람을 불편해하게 된다. 그렇기에 더더욱 이런 내 삶을 이야기하고 싶었다. 그게 곧 또 다른 아픈 몸들에게, 그리고 나와 다른 몸들에게 여기 나 같은 일상도 있다고 말을 건네는 방식일 테니.

암 치료 4년 차, 호르몬 치료 때문에 하루에도 수십 번 얼굴에 열이 올라 겨울에도 선풍기 없이 잠을 자기 어렵고, 여름에는 더위 때문에 더 고생한다. 드물지만 갑작스럽게 찾아오는 통증과 예상치 못한 여러 가지 부작용에 몸과 마음이 괴로운 날들도 있고, 한 달에 적어도 두 번 이상은 병원 외래 치료와 검사를 받아야 한다. 그럼에도 나는 내 삶을 스스로의 선택으로 영위하고, 내 손으로 돈을 벌어 내 치료비와 생활비를 쓰며 살고 싶다. 나만의 공간에서 내가 할 수 있고 하고 싶은 일들을 하며 사람들과 소통하고 싶다. 누군가는 이런 내 기대가 욕심이라고 했다. 하지만 이게 정말 너무 큰 바람일까. 아픈 사람의 욕구는 왜 드러나지 않을까.

스스로 이런 질문들을 던져보던 그때 늘 관심을 갖고 있던 조한진희 작가의 SNS에서 아픈 몸들의 이야기를 다루는 연극 〈아파도 미안하지 않습니다〉의 시민배우를 모집한다는 공고를 접했다. 연극을 통해 새로운 도전을 해보자는 생각이 들었다. 늘 품고 있던 나의 생각과 의문을 나눌 수 있는 아픈 몸들을 만나고 싶어졌다.

그동안 나는 말을 통해 나를 표현하고 전달하는 데 별 반 어려움을 느끼지 않았다. 그래서 낭독극으로 시작한 이 연극 연습도 크게 걱정하지 않았다. 내 이야기로 대본을 만 들고 그걸 낭독하는 아주 간단한 프로세스일 거라 예상했 다. 하지만 연출자인 빠빠가 의도한 연극은 내 예상과는 전 혀 다른 방향으로 흘러갔고, 그래서 만만치 않았다.

첫 만남부터 당혹스러웠다. 책상에서 일어나 나 자신이 되어 무언가를 표현해보는 미션을 수행해야 했다. 서로 누 구인지도 몰라 어색하게 앉아 있는 우리를 이렇게 고난에 빠뜨리다니. 한 공간에 엄연히 타인들이 있는데 어떻게 나 도 잘 모르는 나를 표현해내야 한단 말인지. 갱년기 증상 때 문에 가뜩이나 쉽게 나는 땀이 당혹스러움에 더 흥건해졌 다. 봄 날씨가 꼭 여름처럼 덥게 느껴졌다. 더 솔직하게 말하 자면 빠빠의 미션은 나를 옥죄었다. 그가 준비해온 사진들 중에서 현재의 나, 앞으로 변화하고 싶은 나에 부합하는 이 미지를 골라 몸으로 표현해내야 했는데, 너무 많은 생각들 만 머릿속에 떠다닐 뿐 불쑥 실행하기가 망설여졌다. 어떤 사진을 내 이야기로 선택해야 할지도 고민스러웠다.

이런 미션은 전문 배우들이나 하는 훈련이 아닌가. 연 출가가 시민배우들에게 처음부터 너무 큰 것을 바라는 것이 아닌가. 이런 생각들이 스쳐 지나갔다. 우리의 가능성을 테스트하는 건가 싶기도 했다. 하지만 빠빠는 우리를 진득하게 기다려주었고, 최선을 다해 설명하고 예를 들어 보여주었다. 어색하지만 누군가가 용기를 내 사진을 이야기로 표현하기 시작했고, 결국 모두가 참여해 그 이야기를 만들어갔다. 어색하고, 삐그덕대기도 하고, 불완전했지만 모두가 빠짐 없이 참여한 덕에 하나의 새로운 이야기가 탄생했다.

이런 훈련들을 통해 비로소 나는 사람들을 조금씩 파악할 수 있었다. 누군가는 낭만적인 사람이라는 것을, 누군가는 관계에 대한 갈망이 있다는 것을, 누군가는 깊은 외로움을 경험했다는 것을, 누군가는 늘 오해와 맞닥뜨려야 했다는 것을 조금 더 깊숙이 느낄 수 있었다. 상황보다 감정을 먼저 경험한 덕택에, 누군가가 아픈 몸의 상태를 설명하면 그것만으로 그를 이해할 수 있으리라고 생각한 것이 착각이었음을 깨달았다. 이런 훈련이 없었다면 다른 아픈 몸을 탐구할 수 없었을 것이다.

그 뒤로도 우리는 일주일에 한 번씩 만나 병에 대한 설명보다는 안부와 일상 이야기를 가볍게 나누면서 시작했다. 빠빠가 제시한 여러 훈련들은 알 수 없는 미지의 것들을 표현해야 해서 어려웠다. 내 몸 깊숙한 곳의 에너지를 꺼내 마치 한 마리의 짐승이 된 것처럼 높고 낮은 소리를 내고, 아주 천천히 또는 빠르게 공간 이곳저곳을 걷고 움직이며, 때로는 (잘 추지 못해도) 음악에 맞춰 어깨를, 팔을, 다리를, 머리를 여러 방향으로 뻗어보며 자유로워지는 경험을 했다. 예술계에 발을 담고 있던 나인데, 그 어느 때보다 예술인이 된 느낌이 들었다.

'나를 비난했던 사람에게 다짜고짜 원망을 쏟아내는 상황극'은 정신적으로 가장 힘든 연습이었다. 훈련이 끝난 뒤에야 '이해받지 못함'을 내면화해왔던 우리 아픈 몸들의 감정을 엿볼 수 있었다. 이 정도면 괜찮다고 생각했던 질병의 경험들이 사실은 괜찮지 않았고, 상처가 되기도 했다는 것을 깨달은 시간이었다.

아픈 몸에 대한 이야기는 우리의 훈련에 자연스럽게 녹아들었다. 우리는 각기 다른 질병을 가지고 있었지만, 타인에게 미처 가닿지 못한 마음들을 서로 나누고 공감할 수 있었다. 그렇게 나는 아픈 몸의 이야기를 세상에 표현할 수 있는 방법을 찾아가고 있었다.

억눌렀던 슬픔이
처음 몸 바깥으로 흘러나올 때

안희제

2014년 7월, 수험생활 중에 크론병 진단을 받았다. 이 병을 가진 연예인들 때문에 병명 자체는 어느 정도 알려지기 시작했지만, 크론병이 실제로 어떤 병인지 아는 사람은 많지 않다. 크론병은 자가면역질환 중 하나로, 주로 소화기 염증을 발생시킨다. 자가면역질환이 대체로 그렇듯 크론병도 원인 불명의 난치 질환이다. 왜 걸렸는지, 아픈 게 정말 내 책임인지, 어떻게 나을 수 있는지 아무도 모른다는 뜻이다.

특히 나처럼 운 좋게 병을 초기에 발견해서 관해기(증상이 거의 없는 상태)에 빠르게 진입한 20대 '청년'이라면, 겉보기에 특별한 문제가 없어 아픈 사람으로 인식되기 어렵다. 내가 아픔을 꾹 참기만 하면 주변 사람들은 나의 질병을 의식하지 않고 편하게 지낼 수 있다. 어느 정도 노력하면 질병을 감출 수 있는 상황에서, 나는 일그러지려는 얼굴 근육과 씨름하며 열심히 통증을 참았다.

나부터 나의 질병을 부정하며 지내다보니, 주변에서도 나의 질병을 외면했다. 더 이상 참기 힘들어졌을 때에도, 나는 사람들에게 나의 질병을 계속해서 다시 설명해야 했다. 그러다가 언젠가부터 질병이 단지 나의 어려움이 아닌, 내 삶을 설명하는 언어가 될 수 있지 않을까 고민하기 시작했다.

《아파도 미안하지 않습니다》라는 책을 읽게 된 것도 그즈음이었을 것이다. 책이 나온 지 1년쯤 지났을까, 나는 동명의 낭독극 〈아파도 미안하지 않습니다〉의 참가자를 모집한다는 공고를 읽었다. 내가 '질병 세계의 언어'와 '질병권'을 고민하게 해준 책이었기에, 나는 주저 없이 신청서와 함께 에세이를 제출했다. 얼마 후 낭독극에 함께하게 되었다는 연락을 받았다.

정확히 무엇을 하는 것인지도 모르고 지원부터 해버린 나는 연습에 가서야 이게 정말 '연극'이라는 걸 알았다. 연습을 이끌어준 연출자 '빠빠'가 읽기만 하는 게 아니라 몸을 움직이는 연극임을 분명히 밝혀준 덕분에, 이 기회에 몸 다루는 법을 배워보자는 마음으로 연습에 임했다. 지금껏 나는 질병 경험을 글로 많이 썼지만, 그 경험을 몸이나 소리를 이용해 나눠본 적은 없었다. 어쩌면 연극을 통해 질병 경험을 공유하는 새로운 언어를 얻을 수도 있겠다는 생각이 들었다.

내 마음 같지 않게 빠진 날도 적지 않았다. 첫째 주에는 아파서 빠졌고, 셋째 주에는 감기 기운이 있었던 데다가 서울시에서 터진 코로나19 집단감염 사태가 겹쳐 참여하지 못했다. 빠지지 않은 둘째 주에도 아직 어색함을 덜지 못해 연습에 충분히 몰입하지 못했다. 앞으로도 사람들과 가까워지지 못할까봐 걱정도 되었다.

하지만 넷째 주에 그런 걱정은 모두 사라졌다. 우리는 종일 춤을 췄다. 정교한 형식을 갖춘 무용이 아니라, 틀어져 있는 음악이 불러일으키는 감정에 그저 몸을 맡겼다. 처음에는 어려웠다. 초등학교 학예회 이후로 연극이나 춤 같은 건 처음이었고, 평소에도 앉아서 책을 읽거나 글을 쓰는 게 일상의 거의 전부였으니 당연한 일이었다. 처음에는 그냥 머뭇거리며 걷는 척만 했다. 그 이상으로 움직이는 것이 너무 어색했는데, 나의 몸이 다른 이들에게 어떻게 보일지 의식하고 걱정해서 그랬던 것 같다.

그런데 한 서너 곡이 흘렀을까, 조금씩 움직임이 자유로워졌다. 사람들도 점점 다양한 모습으로 움직이고 있었다. 앉기도 하고, 눕기도 하고, 뛰기도 하고, 쪼그리기도 했다. 나는 주로 어딘가에 기대거나 앉아서 몸을 움직였는데, 그러다가 조금 더 마음이 편해진 순간이 있었다. 함께 연습하던 목우가 연습 공간을 가로질러 빠르게 걷다가 점프를 했다. 그 모습은 내게 설명하기 어려운 어떤 편안함과 안도감을 주었다. 그의 점프는 너무나도 자유로워 보였다.

우리는 각자 몸의 아픈 부분을 인식했다. 빠빠는 지금 가장 불편하거나 거슬리는 몸의 부분을 짚어보라고 했다. 어깨, 허리, 목뒤…… 내 경우는 목뒤와 어깨 사이였는데, 목뒤와 조금 더 가까웠다. 빠빠는 바로 그 아픈 부분이 몸을 이끌게 하라고, 그 부분이 가고 싶은 곳으로 온몸이 가게 하라고 얘기했다.

처음에는 그 말이 이해되지 않았는데, 이상하게도 어느 순간부터 나는 이전보다 훨씬 자유롭게 움직이고 있었다. 연습 초반에 빠빠는 꼭 춤을 추지 않고 몸의 뻐근한 부분을 풀어줘도 된다고 했는데, 몸을 풀어주는 것과 아픈 부분이 내 몸을 이끌게 하는 것은 내 몸의 힘들 안에서 연결되고 있었다. 나의 몸이 특정한 방식으로 힘을 만들어내고 있었다.

몸의 아픈 부분을 풀어주는 일은 몸의 각 부분들 사이의 긴장을 아프지 않은 부분의 입장에서 해소하는 일이었다. 반대로 아픈 부분에 온몸을 맡기는 일은 그 긴장을 아픈 부분의 입장에서 해소하는 일이었다. 나는 왼쪽 어깨와 목뒤 사이의 어느 근육에 이끌려가듯, 때로 그 근육을 풀어주듯 흐느적거리기 시작했다. 나는 어느 때보다도 '이상하게' 움직이고 있었지만, 타인의 시선에 개의치 않았다. 모두가 각자의 몸에 집중하고 있어 타인의 시선이랄 것이 개입할 틈이 없어 보였다.

타인들의 소리 안에서 울다

빠빠가 음악을 끄더니 이번에는 타인의 소리에 맞춰 움직이라고 했다. 한 사람이 구석에 있는 의자에 앉고, 다른 사람들이 무엇을 하는지 확인하지 않으면서 자신의 몸에서 나오는 소리를 있는 대로 내면, 나머지는 그 소리에 맞춰 움직였다. 빠빠가 가장 먼저 의자에 앉았고, 나는 눈을 감고 청각에만 열중하려고 노력했다. 눈을 감는 일은 내가 오로지 청각과 촉각에만 집중할 수 있게 해주었다.

그가 내는 소리는 아픈 소리 같기도 했고, 우는 소리 같기도 했다. 그러나 자주 음색이 바뀌고 음의 높이가 달라져서 어디로 튈지 알 수 없는 소리였다. 어떻게 움직여야 할지 처음에는 감이 잡히지 않았다. 그러나 곧 나는 내가 우는 소리라고 느낀 그 소리에 맞춰 움직이고 있었다. 무릎을 꿇고, 굽힌 팔을 바닥에 대고 땅을 치듯 움직이고 있었다. 친구의 부고를 전하던 몇 년 전 나의 몸이 갑자기 내 안에서 튀어나왔다. 몸을 움직이면서도 눈물이 나오지 않도록 애써 참았다.

이번에는 방식을 바꾸었다. 각자 편한 위치에 편한 자

세를 취한 뒤 모두가 동시에 각자 나오는 대로 소리를 내면 되었다. 그 과정에서 서로의 소리에 영향을 받을 수도 있지만, 눈치를 봐서는 안 되었다. '자유로워지겠다'는 생각만큼, '신경 쓰지 않겠다'는 다짐만큼 부자유한 것도 없다고 빠빠는 말했다. 너무나 어려운 주문이었다. 그러나 첫 소리가 터져 나온 뒤, 나는 내 몸을 내 감정에 온전히 내어주었다.

답답한 가슴을 풀기 위해 한숨을 크게 내쉬었다. 그리고 속이 끓는 소리를 냈다. 매 순간 끊기는 듯한 소리를 내자, 점점 화와 체념 사이 어딘가에 있는 붙잡기 어려운 소리가 몸에서 흘러나왔다. 처음에는 소리에 감정을 실으려 노력했으나, 점점 감정이 몸을 움직였다. 어느 순간부터 나는 울고 있었다. 겨우 두 번째 만난 사람들 사이에서 엉엉 울고 있었다. 그때 나는 '함께 운다'는 느낌을 받았다. 어떤 이는 울었고 어떤 이는 울지 않았지만, 마치 모두가 나와 함께 울어주고 있는 것 같았다. 소리가 나를 안아주는 것 같았다.

외면하고 억눌렀던

나에게 함께 우는 일은 좋거나 따뜻한 기억으로 남아 있지 않았다. 여러 사람과 함께 우는 상황을 떠올릴 때, 나에게 가장 소환되는 이미지는 친구가 입관하는 순간이다. 한

번 떠올리면 쉽게 헤어나올 수 없는 기억.

재작년, 나는 열네 살 때부터 알고 지낸 친구가 죽었다는 전화를 받았다. 그러나 친구가 죽었다는 사실을 인정하게 된 것은 부고를 들은 순간이 아니라 부고를 전하는 순간에서였다. 나는 다른 친구와 통화를 하며 무릎을 꿇고 울었다. 마치 몇 년 전 빈 건물에서 모두가 내 곁을 조용히 피하고 경비노동자분조차 가까이 오지 못할 만큼, 다른 친구의 부고를 친한 형에게 전하며 처절하게 통곡하던 그때처럼.

장례식장에 갔다. 입관. 얼굴이 있었다. 얼굴을 제외한 몸 전체에 하얀 천이 감겨 있었다. 그곳에 있던 모든 이는 세상에서 가장 비참하게 울고 있었다. 분노, 슬픔, 억울함, 답답함, 이 모든 상황에 대한 부정, 그럼에도 받아들일 수밖에 없는 현실이 한데 뒤섞인 비명이 모두의 목에서 터져 나오고 있었다. 그게 함께 우는 일에 관한 나의 가장 가까운 기억이다.

나에게 함께 우는 일은 죽음 앞의 마지막 절망이었으며, 나한테 무엇이든 베풀기만 하고 받은 건 하나도 없이 떠난 친구에 대한 이기적인 야속함이었으며, 그 순진한 얼굴에서 나오는 실없는 소리를 이제 들을 수 없다는 황망함이었다.

사십구재가 끝나고, 나는 혼자 글을 쓰고 절과 숲과 강을 영상으로 담았다. 그리고 그 영상을 보면서 친구를 보냈다고 생각했다. 하지만 사실 나는 어떤 기억도 극복하지 못했고, 직면할 수 없었고, 가슴속 깊은 곳에 억눌러 외면했다.

온몸이 감정이 될 때

그렇게 거부하고 외면하던 내 안의 감정이 통제를 벗어나 몸 바깥으로 흘러나왔다. 속에서 나오는 대로 아무 소리나 내라는 주문을 받았을 때, 그 소리에 따라 내 몸이 움직이며 응어리를 쏟아내기 위한 가장 적절한 힘들을 배치했을 때, 그 모든 기억이 내가 밖으로 꺼내지 않았던 말들과 함께 다시 쏟아져 나왔다.

보고 싶다, 나쁜 새끼야, 왜 그렇게 갔어? 나는 어쩌라고. 잘못도 없잖아, 한 번이라도 연락하지. 미안해, 미안해, 밝은 네가 힘들 줄 몰랐어. 왜 그렇게 나한테 주기만 하고 받지는 않았어? 왜 그렇게 갔어, 왜! 미안해, 나쁜 놈아, 돌아와, 아직 안 늦었으니까 돌아와, 나쁜 새끼야……

목과 가슴 사이 어딘가가 둥글게 부풀어 터지는 듯한 몸에서 나오는 울음은 그 모든 말이었다. 친구의 뼛가루가 묻힌 곳에 한 번도 다시 찾아가지 않고, 일상을 되찾겠다고 노력했으면서 일상도 제대로 되찾지 못한, 아무것도 성공하지 못한 나의 절망과 후회였다.

몇 년을 외면하며 살았던 그 모든 감정이 갑자기 터져나와서 내 몸을 제멋대로 조작할 때, 내 몸이 감정에 휘말려 나의 통제 바깥으로 나갈 때, 나는 비로소 자유로웠다. 억누른 감정을 직시하겠다고 결심할 때가 아니라, 억눌린 감정이 내 몸을 붙들고 흔들 때 나는 비로소 자유로웠다. 몸이 단지 감정을 싣는 도구가 될 때, 내가 나의 몸을 놓을 때, 감정이 내 몸을 장악하고 자신을 세상에 내던질 때, 비로소 나는 자유로웠다. 사람들과 함께, 그러나 누구의 시선도 신경 쓰지 않으며 울 때, 비로소 함께 우는 일은 비극이 아니게 되었다.

실패할 수밖에 없었던 나의 외면들을 생각한다. 감정을 억누르며 자유로워지겠다던 나의 몸을 생각한다. 가장 비참했던 순간에 온몸에 우글거리던 감각을 생각한다. 죽을 듯이 울고 나서, 어쩌면 내가 정말로 다시는 이렇게 비참하게 울지 않을지도 모르겠다고 믿게 해준 최초의 후련함을 생각한다.

그날 이후로도 우리는 연극을 준비하면서 자신의 삶을 돌아보고 서로 묻고 들으며 세상에 충분히 말하지 못한 감정과 이야기를 나누었다. 무슨 말을 어떻게 해야 할지 글자로 적고 외우는 대신, 서로의 삶으로 들어갔다. 직접 다른 사람이 되어보고, 나와 다른 이의 기억을 내 몸으로 표현했다. 기억에 겹겹이 쌓여 있던 감정들이 하나씩 풀려 나왔다.

몸이 자유로워질 수 있는 유일한 방법을 생각한다. 이제야 용기를 내어 직시할 수 있게 되었을지 모를, 더는 목구멍과 혀뿌리로 짓누르고 싶지 않은 감정들을 생각한다.

박목우

고요히 밀려나 있는 것들. 나는 해변에서 밀물과 썰물이 오가며 만든 모래펄과 숲의 나뭇가지들이 수평으로 몸을 틀짓고 있는 것을 본다. 서로 반대되는 힘들이 교차하는 수많은 시간을 거쳐 남게 된 것이 모래펄이라면 나뭇가지는 태양빛이 온전히 대지로 스민 후 사라져가면서 비로소 허공에서 뻗어 나오는 문양과 같다. 둘 다 내게는 어떤 힘 가운데에서의 무력한 생기로움으로 각인된 것들이다. 그런 무력함이 고운 입자와 유연한 가지로 뻗어 있는 이 놀라운 경이에 나는 늘 가슴이 뛰곤 했다.

그래서 이 만남은 어쩌면 처음부터 예비된 것이었는지 몰랐다. 수없이 놓아주고 받아들여야 했을 어떤 마음과 다른 존재들을 해치지 않기 위해 조금씩 자신의 자세를 가다

듦어야 했을 사람들의 만남이었기 때문이다. 그들은 세계 속에서 바깥으로 밀려난 사람들이었지만 그 바깥으로 인해 누군가 다른 이를 목마르게 기다렸던 사람들이었다. 진심이 고이기까지의 오랜 시간을 익명의 당신을 부르며 조금씩 조금씩 서로에게 다가가고 있었던 이름 없던 사람들. 그들을 마주하기까지 나 또한 오랜 시간을 견뎌야 했다.

　어린 시절, 나에게 세상은 단정한 질서 속에 운행되는 것이었다. 종교를 가지고 있었기에 세상은 어떤 법칙에 따라 올곧게 흘러가고 있으며 선의로 가득 찬 곳이라는 믿음이 있었다. 나는 세상이 정해준 '자리'에서 기뻐하고 슬퍼하고 생각하고 계획하며 삶을 살아나가면 됐다. 맑은 명상과도 같은 삶이 언제까지나 내 앞에 있으리라 여겼고 그 삶이 위협받을 일은 없을 거라고 안도했다.

꿈의 해저에는, 빛

　스무 살, 나는 가족들 손에 이끌려 처음으로 정신병원에 강제입원되었다. 알 수 없는 현실 앞에서 그만 숨이 막혔다. 가족들의 폭력으로 인해 단지 화가 많이 나 있는 상태일 뿐이라고 생각했는데 의사와 가족은 정신병원에 나를 감금했다. 한 달여간의 입원생활은 나 스스로가 비정상임을 받아들여야 퇴원이 가능하다는 것을 알려주었다. 병을 인정하고 약을 먹고 순응하는 몸이 되어야만 했다. 그때까지는 잠깐의 외출도 허용되지 않았다. 내 속의 무수한 목소리를 잠재운 채 진단을 받아들이는 것, 스스로 의심스러운 존재임을 수긍하는 것, 그것만이 병원 밖으로 나갈 수 있는 유일한 방법이었다. 나를 규정하던 정체성들이 혼란스럽게 흔들리면서 나는 친구와 이웃들과 더불어 평범하게 살아가던 '자리'를 잃었다. 그 '자리'가 내가 어찌할 수 없는 오물을 뒤집어쓴 곳이 되어버린 것이었다. 아무에게도 이해받지 못하고 나 역시 설명하지 못하는 악취 나는 자리를 갖게 된 이후 자주 현기증이 일었다. 한 발도 내딛을 수 없는 위태로운 절벽에 홀로 서 있는 느낌이었다.

그 자리에서 꿈꿀 수 있는 것은 아무것도 없었다. 정신장애인을 설명하는 말이 '정신병자' 하나였던 시절. 약을 먹지 않으면 다시금 감금될지도 모른다는 불안감, 약을 먹으면 쏟아지는 잠들, 그리고 어떻게 해도 벗어날 수 없는 몸의 조건들로 인한 사회적 낙인과 스스로에 의한 낙인 속에서 나는 고립되어갔다. 학교 도서관에서 엎드려 자다 집으로 돌아오곤 하던 시간들. 그럼에도 나는 외래에 꼬박꼬박 약을 타러 가는 착한 환자였다. 그리고 환자일 뿐 아무도 내게 삶이 무엇인지 가르쳐주지 않았다. 나의 미래에 어떤 선택지가 있는지조차 알 수 없었다. 현재도 미래도 알 수 없이 텅 비어갔고 세상의 다정한 것들에 가까웠던 과거의 삶은 지워졌다. 수많은 힘들이 교차하는 세상에서 고립된 삶은 허무하고 고통스러웠다.

　내가 가지고 있는 꽃잎처럼 접힌 비밀이 있다면 그건 중학교 때 국어 선생님에 대한 것이었다. 전교조 활동으로 해고당하시기 전까지 《모모》와 《나의 라임 오렌지나무》와 《몽실 언니》를 알려주시던 선생님. 보수적인 집안에서, 먹고사는 것 이외에 다른 가치에 헌신하는 사람들을 본 적이 없는 환경에서 선생님의 모습은 눈부셨다. 선생님들과 학생들이 함께 운동장에 모여 '해방춤'을 추고 학교 가까이에 있는 철거촌에 연대하러 가자고 우리를 불러 모으시던 선생님. 마르크스를 알려주시고 나치의 위험을 동시에 알려주시던 선생님. 여름방학 숙제로 '노래를 찾는 사람들'의 노래를 듣고 노랫말을 적어오라고 하시던 선생님.

　선생님이 해고당하시던 그날부터 선생님은 내 삶이 가닿고 싶은 먼 그리움이 되었다. 선생님은 떠나셨지만 나는 선생님이 알려주신 '노래를 찾는 사람들'의 〈광야에서〉〈솔아 솔아 푸르른 솔아〉〈그날이 오면〉을 부르며 홀로 선생님을 기억했다. 노래극 〈개똥이〉의 수록곡 〈날개만 있다면〉을 들으며 언젠가는 저 산을 넘어 더 넓은 세상으로 가고 싶다는 바람을 키웠다. 혼자서 병원에서 돌아올 때면 가끔 노래를 흥얼거렸다. 어디에 가닿을지도 알 수 없는 노래들을 하며 나는 둥그렇게 원을 그리며 춤을 추던 중학교 시절을 생각했다. 그때의 알 수 없는 활기와 어우러짐을 되짚어보곤 했다.

어둡던 물에 엉그는

혼자서라도 끝까지 가고 싶었다. 내가 닿을 수 있는 끝까지. 세상이 선의로 지탱될 수 있을 만큼 평화로운 곳도 단순한 곳도 아니라는 것을 나는 알지 못했다. 스물일곱, 글을 쓰고 싶어 다시 들어간 학교에서 나는 지독한 집단 따돌림을 겪었다. 내게는 선배도 후배도 동기도 없었다. 그리고 그 따돌림의 중심에 내가 사랑하고 있던 남자친구와 그의 새로운 여자친구가 있었다.

"아니에요. 그녀는 좋은 사람이에요."

"목우에게 그렇게 한 사람인데 좋은 사람이에요?"

마지막 순간까지 나는 그녀를 나쁜 사람이라고 말하지 못했다. 그녀에게 가지고 있던 한 줄기 희망을 놓치고 싶지 않았다. 내가 용서하면 모든 게 잘되리라 여겼다. 그러나 그녀는 끝까지 내게 한순간의 연민도 보이지 않았다. 잘못된 소문들을 만들어내고 부당한 결정들로 옭아매는 그녀 앞에서 나는 고립되었다.

하루하루가 전쟁 같았던 스물일곱을 지나 시름시름 앓았다. 악몽 속에서 헛소리를 지르다 깨어날 때가 많았고 그러다 배신한 남자친구가 창을 통해 이야기한다는 망상 속으로 빠져들었다. 그 망상의 끝에서 나는 사랑이 소진되었음을, 내게 남은 것은 분노와 증오뿐이라는 것을 알게 되었다. 그리고 망상 속에서도 내가 그에게 분노와 증오만을 안겼다는 사실이 가슴을 찌르듯 아팠다.

　　그 이후로 세상의 모든 소리들이 나에게 말을 걸었다. 폭풍우가 치기 전 거친 바람이 불어오는 음산한 하늘처럼 어떤 공포와 두려움이 내게 스며 떨어질 줄을 몰랐다. 환청으로 계속되는 비난 어린 목소리들에 하루에 두 시간 깨어 있기도 괴로워 기준치의 여덟 배가 되는 약을 복용해야 했다. 그렇게 10여 년이 흘렀다.

　　많은 사람들이 정신장애인을 일컬어 '착한 사람들'이라고 말한다. 나는 그 말에 동의하면서도 정작 사람들은 아무도 왜 그들이 착한 사람들일 수밖에 없는지 알지 못한다고 생각한다. 정신장애인은 세상의 끝으로 밀려나본 적이 있는 사람들이다. 세상의 모든 잣대와 저울질에서 처절히 소외되어본 적이 있는 사람들이다. 자신들의 모든 것이 무無로 허물어지는 것을 겪어낸 사람들이다. 사람은 밀려나면서 간절히 이웃을 부른다. 그리고 세상 바깥의 자리에서 어떤 인간의 얼굴을 그리워하며 끝없이 그 인간적인 것에 가까이 다가간다.

　　나는 환청과 망상에 시달리며 내가 놓쳐버린 것을 후회했다. '왜 나는 아프면서 사랑하는 이를 모욕했나?'라는 뼈아픈 후회를 사랑을 회복하는 데 쓰게 했다. 내 안의 상실된 얼굴들에 온화한 얼굴을 돌려주기 위해 거듭 꿈꾸던 날들. 그 이후의 여정은 잃어버린 고향을 찾아가는 것이 되었다. 그건 또한 언젠가 '몽실언니'를 통해 사람살이의 따스함을 알려주고, 상처 속에서도 우정을 키우던 '제제'와 '라임 오렌지나무'의 소중한 만남을 알려준 그 다정한 책들에게 가는 길이자, 시간은 아껴 경쟁하는 데 쓸 것이 아니라 진정으로 살아가는 데 쓰여야 함을 알려준 '모모'에게 가는 길이었다. 그리고 그것은 세상과 온몸으로 맞서면서 그 가치들을 전해주었던 한 젊은 국어 선생님에게 가는 길이기도 했다.

고요한 포옹

　　나는 오랜 투병생활로 35킬로그램 이상 살이 찐 몸을 이끌고 희망버스를 타고, 쌍용자동차와 콜트콜텍, 재능교육 노조에 연대하며 근근이 삶을 이어갔다. 그리고 몇 편의 글을 썼다. 하지만 연대하던 이들은 내가 앓고 있는 장애에 대해 알지 못했고 나 역시 나를 설명할 단어를 찾지 못했다. 이렇게 저렇게 삶이 자꾸 어긋나기만 하던 시기였다. 그럼에도 몇몇 인연들 덕분에 조금씩 세상과 마주할 수 있었다.

세상을 떠돌기만 하던 나는 2018년 정신장애인으로 커밍아웃을 한 뒤 삶이 급속도로 바뀌는 경험을 했다. 한 다큐멘터리 감독님을 통해 알게 된 정신장애인 글쓰기 모임에서 나는 멀리서 꿈꾸기만 했던 그 얼굴들이 비로소 내게 가까이 다가왔음을 알게 되었다. 처음으로 나를 좋아해주는 사람들을 만났고 그들과 환청과 망상에 대한 이야기를 주고받으며 '정상성'이라는 기준에서 벗어난 우정과 환대를 경험했다. 오랜 상처로 인한 두려움 때문에 빙벽처럼 얼어붙어 있던 내게 '언니에게 미안하다'며 자신이 잘못하지도 않은 일에 눈물로 마음을 녹여준 동생이 있었고, 작고 따스한 이야기 한 편을 완성했을 때 가만히 손을 잡아준 친구가 있었다. 늦은 밤, 안부를 묻는 메신저를 하루도 빠짐없이 남겨준 이가 있었다.

그리고 2019년 한 단체에서 '제1회 매드 프라이드'를 준비하면서 나는 인생의 새로운 계기를 만나게 되었다. 광기가 자부심이 될 수 있도록 세상 안에 '장소'를 마련하는 행사를 기획하고 여는 데 힘을 보태면서 수많은 환대와 지지를 경험하게 된 것이다. 그 기쁨은 성장주의적이고 성과중심적인 조직의 문화에 적응할 수 없어 일을 중단할 수밖에 없었지만 함께 광장을 열었던 날의 환희는 아직도 내 가슴에 화인처럼 새겨져 있다. 실직 이후 코로나19 사태가 터지며 일상이 또다시 꽉 막혀버려 슬픔과 불안의 시간을 보내던 중 만나게 된 것이 〈아파도 미안하지 않습니다〉 시민연극이었다.

강아솔의 〈기도〉라는 곡이 좋았다. 나의 영혼이 "사랑이 지나는 모든 길"이 된다면, 내가 싫어하는 사람도 좋아하는 사람처럼 "아무것도 묻지 않고 그저 가만히 안아"준다면 우리는 평화를 일굴 수 있다는 전언이 언제나 마음을 평온하게 해주었다. 그러나 현실은 노래 같지 않았다. 그런 마음을 알아주는 이는 드물었고 마음을 표현할 수 있는 기회를 찾기도 어려웠다. 이전 조직에서 겪은 일들 때문에 나 자신을 믿을 수 없던 시간들. 삶이 다시 걷잡을 수 없이 황폐해지기 시작했을 무렵, 그 막막함의 끝에서 붙잡았던 희미한 빛이 연극이었다. 언젠가부터 사람들과 소통하기를 포기하고 다시 웅크리고 있던 나에게 저 먼 계단의 끝에서부터 한 발 한 발 걸음을 뗄 수 있게 용기를 주던 사람들. 우리가 만난 여섯 명의 배우들. 나중에 그들을 이해하게 되면서 알게 된 것이지만 그들 역시 나처럼 한 번쯤 밖으로 밀려나본 경험이 있는 이들이었다.

우리가 만난 그 사건을 일식日蝕의 경험이라 이름 붙일 수 있지 않을까. 달이 태양을 가릴 때 세상은 어둠에 잠기지만 그 대신 태양의 가장자리는 밝게 빛난다. 우리는 그 어둠을 가지고 노는 사람들이었다. 그런 순간은 드물지만 태양이 없는 공간을 상상하게 해주고 그럼으로써 새로운 질서를 그려보도록 한다. 일식은 중심이 아니라 주변이 빛나는 순간이다. 가끔 찾아오는 이 일식이 한낮의 어둠을 불러온다. 그러면서 밀려났던 것들을 신명나게 한다. 그것은 바다의 끝인 모래펄이 쓸리는 모습이기도 하고 태양의 숨이 잦아들면서 나뭇가지가 가늘게 뻗어가는 것과도 같다. 그 모든 주변들, 바깥들의 이름.

처음 본 사람들인데도 이들이 전혀 낯설지 않았다. 생에 한 번은 마주친 적이 있는 사람들처럼. 조금 다른 목소리들도 이곳에서는 존중받을 수 있을 것이라는 막연한 기대로 시작한 소통은 점차 급진적인 것이 되어갔다. 누군가는 진심을 다해 울었고, 진심을 다해 몸짓을 지었고, 말을 건넸다. 바깥으로 밀려난 이들이 내는 소리는 신음에 가까웠지만 그 소리는 일기장의 첫 페이지처럼 그/녀의 아픔으로 들어갈 수 있는 통로가 되어주었다.

물이 되어 흘러내리는 빛의 모래알

나는 처음으로 이곳에서 내 안에 분노가 살아 있다는 것과 관계의 어떤 절실함을 배우게 되었다. 연출을 맡은 빠빠는 말했다.

"목우는 나비처럼 작게 이야기하는데 그러지 않아도 돼요. 깊은 슬픔도 벅차오르는 기쁨도 모두 우리가 가진 감정이에요."

늘 고맙다는 말과 미안하다는 말을 입에 달고 살던 나는 부당한 고용주 앞에서 항의하는 노동자가 되어보았고 선의가 통하지 않는 어떤 결락의 지점들을 알게 되었다. 분노하고 그것을 표현하는 것이 세상의 확고한 진리들을 깨뜨리는 작은 이들의 힘이며, 세계에 새로운 시간을 가져온다는 것을 처음으로 배웠다.

나는 관계의 단절 앞에서 늘 힘없이 뒤돌아서기만 했다. 그런데 절실하게 누군가를 부르는 상황극을 하며 나의 목소리에는 힘이 실렸다. 떠나가는 사람을 그대로 떠나지 못하도록 애타게 부르는 일은 엄청난 에너지를 요구하는 것이었지만 마지막 순간에 그/녀는 나를 향해 돌아섰다. 점차 커지고 간절한 것이 되어가는 목소리 앞에서.

그/녀들이 내게 남기고 간 문양은 무엇일까. 힘들던 지난 시간 동안 나는 괴로운 잠을 자거나 뜻 없는 글자들을 남기며 메신저를 하거나 멍하니 창밖을 응시하고 있었다. 관조하듯 글을 썼고 관망하듯 살아왔다. 내게는 끝도 없이 지루한 내면의 싸움이 있을 뿐이었다. 그러나 언젠가부터 어떤 삶이 핏물처럼 내게 튀었다. 드라마가 펼쳐지고 인생의 희로애락이 물들며 사랑하고 헤어지고 투쟁하고 패배하고 다시 일어서는 그 삶이. 동경하듯 바라보기만 한 삶의 고단함과 영광이 있었다. 아무도 기리지 않는, 단지 '진실'이라는 이름의 내 가슴만이 알고 있는 삶이. 그것이 내면의 사막에서 세상의 사막으로 나아가는 일이라 해도 어쩌면 그것이야말로 한 생이 시작된다고 우리가 이야기하는 것일지도 몰랐다.

진주조개는 모래 한 알을 품고 그것을 진주로 궁글려낸다. 삶의 불편함이란 그런 것이라는 것을 이제 나는 이해한다. 삶이 불편해지더라도 어떤 저항은 이 세상을 정화하는 여울목 같은 것이 되어준다. 급하게 휘몰아치는 물결의 흐름에 잠시 휩쓸리다가도 다시 깨끗한 물이 되어 흐름을 덧입게 하는 결절점이 되어준다. 그러고는 이내 세상을 옥빛으로 맑게 빛나게 한다.

'질병을 가진 이들의 저항의 서사.' 시민연극 〈아파도 미안하지 않습니다〉를 기획한 조한진희 선생님이 우리의 연극의 방향성을 제시하며 한 말이다. 세상을 지배하는 논리는 언제나 있어왔다. 그러나 여기 바깥으로 밀려난 자들의 서사가 지배의 논리와 단절하고 그것과 무관한 존재가 될 때 이들에게 자유가 찾아들었음을 증언하는 모습을 우리는 지켜보게 될 것이다. 굴종하고 순응하기만 하던 삶이, 저항하는 삶으로 바뀌어갈 때, 내 안의 혁명은 시작된 것이다.

〈아파도 미안하지 않습니다〉 배우들의 이야기가 내심

더 궁금하고 간절했던 건 그래서다. 이들이 자신의 삶을 기울여 어떠한 저항을 만들어낼 수 있을까. 이들과 어울려 웃고 울며 내 안에서 무언가를 생성해가면서 나는 그제야 내가 사랑하던 것들의 삶 속으로 한 발 걸어 들어가고 있다는 것을 알았다. 늘 한 걸음 물러나 비겁하게 박수만 치고 있던 내가 사랑하는 사람들의 심장을 가지고 나의 이야기를 시작하게 된 것이다. 그리고 이야기한다는 그것이 바깥으로 밀려난 이들의 가슴속에 숨겨져 있던 용기라는 것을 아주 먼 길을 돌고 돌아 깨닫게 된 것은 아닐까. 그래서 생명과 평화는 움직임 없는 고정된 진리 속에 있는 것이 아니라 바로 이 유동하는 삶 속에 있음을 어쩌면 우리는 처음으로 살아보았던 것이다.

막이 오르고

거울 안에는 가만히 내려앉은 평화가
당신의 얼굴처럼 비춰들고

박목우

J씨, 당신의 눈에 어린 원망의 눈빛이 아직도 잊히질 않습니다. 깊은 우물 밑에 홀로 갇혀 햇빛 비치는 세상의 풍경을 동경하는 눈빛이 그럴까요. 당신의 목소리는 우물을 가득 채운 우물물로 인해 들리지 않고요. 그렇게 까마득한 곳에 당신은 고립되어 혼자만의 세계에 유폐되어 있습니다.

그러나 J씨, 이해받지 못하는 것이 오롯이 당신만의 책임은 아니라는 것을 당신은 알고 있나요? 당신은 한때 스스럼없이 웃었고, 스스럼없이 분노했으며, 스스럼없이 사랑하고, 스스럼없이 꿈을 향해 노력했습니다. 그러나 어느 순간, 당신은 그 모든 것을 부정당했습니다.

저는 약을 먹는 몸을 알고 있습니다. 한때 저는 다섯 마디를 하려면 세 마디의 말을 하고 두 마디의 말은 잊히는 몸을 가지고 있었습니다. 약 용량이 많아서 어떤 생각도 할 수 없던 때였습니다. 그때 제 주위에 있는 사람들은 제가 하는 말을 들었으나 그 말이 하고 싶은 것에 대해서는 주의를 기울이지 않았습니다. 제게는 꿈이 있었으나 그런 몸으로 이룰 수 있는 것은 없었습니다. 저는 실패했고 좌절했습니다.

다행스러운 것은 가족들이 그런 몸에 대해 비난하기보다는 내버려두었다는 점일 것입니다. 하지만 저는 그런 몸, 그런 몸을 가지고 산다는 것의 의미를 사회에 나와 알게 되었습니다.

잠이 쏟아져 간단한 문서 작성을 할 수도 없고, 강박 때문에 몸을 움직여 물건을 정리할 수도 없고, 설거지조차 물소리가 말을 거는 환청으로 들려 할 수 없는 그런 몸들……그런 몸들은 쓸모없는 몸으로 버려지고 자본주의 사회에서 쓰레기로 분류되어 시설에 수용되거나 아니라면 가족에게조차 부담만 주는 존재로 여겨져 무시당하고 침묵당하며 살고 있다는 사실을 말입니다.

아무도 우리의 목소리에 응답하지 않았습니다.

우리가 자유롭던 날들은 어디에 있을까요? 우리는 왜 병원에 갇히고 약을 먹어야 사는 존재가 되어버렸을까요? 그리고 우리는 왜 이리 무능할까요?

저는 정신병원에 입원한 후 열심히 종교생활을 했습니다. 종교에서는 '참으라'고 말합니다. 그리고 사랑과 용서가 있다면 이루지 못할 일이 없다고 말합니다. 억압에 '대항하라'고 말하는 종교는 없습니다.

그리고 사회는 말합니다. 정신장애는 여느 질병들처럼 뇌의 특수한 질환일 뿐인데 일반인들이 편견을 가지고 있다고요. 그 편견이 해소된다면 우리가 지역사회의 일원으로 살아갈 수 있다고 이야기합니다. 하지만 정작 정신장애인의 구조적 현실을 진중하게 들여다보고 발언하는 사람은 아무도 없습니다. 우리의 경험을 듣고자 하는 사람도 없습니다.

저는 약의 효능을 어느 정도는 인정하지만 그것이 억압이 될 수 있다는 것을 압니다. 저는 사회에 나와 제 이야기를 들어주는 사람을 만난 후에야 비로소 말문을 열게 되었습니다. 그리고 긴 글을 쓸 수 있는 사람이 되었습니다. 그러나 그것은 약 때문이 아니었습니다. 끈기 있게 제 이야기를 들어주고 지지해주고 기다려준 사람들을 만난 이후였습니다.

그러나 대부분의 정신장애인은 사고의 흐름을 둔화시키는 약 때문에 자기 주장을 제대로 펼칠 수 없습니다. 게다가 정신장애의 특수한 환청과 망상, 강박 등은 그런 정신장애인의 자존감을 떨어뜨리는 요인으로 작용합니다. 의사들은 늘 정신장애인에게 제대로 사고하고 있는지 검열하라고 합니다. 정신장애인이 처해 있는 복잡한 상황과 맥락을 증상이라는 하나의 프레임으로 단순화시킵니다. 그리고 대개는 정신장애인의 말보다는 그 주변인들의 말을 더 신뢰합니

"제게 새로운 용기를 불어넣어주고
세상을 바라보는 시각을 처음부터
다시 세우게 해준 이 자리에 당신을
초대합니다. 그리고 함께 세상의
부당함에 맞서자고 손을 내밉시다."

새까만 배경에서 홀로 조명을 받는 목우, 노
래하듯 비스듬히 오른쪽 위를 향하는 그의
왼쪽 얼굴과 가슴 앞에 모은 두 손이 유독
환하다.

다. 정신장애인은 자신의 기준이 아니라 '정상성'이라는 기준에 맞춰 끊임없이 자기 자신의 존재를 의심하고 비하하게 됩니다. 그 어디에서도 정신장애인의 목소리를 귀 기울여 들으려 하지 않습니다.

저 역시 정신장애인의 특수한 현실을 사는 사람이었고 자기 낙인 때문에 명백히 부당한 상황에 처하면서도 제대로 대응하지 못했습니다. 게다가 종교는 칭찬과 용서, 사랑을 종용하며 그런 낙인을 더욱 강화했고, 제가 겪는 문제를 '나 하나 침묵하면 되는 일'로 굳혀버리곤 했습니다.

저는 요즘 시민연극 〈아파도 미안하지 않습니다〉에 참여하고 있습니다. 공연 준비를 위한 워크숍이 소중한 것은 강요된 사랑과 평화의 말이 아니라, 저 자신에게서 우러나오는 진실한 목소리에 귀를 기울이게 해주었기 때문입니다. 그것이 꼭 고운 목소리로 이야기하는 평화의 목소리가 아니어도 된다는 것, 분노에 차 있고 슬픔의 저 깊은 밑바닥에서 올라오는 소리라 하더라도 그것이 진실하다면 가치 있다는 것을 알려주었습니다.

프랑스의 어느 철학자는 진실은 진리와 통한다고 말했습니다. 그리고 이 연극이 기반하고 있는 '플레이백 시어터 playback theater'는 바로 그 진실한 목소리를 이끌어내고자 하는 많은 이들의 노력의 역사가 깃들어 있는 프로그램이었습니다.

저는 이 연극을 준비하며 저의 현실을 처음부터 다시 사고하기 시작했고, 그래서 정신장애인의 삶을 쉽게 재단하고 배제시키는 사람들에 맞설 용기를 얻게 되었습니다. 그리고 상처와 어려움 속에서도 부당함에 저항하는 쪽으로 발걸음을 내딛게 되었습니다. 제가 처한 부조리한 현실에 더 이상 침묵하지 않겠다고 다짐하게 되었습니다.

이제라도 출발선에 저를 데려다준 이 진귀한 경험에 당신을 초대하고 싶습니다. 우리의 환청과 망상이 과연 우리의 목소리를 빼앗고 침묵시켜야 할 만큼 위험한 것인지 되묻고 싶었습니다. 그래서 우리가 복용하고 있는 약물이 그렇게나 우리 삶에 필수적인 것인지, 우리가 우리의 환청과 망상을 안고 사회에서 살아나갈 수 있는 방법은 없는지 처음부터 다시 고민하고 싶습니다.

그래서 당신을 초대하는 이 자리에 부끄럽지 않은 사람으로 서 있고 싶습니다.

제게 새로운 용기를 불어넣어주고 세상을 바라보는 시각을 처음부터 다시 세우게 해준 이 자리에 J씨, 당신을 초대합니다. 그리고 함께 세상의 부당함에 맞서자고 손을 내밉시다. 우리 한 사람의 힘은 미약할 수 있어도 우리가 함께 모인다면 우리의 억울함과 분노는 정의를 바로 세우는 일에 쓰일 수 있습니다. 이제야 저는 사랑이 정의를 동반한다는 말의 의미를 깨닫습니다.

J씨, 더 이상 혼자만 아파하지 마세요. 당신은 세상을 바꿀 힘이 있는 사람입니다. 당신의 경험을 긍정하고 그것이 헛된 것이라 자책하지 마세요. 당신 안에 숨어 있는 힘을 발견하세요. 그리고 제가 그랬던 것처럼 우리가 서로 나누는 이야기를 통해 당신이 세상 속 하나이기를 바랍니다. 더 이상 우물 저 밑바닥에 있는 사람이 아니라 새가 울고 꽃이 피고 아이들이 웃는 세상의 일부이기를 바랍니다. 그리고 세상에 희망의 꽃씨를 틔우고 비바람에 지친 새들의 보금자리를 마련해주는 사람이기를 바랍니다.

우리는 그 일을 할 수 있는 사람들이라는 것을 알려준 이 만남에 말로는 다할 수 없는 고마움을 담아 이 편지를 띄웁니다. 당신의 손에 이 편지가 닿게 될 날을 손꼽아 기다리겠습니다.

**

J씨, 연극이 시작되려 무대의 불빛이 켜지면 어지러운 빗금이 그어지곤 합니다. 저는 이렇게 외칩니다. 모든 것이 저의 잘못이에요. 고통의 진정성을 제 자신에게서 찾으려던 오랜 습관이 이렇게 낯선 언어가 되어 관객들에게 닿습니다. 부모님이 나를 팔아넘길 것만 같아. 세상에서 받은 상처에 대한 두려움은 마치 엉킨 실뭉치 같아서 구체적인 언어

가 입혀지며 점점 더 이해할 수 없는 것이 됩니다.

그 낯설고 이해할 수 없는 것에 대해 세상이 반응하는 것은 하나의 태도였습니다. 억압하고 침묵시키며 더 낯설고 이해할 수 없는 폭력으로 배제하고 감금하는 것 말입니다.

코로나19로 인한 첫 사망자는 청도대남병원에 20년이 넘는 세월 동안 유폐되어 있던 정신장애인이었습니다. 사망 당시 그의 몸무게는 42킬로그램. 두 번째 사망자 역시 같은 병원의 정신장애인으로 '바깥 나들이를 하니 너무 기분이 좋다'는 말을 남기고는 다시 돌아오지 못했습니다.

지금이라도 문을 열고 밖으로 나가면 반겨주는 산들바람과 따가운 햇빛과 걸을 때마다 느껴지는 대기의 신선함을 그들은 느끼지 못한 지 오래였습니다. 그 실종된 생을 가슴에 품고 무대에 섰습니다. 저의 이야기를 해야 했지만 그것이 오롯한 저의 이야기일 수만은 없다는 것을 눈이 부신 조명 아래에서 비로소 알게 되었습니다.

무대라는 뚜렷한 소통의 장에 서면서 처음으로 저의 몸을 느꼈습니다. 이 몸의 현존이 그려낼 무늬가 있으리라는 희미한 인식이 오히려 저를 텅 빈 존재로 만들고 있었습니다. 그러면서도 잊힌 당신이, 작은 목소리들이, 들리지 않고 보이지 않는 수많은 것들이 저를 채우고 있었습니다.

"환청은 세상의 연약한 것들이 내는 소리에 귀 기울이고 싶던 내 마음이었을거야. 망상은 소외된 꿈들이 짓는 몹

"환청은 세상의 연약한 것들이
내는 소리에 귀 기울이고 싶던
내 마음이었을 거야.
망상은 소외된 꿈들이 짓는
몹시도 뜨거운 희망."

입을 다물고, 고개를 숙인 목우의 얼굴은 머리의 그림자에 가려 어둡고, 부드러운 재질의 윗옷에 가득 잡힌 가느다란 세로 주름만이 환하게 빛난다.

시도 뜨거운 희망"이라고 말할 때 혹 제가 J씨 당신에게 닿았던 걸까요? 당신이 와야만 온전해질 수 있는 말을 하며 저는 슬펐습니다. 어쩌면 이 둥근 슬픔 속에서만 저와 당신은 만날 수 있는 것인지도 모르겠습니다.

잊지 않음을 하기. 긴 역사 속에서 잊히고 버려지고 빼앗겼던 우리, 그 우리를 되찾아야 했습니다. 그래서 되찾아야 한다는 이 요구가 현실에 육화되어 그려져야 한다는 절박한 희망이 저의 목소리와 행동에 어느 사이 스미고 있었지요. 그것이 바로 우리가 함께 있다는 것의 의미는 아니었는지 무대의 불빛이 꺼지자 내면의 빛이 켜지듯 눈빛에 어룽거렸습니다.

J씨, 아마도 당신이 온다면 우리는 세계의 실상을 알게 되겠지요. "새가 울고 꽃이 피고 아이들이 웃는 세상"이란 잠시의 꿈처럼 지나가는 달콤한 환영이었음을 알게 될지도요. 우리가 만든 이 세상에서 비롯되는 편견과 차별과 폭력과 배제가 자연과 인간을 얼마나 파괴하고 있는지 소스라치게 될지도 모르겠습니다.

그러나 우리의 소통.

우리는 헐벗음을 나누었고 목소리에 맺힌 핏자국을 함께 느꼈으며 누군가 내 안으로 걸어 들어오는 간절한 발걸음 소리를 같이 들었습니다. 우리 안을 소리 없이 밝혀주던 어둑한 빛. 그 빛은 파편처럼 흩어져 있었지만 별들이 서쪽을 향해 기울어지듯 함께 움직이는 빛들이었습니다. 그래서 J씨, 한 번도 만나보지 못했던, 아니 사실 언젠가 한 번은 꼭 마주쳤을 당신의 절규가 우리라는 기울기를 만들어 우리가 서로에게 조금씩 기울어져갔던 것은 아닐까요. 울다 지친 밤, 누군가의 어깨에 기대 잠이 들 때의 그 곤한 기울기처럼.

이 무대에 도래하는 것이 있었다면 그것이 J씨, 당신이었기를 진심으로 바라봅니다. 우리가 살아간다는 이유로 살해했던 당신, 보이지도 들리지도 않던 당신, 그래서 말할 수 없었던 당신이었기를. 당신이 홍해를 가르듯 우리의 가슴속으로 길을 내어주며 오기를 바라요. 그래서 보이지 않던 것들이 보이고 들리지 않던 것들이 들리며 수없이 희생당한 존재들을 끌고 당신이 오기를. 당신이 올 때 흐르게 될 눈물들을 위해 저는 열린 수평선을 준비하려 합니다. 평화롭고 걱정 없이 행복하게 아이들이 자랄 수 있도록 밤을 지새던 우리는 누군가의 환경이 되어주기 위해 애쓰던 저 길고 긴 수평선의 환영 같은 노역이었을 테니 말입니다.

육지에 오르면 짜디짠 소금이 되는 바다는 그 안에 비릿한 생명들을 키웁니다. 우리가 볼 수 있는 것은 겨우 수평선이지만 그 수평선을 보며 우리는 많은 것들을 꿈꿀 수 있지요. 쉽게 다가가기 힘든 그곳에도 우리의 시간은 녹아 있습니다. 그리고 바다의 시간은 육지로 흘러들고 우리의 몸속에 스며 소금을 이룹니다. 우리는 본래 바다에서 온 생명이었음을 알게 해주지요.

썩지 않는 근원을 알려주는 바다처럼 우리 안의 무언가가 뭉클대듯 넘실거릴 때, 범람하기 시작할 때, 당신이 이 무대를 기억해주었으면 합니다. 이 무대에 당신이 깃들었음을, 우리 안의 무언가를 일깨우고, 복화술사처럼 저 혼자만으로는 할 수 없는 말들을 담고 입속에 가만히 웅크리고 있었음을. 그 웅크린 당신에게, 다가가, 당신의 말을 듣고, 떨고 있는 당신의 온몸을 받아내주었던 많은 사람들이 당신의 주변으로 광활한 수평선을 펼쳤음을.

그것이 당신의 용기가 되고, 수없는 사랑의 눈빛이 되어, J씨, 당신이 두꺼운 코트를 벗고 이 여름의 활기 속을 거닐게 되기를 바랍니다. 당신의 친구와, 이웃들 속에서. 폭력으로 배제되는 자들의 친구가 되어서 말입니다.

안희제

나에게 연극은 초등학교 학예회가 처음이자 마지막이었다. 그때 무엇을 준비했는지 기억조차 나지 않는다. 어머니가 부직포로 사자 옷을 만들어주었던 것만 빼면. 대학에서 PPT 를 띄워놓고 발표하는 것도 연극이라면 연극이겠지만, 발표할 때는 머리에 정리된 말들만 또박또박 전달하면 그만이다.

제 병은 수술 여부에 따라서, 혹은 국가에 따라서 장애로 등록되기도 해요. 지금 저는 장애인으로 등록되어 있지는 않지만요. 아까 말씀드렸듯 장애의 사회적 모델은 간단히 말해 장애는 몸이 아니라 환경 때문에 생긴다는 것이고, 환경과 제도의 변화를 통해 차별을 해소할 수 있다는 접근 방법이에요. 제도가 생기면 물론 편해지긴 하겠지만 저는 여전히 배가 아프고 약속에 늦을 거예요. 약값이 줄어들면 물론 덜 힘들겠지만 그렇다고 통증이 사라지지는 않습니다.

2017년부터 2019년까지, 내가 다니는 대학에서 매년 여러 단과대의 신입생을 대상으로 '장애 인지 교육'을 진행했다.[※] 그 자리에서 장애에 대한 관점을 설명하며 나의 질병을 이야기한 적은 있지만, 나의 고통과 경험을 있는 그대로 쏟아내지는 않았다. 그저 사회제도만으로 해결되지 않는 불편함이 있고, 장애의 범주 자체가 절대적이지 않다는 것을 보여주는 사례 정도로 나의 삶을 활용했을 뿐이다. 하지만 이번 연극에서는 나의 몸과 마음을 모두 쏟아내야 했다.

※ 비슷한 내용의 교육이 '장애 인식 개선 교육'이나 '장애 이해 교육' 등의 이름으로도 이루어지지만, '장애 인지 교육'을 포함하여 이런 명칭들은 장애인을 주체가 아닌 객체로 규정하고 있다. 좀 더 적절한 표현으로는 '장애 인권 교육'이 있지만, 실제로 사용되는 명칭이라는 점을 감안해 그대로 적었다. 이와 관련한 문제의식은 다음의 유튜브 동영상을 참고하라. 〈부자나 성공한 사람이 아니더라도 참 좋은 사람이 되려면: 인권 장애 학교 차별〉(김형수 장애인학생지원네트워크 총장), 세바시 1125회, 유튜브 채널 '세바시 강연', 2019. 12. 5.

시민연극 〈아파도 미안하지 않습니다〉를 구성하는 여섯 편의 짧은 연극에서, 여섯 명의 배우는 모두 자기 연극의 주연이자 다른 연극의 조연이다. 선악을 기준으로 인물들의 역할을 나누자면, 아무래도 악역이 좀 더 많다. 특히 타인의 연극에 조연으로 참여할 때 주로 악역을 맡는다. 나는 딸의 임신 가능성이 건강보다 궁금한 아버지이기도 하고, 요양병원에 새로 들어온 '젊은이'에게 '헬스플레인healthplain'*을 하고, TV 드라마에 등장하는 며느리를 꼴도 보기 싫다며 욕하는 꼴통 환자이기도 하다. 때로는 정신병원에서 환자에게 윽박지르는 보호사이고, 환자에게 형을 선고하듯 병을 진단하는 의사이기도 하다.

솔직히 말하면, 이 역할들은 어느 정도 무난하게 넘어갔다. 내가 주연일 때도 크게 고통스럽지는 않았다. 나의 이야기를 연극으로 만들 때, 나는 그 상황을 통제할 수 있었다.

⁜ 나는 이 단어를 《난치의 상상력》(동녘, 2020)에서 아픈 사람을 가르치려 드는 건강한 사람들의 태도를 포착하기 위해 사용한 바 있다(39~40쪽). 그러나 여기서는 '건강에 대한 자신의 조언을 최우선으로 치며 상대의 상황은 진지하게 고려하지 않는 태도'로 확장해서 사용했다. 아픈 사람들의 경험에 따르면, 아픈 사람들이나 아파본 사람들도 아픈 상대를 전혀 배려하지 않는 말들을 하기 때문이다.

원래는 그저 속수무책으로, 예상치 못하게 경험한 일들이었지만, 연극에서는 내가 주도권을 쥐고 편집하고, 파악하고, 조정할 수 있었다. 이메일 쓰는 장면을 전화 거는 장면으로 바꾸는 빠빠의 연출을 참고하여 연극적 효과를 위해 내 경험들을 축약하거나 과장하고, 사건이 일어난 순서를 바꾸기도 했다. 내가 아닌 다른 아픈 사람들의 경험이 나의 경험처럼 등장하기도 했다. 맥락이 왜곡되지 않는 한에서, 나는 나의 삶을 내가 해석해서 세상에 내놓을 수 있었다. 이 과정에서 편집권은 나를 경험 안에서 경험 위로 옮겨놓았다.

연극을 준비하며 가장 힘들었던 날은 아파서 빠진 날도 아니고, 아홉 시간 내리 연습한 날도 아니었다. 타인의 이야기에서 나를 발견했을 때였다. 그날만 해도 대본이 아직 100퍼센트 완성되지 않았고, 누가 어떤 역할을 맡을지도 정해진 것이 없었다. 염증에 수면 부족으로 몸이 별로 좋지 않았던 나는 대부분 누워서 사람들의 연습을 지켜보고 있었다. 빠빠가 나를 부르더니, 수영의 연극에서 역할 하나를 해보라고 했다.

만약 수영과 내가 단지 경험을 나누기만 하는 자리였다면, 우리는 처음부터 "저도 그랬는데! 그때 많이 힘드셨겠어요"라는 말로 공감대를 형성하고 서로를 위로했을지 모르겠다. 우리는 질병과 장애 때문에 사랑받지 못한 경험, 잘 드러나지 않고 자주 변하는 몸 상태 때문에 의심받고 사람들과 멀어진 경험을 공유하고 있었다. 하지만 나는 그가 쓴 대본에서 그에게 상처를 주는 사람이 되어야 했다. 내가 뱉어야 하는 대사는 내가 들었던 말과 겹쳤다. 아픈 나에게 상처를 냈던 말을 역으로 내가 다른 아픈 사람에게 해야 하는 상황에 놓인 것이었다.

의심과 불신, 기대와 좌절

몇 년 전의 일이었다. 수영에게 상처를 준 '그'가 있었듯, 나에게 상처를 준 '그'도 있었다. 그는 나를 사랑한다고 했지만, 오직 내 몸이 낫기만을 바랐다. 아파서 목소리가 나오지 않는 나에게 "그러지 말라"고 했고, 아파서 제대로 움직이지 못하면 내가 자신을 속이는 것이라고 했다. 나는 스트레스가 극심하면 정신만 멀쩡한 채로 온몸에서 힘이 빠져나간다고, 말을 이어나갈 수 있는 것만으로도 다행이라고, 내 몸이 뜻대로 되지 않는 때가 있다고 말해도 소용이 없었다. 그에게 나의 질병이란 본인이 내킬 때만 수용할 만한 것이었다. 만난 지 얼마 되지 않았을 때 나를 응급실에 데려가 준 적은 있었지만, 그가 내 아픈 모습에 도망가지 않은 건 그날이 처음이자 마지막이었다.

그는 내가 건강해져서 좋은 직장을 얻고 돈을 잘 벌길

바랐다. 나는 당시 로스쿨 입학을 염두에 두고 있었지만, 내 몸이 또 한 번의 수험생활과 그 힘들다는 로스쿨 공부를 견딜 수 있을지 확신이 없었다. 설령 로스쿨을 무사히 마친다고 하더라도, 로펌이든 검찰청이든 노동조건이 열악하기는 매한가지다. 야근에 근무 시간 외에도 신경 쓸 것이 아주 많고, 사람들을 계속 만나야 하고, 술자리도 아주 많다고 들었다. 돈도 많이 벌고 사회적으로 인정도 받겠지만, 내 몸이 견딜 수 없는 일을 계속하다보면 증상이 심해져서 장을 자르게 될지도 모르는 판이었다. 물론, 합격부터 하고 고민할 일이었겠지만.

그럼에도 나는 로스쿨을 준비해보겠다며 문제집을 사서 몇 달 동안 공부를 했다. 나의 질병이 그에게 부담이라는 걸, 그가 안 아픈 나의 모습만을 사랑한다는 걸 모르지 않았기 때문이다. 원래 검사나 판사가 되고 싶은 마음도 있었지만, 무리인 걸 알면서도 로스쿨 공부를 몇 달 동안 지속한 데에는 그의 영향이 컸다. 내가 판사나 검사가 될 미래가 정말 멋지다고 말하던 그에게 나는 내 몸이 견디지 못할 것 같다고 쉽게 말할 수 없었다. 건강하지 않고 몸을 제대로 통제하지 못하는 나는 사라져야 했다. 그렇게 법학적성시험LEET 언어이해 영역 문제집 하나와 추리 논증 문제집 입문 하나, 본 교재 하나를 구해 공부를 시작했다. 결국 추리 논증 본교재 하나는 펼쳐보지도 않고 새 책 그대로 내

방에 남았다. 무능한 나의 모습은 무력하고 혐오스러웠다.

상처 주는 사람이 되는 일

이번 연극에서 나는 수영의 전 애인 역할인 '그'를 맡았다. 과일을 껍질째 썬 뒤 감자칼로 남은 껍질을 없애며 서툴게 진심을 표현하고, 사랑을 말하며 행복을 주기도 했지만, 끝내 아픈 그를 있는 그대로 받아들이지 못한 사람. 과일을 썰고, 민망해서 괜히 삐지는 연기까지는 어렵지 않았다. 하지만 내가 결코 경험하고 싶지 않은 장면들을 마주할수록 점점 힘들어졌다. 연극 속에서 나는 "아픈 애를 왜 만나냐"는 어머니의 질책을 듣고 수영에게 사실상 이별을 고해야 했다. 여기서 이미 속이 답답해졌지만, 거기까지만 해도 큰 문제는 없었다.

하지만 다음 장면에서, 내가 뱉어야 하는 대사를 읽은 뒤, 나의 심장이 빠르게 뛰기 시작했다. 표정은 뜻대로 되지 않았고, 말에는 망설임이 묻어나왔다.

그: (천진한 얼굴로) 아까 터미널에서 너랑 닮은 여자를 봤는데 진짜 깜짝 놀랐어. 네가 나오면 그런 모습일 것 같아서 자꾸 돌아보고, 보고, 또 봤어. 너무 예쁘더라.

"나의 상처를 가장 깊이 후벼파는 말,
천진한 표정과 말투를 연습하면서,
그에게 상처를 준 사람이 되려고
노력하면서, 비로소 나의 상처를
직시할 수 있었다."

다소 긴장한 수영의 얼굴이 조명을 받아 환
하고, 그보다는 조금 어두운 희제의 얼굴과
무언가를 말하는 듯한 입, 조금 위로 든 왼
팔과 약간 오므린 왼손.

나는 수영의 나을 수 없는 몸이 낫기만을 바라며, 애인의 질병이 티가 나지 않는 모습만을 사랑하는 사람이 되어야 했다. 그렇게 이어지는 장면들 속에서, 수영은 마치 나처럼 자기 자신을 사랑할 수 없는 사람이 되고 있었다. 하지만 나는 수영이 아니라 저 대사에 이입해야 했다. 그를 사랑한다면서 그의 몸과 삶을 부정하는 말을 천진하게, 진심으로 해야 했다. 나는 세 번이나 실패했고, 연습이 끝날 때까지도 그 말에 이입하지 못했다.

내가 실수를 반복해서 수영은 그 말을 세 번이나 들어야 했다. 마지막 시도가 끝난 후 그는 눈물을 흘렸고, 나는 스트레스로 심한 두통을 겪었다. 컨디션이 좋지 않은 날이어서 더 그랬을까, 그날의 두통은 유독 심했다. 내 입에서 나오는 말을 견디고, 그 말을 들은 이의 눈물을 견디고, 항문 근처의 염증을 견디고, 수면 부족을 견디고, 두통까지 견디고 나자 나의 체력은 바닥이 났다.

맡은 역할에 이입하지 못하고, 상대역에서 나의 모습을 보며 내 기억에 이입하게 되는 내가 이 연기를 제대로 해낼 수 있을지 확신할 수 없었다. 아니, 오히려 제대로 해내지 못하리라고 확신했다. 누워 있던 나는 빠빠에게 나의 기억, 경험으로부터 거리를 두는 방법이 있는지 물었다. 그런 묘책은 없었다. 그렇다면 이 장면을 수정해야 할까, 아니면 내가 역할을 포기해야 할까.

역할을 포기하고 싶지 않았다. 이제는 그 기억을 직면하고 싶었다. 힘들더라도 내 입으로 그 말을 뱉으며 나를 외면하는 내 모습을 극복하고 싶었다. 내가 극복해야 하는 대상이 나의 통증이나 몸이 아니라, 그걸 부정하게 하는 말들이라는 사실을 분명히 하고 싶었다.

그리고 우리는 그 천진한 잔인함이, 아무런 악의 없는 외면이 우리를 세상에서 지워나갔다는 사실을 알기에 표정과 말투를 바꿀 수 없었다. 이 장면에 슬픔과 기억, 사랑에 관한 우리의 진실이 겹겹이 쌓여 있다는 사실을 알기에 장면을 뺄 수도 없었다. 그가 이 상황에 반복해서 처해야 하듯이, 나는 그 대사를 거듭 연습해야 했다. 대사 수정은 선택지가 아니었다. 나는 그 역할을 계속 연습하겠다고 결심했다.

당신에게 상처를 줌으로써 나의 상처를 바라보기

그 와중에 내가 빼먹기를 반복한 대사가 있었다. "너무 예쁘더라"라는 대사 다음에 추가되어 있던 마지막 한 문장이었다. "너도 꼭 나을 거야." 앞의 대사도 어려웠지만, 이 문장만큼은 정말 힘들었다. 나도 모르게 계속 저 문장을 빼고 싶었던 것인지도 모른다. 그런데 연극 당일, 수영은 나에게 말했다.

"마지막 문장, 꼭 해주세요."

그 말은 중요했다. 그 말이 중요하다는 바로 그 이유로, 인쇄된 대본에는 적혀 있지 않다는 핑계로, 나는 그 대사를 피하고 있었다. 하지만 나는 알고 있었다. 적힌 대사를 수정하거나 그 장면을 뺄 수도 없었듯, 이 문장도 절대 빼서는 안 된다는 것을.

내가 주인공인 연극을 만들 때, 나는 내가 왜, 어떻게 힘들었는지 고민하기보다 남이 나에게 어떤 잘못을 했는지 고민했다. 그 순간에 나의 고통은 자명하게 주어진 사실이었다. 그건 생각보다 편한 일이었고, 나를 필요 이상으로 당당하게 만들었다. 한 관객은 연극이 끝난 후 배우들과 함께 만나는 자리에서 웃으며 나에게 말했다.

"그때 신나 보이던데요?"

듣고 보니 맞는 말이었다. 나는 그때 신났던 것 같다. 나에게 말할 기회가 주어졌다는 사실에, 대체로 외면당한 나의 말을 들으러 오는 사람들이 있다는 사실에 좀 신나고 들떴던 게 분명했다. 나의 고통을 이야기하고 통증을 연기할 때, 통증을 연기하다가 무대 위에서 실제로 몸이 조금 아파 왔을 때조차도 즐거움이 컸다. 나에게 말할 기회가 생겼다는 사실은 내가 나의 고통을 이해거나 고민하려고 노력하기보다 내가 아는 만큼의 경험을 자꾸만 더 이야기하게 했다. 하지만 아이러니하게도 온몸으로 타인의 악역이 되고자 노력하면서 비로소 무엇이 나를 힘들게 했는지, 그것이 왜 고통스러웠는지 이해하게 되었다.

'아, 이런 표정과 말투였구나. 그런 순진함이었구나.'

나의 상처를 가장 깊이 후벼파는 말, 천진한 표정과 말투를 연습하면서, 그에게 상처를 준 사람이 되려고 노력하면서, 비로소 나의 상처를 직시할 수 있었다. 막연하게 '아픈 나를 인정해주지 않아서' 상처받았다고 생각하는 것을 넘어, 어떤 표정과 말투가, 몸짓과 분위기가, 넌지시 건넨 말과 눈빛이 나에게 상처를 주었는지 알게 되었다. 그제야 그 상처가 사소하지 않다는 사실을 진심으로 이해하기 시작했다.

나는 나의 상처와 고통을 너무도 당연하게 여기면서도 정작 무엇이 나에게 상처를 주었는지 구체적으로 알지 못했다. 내가 나의 상처조차 이해하지 못했다는 사실을 알게 되면서, 내가 상대의 상처 또한 알지 못한다는 사실을 뒤늦게 인정할 수밖에 없었다. 그와 비슷한 경험을 했다는 이유로 그에게 잘 이입하고 이해할 수 있을 거라 생각했지만, 정작 연습 과정에서 내가 이입한 건 그가 아닌 나의 기억이었다. 나는 그의 상처를 몰랐고, 나의 상처도 몰랐다. 안다고 해도 달라지는 것은 없었을 것이다. '비슷한' 경험이 '같은' 상처가 되는 것은 아니니까.

"당신의 악역이 되는 일은 당신이
고통받을 것이라는 사실을 모르는
척하는 일이었다. 나와 비슷한 경험을
가진 이에게 내가 쉽게 공감할 수 있고
위로를 건넬 수 있다는 생각이 얼마나
순진한지 처절히 깨닫는 일이었다."

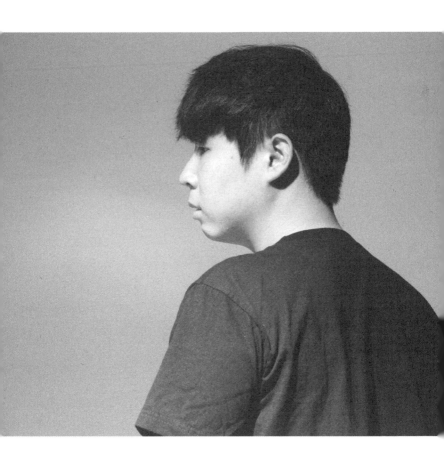

비스듬히 등을 돌린 희제의 왼쪽 얼굴과 등.
살짝 부스스한 짧은 머리, 조명을 받아 진하
게 그림자가 생긴 귀, 무늬 없는 검은색 티
셔츠가 흰 배경에서 도드라진다.

　'당신의 악역'이 되는 일은 당신이 고통받을 것이라는 사실을 모르는 척하는 일이었다. 당신의 눈이나 뒤통수에서 느껴지는 기억을 상상하고 그 안으로 들어가려 애쓰는 일이었다. 내 입에서 나오는 소리의 무게를 느끼면서도 그걸 아주 가볍다는 듯 꺼내는 일이었다. 당신에게 상처를 내는 그 말이 나에게도 상처를 낸다는 사실을 직시하면서, 그 상처에 반창고를 붙이는 대신 소금을 뿌리고 불을 갖다 대는 일이었다. 나와 비슷한 경험을 가진 이에게 내가 쉽게 공감할 수 있고 위로를 건넬 수 있다는 생각이 얼마나 순진한지 처절히 깨닫는 일이었다.

　'같은 아픔'이 빠른 공감과 위로를 가능하게 한다는 착각을 잠시 접어두고, 그의 아픔을 전혀 공감하지 못하는 사람이 되어보려고 노력하던 때, 그럼으로써 나의 아픔도 전혀 이해하지 못하는 사람이 되어보려고 노력하던 때, 비로소 나는 나의 상처를 이해하기 시작했다.

　내가 그랬듯이, 아픈 사람들은 경험을 나눌 사람이 너무도 적어서 때로는 성급하게 나의 상처를 상대에게 투영한다. 나를 확인받으려는 그 공감과 위로 속에 당신의 눈과 뒤통수는 있었을까. 어쩌면 우리에게 정말 필요한 건 내가 당신이 되어 건네는 공감과 위로가 아니라, 당신의 악역이 되어 표정과 말의 무게를, 사람 사이의 거리를 온몸으로 느끼는 일일지도 모르겠다.

세심한 존중의 무대 만들기

재

아파도 미안하지 않았던 연극 만들기

나를 비롯한 배우들은 각기 다른 아픈 몸을 가지고 있었다. 그 때문에 연습할 때도 저마다의 통증과 증상으로 불편하고 힘든 시간을 보내곤 했다. 그래도 연습 시간이 가까워지면 하나같이 속속들이 연습실에 모여들었다. 누가 시키지 않아도 우리는 늘 서로에게 오늘의 상태와 안부를 물었다. 연습실 바닥에 각자 요가매트를 깔고 앉거나 누워 위축된 근육들을 풀었다. 어떤 연극이나 마찬가지겠지만, 연습 전 몸을 푸는 일은 우리에게 연습만큼이나 중요한 의식이었다. 스트레칭은 오랫동안 전문가 수준으로 요가를 수련해왔던 나드의 리드로 진행되곤 했다. 인사를 나눈 뒤 자연스럽게 요가매트를 깔고 누워 잠시 잡생각들을 떨치고 긴장을 풀었다. 경직되었던 몸들을 서서히 부드럽게 만드는 루틴은 연극에 참여하는 모두와 나의 몸 구석구석을 쓰다듬고 어루만지는 과정이었다.

본격적으로 연습을 할 때도 마찬가지였다. 연습을 하기 어려울 정도로 컨디션이 저조하거나 갑작스럽게 몸이 좋지 않을 때는 자신에게 편한 자세, 그러니까 눕거나 엎드려서 회의를 하거나 연습을 해도 무방했다. 그래도 몸이 좋지 않은 멤버는 꼭 해야 할 일만 마무리하고 일찍 집에 돌아가기도 했다. 우리 연습실에서 이건 당연한 일이었다. 아프지만 미안하지 않아도 되는 환경에서 우리는 눈치 보지 않고 편안히 작업에 집중할 수 있었다.

신뢰와 존중을 쌓아올린 시간들

두 달 남짓의 준비 과정 내내 잠시 체면을 내려놓고, 내면에 있는 날것 그대로의 감정을 꺼내 표현해보는 훈련을 했다. 시간은 빠르게 흘러갔고, 무대 공연이 한 달 앞으로 다가왔다. 낭독이 아닌 정식 공연을 올리자는 연출가 빠빠의 이야기에 처음에는 큰 부담을 가졌지만, 낭독극으로 진행되면 우리 배우들과 관객 모두 연극에 깊이 몰입하는 게 어렵지 않겠냐는 그의 의견에 수긍했다. 관객에게 우리의 이야기를 어떻게 하면 더 잘 전달할 수 있을지는 그간의 훈련과 구성원들 간의 믿음에 달려 있었다. 우리는 각자의 이야기를 모아 총 여섯 개의 에피소드를 옴니버스식으로 공연하기로 했다. 나는 무엇을 위해 이 연극을 하는 것인지 스스로에게 물었다. 처음 연극에 지원했을 때 제출했던 아주 선명하고 단순한 이유가 떠올랐다. 그때 나는 "아픈 몸에 대한 이야기를 또 다른 몸들에게 전하기 위해서"라고 적었다.

하지만 '겨우 일주일에 한 번' 만나 연습하는 게 전부인 우리 배우들이 과연 (낭독 공연이 아닌) 무대에 올릴 정식 연극을 잘 만들 수 있을지 슬슬 부담과 걱정이 몰려오기 시작했다. 그동안 예술 축제와 전시, 공연에서 기획을 하고 스태프로 일해왔지만 연극 배우의 경험은 없었던 나는, 불투명해 보이는 계획에 약간 조바심이 났다. 이 연극을 정말 무대위에 올릴 수 있을까. 그래서 워크숍을 하는 와중에도 빠빠에게 '우리의 연극이 어떻게 되는 것인지' '언제부터 본격적으로 무대 준비를 할 것인지' 종종 농담처럼 묻곤 했다. 그때마다 빠빠는 '우리는 준비를 잘할 것이며, 좋은 공연으로 무대에 오를 수 있다'는 확신에 찬 답을 주었다. 덕분에 빠빠와 우리 배우들이 함께한다면 좋은 연극이 탄생할 수 있을 거란 믿음이 생겼다. 두어 달의 워크숍 과정을 통해 서로를 마음 깊이 존중하고 있었기에, 다른 배우들이 품고 있는 디테

일들을 조금씩 캐치할 수 있었다. 그렇게 우리 사이에는 신뢰가 쌓여갔다. 연습을 거듭하며 서로에게 깊이 이입할수록 '나 자신' 또한 긍정하게 되었다. 어느새 나는 연극의 흐름에 자연스레 몸을 맡기고 있었다.

좁은 시야를 뚫고 나온 이야기들

빠빠의 확답처럼 나의 걱정은 기우였다. 처음엔 좀 막막했지만, 무대에서 어떤 이야기를 하고 싶은지 각자 이야기 나누는 시간을 여러 번 가졌다. 지금껏 복잡하게만 느껴졌던 내 삶의 궤적을 어느 정도 정돈할 수 있게 되었고, 관객에게 어떤 메시지를 전하고 싶은지도 선명해졌다. 물론 그 과정이 쉽지만은 않았다. 나 자신의 이야기를 꺼내놓을 때, 때로는 그 이야기가 돌고 도는 것처럼 느껴졌다. 다른 배우들의 이야기를 들을 때는 그들의 막막함이 고스란히 전달돼 마치 안개 속에 갇혀 있는 듯한 기분이 들었다.

눈에 잘 띄지 않아서 어디가 어떻게 얼마나 아픈지 가늠하기 힘든 희제의 몸, 갑자기 컨디션이 변해 오래 한 자세로 있기 힘들고 근육이 잘 컨트롤되지 않아 늘 웃고 있는 얼굴로 보이는 수영의 몸, 많은 질병이 중첩된 나드의 몸과 환청이 들리는 목우의 조현병 증상, 기혼 여성이라는 이유로 당연히 임신해야 하는 몸으로 간주되어온 다리아의 몸이 어떨 땐 어렵고 복잡하게 느껴졌다. 하지만 시간이 지날수록 그들의 삶을 그 자체로 오롯이 받아들이게 되었다. 내가 가진 '기존의 이해'는 그다지 중요하지 않다는 것을 깨닫는 시간이었다. 나의 '좁은 시야'가 그들의 이야기와 감정에 가닿지 못하는 건 어찌 보면 당연한 일이었다. 나에게 정말 필요했던 건 다름 아닌 '듣고자 하는 태도'였다. 자신에게 무엇이 필요한지 편안히 이야기를 할 수 있도록 바짝 귀를 기울이는 태도 말이다. 나중에서야 그 귀 기울임이 '존중의 기본 조건'이 될 수 있다는 것을 깨달았다.

워크숍 덕분에 우리는 자신의 이야기를 한층 더 탄탄한 서사로 벼릴 수 있게 되었다. 각기 다른 아픈 몸들에서 여러 갈래의 이야기들이 실타래처럼 풀어져 나왔다. 가시화되지 않는 아픈 몸, 아픈 몸으로 관계 맺는 것의 어려움과 타인의 오해, 의학으로 규명되지 않는 증상, 완치할 수 없는 만성질환자의 지난한 삶에서 찾은 또 다른 의미, 여성 질환과 여성의 몸을 옥죄는 정상가족 신화 등 아픈 몸이 이 사회에서 어떻게 미끄러지는지 생생히 보여주는 이야기들이었다. 며칠이라는 짧은 시간 안에 각자의 에피소드를 대본으로 쓰는 일이 결코 쉽지는 않았지만, 아픈 몸의 이야기를 세상에 꺼내놓고 싶다는 절실함이 있어 가능했다.

다른 몸 되어보기

그 짧은 며칠 사이 순식간에 여섯 개의 대본이 만들어졌다. 공연까지 얼마 남지 않은 시기, 각각의 이야기를 공연을 위한 장면으로 다듬어내기 위해 회의와 대본 수정을 거듭했다. 내 에피소드 외에 다른 배우들의 에피소드에서도 몇몇 역할들을 맡아야 했다. 이건 내가 '다른 몸'을 연기해야 한다는 의미이기도 했다. 그러나 선뜻 어떤 역할을 맡겠다고 자발적으로 나서는 게 쉽지 않았다. 그간의 워크숍을 통해 아픈 몸을 이해받지 못했던 당사자의 이야기에 동화되었기 때문이었을까. 워크숍이 다른 배우들의 이야기를 듣고 거기 깊이 이입하는 과정이었다면, 실제 공연에서는 그 이야기에 조금 거리를 두고 주어진 역할을 수행해야 했다.

연출자인 빠빠의 추천에 따라 나는 희제와 수영의 에피소드에서 큰 비중의 역할을 맡았다. 수영의 이야기에서는 갑자기 변하는 수영의 몸을 오랫동안 지켜봐오며 수영의 모습을 사진으로 담았던 사진작가 친구의 역할을 맡았다. 수영의 몸을 있는 그대로 지켜보고 지지해온 오랜 친구로, 무척 중요한 역할이었다. 수영이 대본에 쓴 단어와 문장들이 우리 연극의 중요한 키워드를 이루고 있어 곱씹을수록 어렵게 느껴졌다.

희제의 에피소드에서는 입대를 앞두고 군대를 가지 않

"나에게 주어진 삶의 미션을
 연극이라는 또 다른 세계 안에서,
 바로 그 무대 위에서 표현하고 싶었다.
 내 삶의 영웅인 나, 그것이야말로
 내가 되고 싶었던 것이다."

포개진 두 손의 사진이 영사되는 스크린 앞에서 마주보고 입을 꾹 다문 채 광대가 도드라지게 웃는 재와 수영. 검은색 베레모를 쓰고 DSLR 카메라를 모은 다리 위에 올린 재가 어두운 옷을 입은 것과 반대로, 수영은 회색 티셔츠와 흰 바지를 입었다. 둘은 함께 환한 조명을 받고, 스크린에는 그들의 그림자가 비친다.

는 희제에게 전형적인 악의를 표출하는 흔한 '한국 남자' 역할을 맡았다. 평소에도 결코 마주치고 싶지 않은 '군대를 들먹이며 자신이 세상의 가장 큰 피해자라고 외치는' 캐릭터를 맡아 연기하려고 하니, 오히려 내가 희제에게 이입해 마음의 상처를 입는 기분이었다. 과연 내가 남성 가부장 모델에 절어 있는 무지하고도 공격적인 인물을 잘 연기해낼 수 있을까 싶었다. 첫 대본 리딩에서는 어떤 표정을 짓고 어떤 목소리 톤을 내야 할지 도무지 갈피를 잡기 어려웠다. 한 역할이 그에게 큰 버팀목이 되는 인물이었다면, 다른 역할은 상상조차 해보지 못한 악역(?)이었다.

무대라는 또 다른 세계

짧은 대본 리딩 연습 후 대본 없이 대사를 숙지한 상태에서 상황에 몰입해 연습해야 할 시기가 왔다. 공연은 벌써 몇 주 앞으로 다가왔다. 다른 공연 같았으면 이미 여러 번 대본 없이 연습을 마쳤어야 하는 단계였다.

다른 배우들에게 이런 불안이 전염될까 많이 내색하지 않으려 했지만, 내 모습엔 불안이 서려 있었다. 대본을 외워서 연기해야 한다는 압박도 있었던 데다, 대사를 이루는 단어 하나하나가 중요한 의미를 담고 있다고 생각하니 더없이 부담스러웠다. 대사들을 마음과 머리에 새기기는커녕 불안에 압도당해 연기할 캐릭터에 이입하기조차 어려운 지경이었다. 연습 전 대본을 읊으며 충분히 반복했던 대사들이 막상 연습에 들어가면 떠오르지 않았다. 당황스러움에 식은땀이 흐르고 경미한 패닉이 찾아왔다. 연출가, 기획자, 조연출, 배우들…… 그 모든 이들이 나를 향해 실망의 시선을 보내는 것만 같았다. 이상하게도, 잘해내고 싶다는 마음이 간절할수록 점점 더 그 역할이 되지 못했다. 사실 불안은 나를 괴롭히던 고질적인 문제였다. 외운 것을 남 앞에서 테스트하는 순간이 오면 늘 식은땀을 흘리곤 했다.

결국 마지막 연습을 남겨두고도 대사를 완전하게 뱉지 못했다. 연기에 이입하지 못해 눈이 흔들리고, 상대방의 대사를 다 듣기도 전에 먼저 대사를 뱉거나 뒤쪽 대사를 뱉어버려 중간 대사들을 증발시키기도 했다. 노력이 부족했던 걸까, 아니면 내 능력이 이것밖에 되지 않는 걸까. 그러지 않으려고 했지만 결국 스스로를 책망할 수밖에 없었다. 무엇보다 아픈 몸을 말하기 위해 어렵게 아픈 몸의 동료들과 함께 무대에 섰는데 정작 무대에서 이 이야기들을 제대로 표현하지 못하면 어쩌나 걱정스러웠다.

정기적으로 방문하던 병원 암센터의 정신과 담당의에게 이런 상황을 설명했다. 그렇지 않아도 오랜 암 치료로 인한 호르몬 문제와 불안, 우울 증세를 겪던 나였다. 무대에 대한 부담이 증상을 더 악화한다는 생각에 결국 약효가 센 신경안정제를 처방받았다. 일주일치 안정제 일곱 알. 내 연기에 도통 자신감이 생기지 않는다면 이 약을 최후의 보루 삼아 내 식대로 해보자고 생각했다. 긴 대사들을 하루 만에 뚝딱 외워온 다른 배우들에게서도 큰 자극을 받았다. 리허설 전날까지 직업훈련 학원에 가는 대중교통을 탈 때나, 걷기 운동을 할 때, 장을 볼 때 혼잣말로 대사를 중얼중얼댔다.

매일 나에게 주문을 걸듯 이야기했다. 틀리더라도 다시 나아갈 수 있다고. 내가 아직 해결하지 못한 아픈 몸의 노동할 권리와 수영과 희제가 표현하고자 하는 세상의 오해와 소통을 위한 기다림의 시간이 바로 지금 나 스스로에게도 필요한 거라고. 지금 당장 내 입을 통해 하고 싶은 이야기가 너무 많아 잠시 길을 헤매는 거라고. 설령 무대 위에서 미처 준비하지 못한 돌발 상황이 생기더라도 그들이 전하고자 하는 메시지를 나의 언어로 표현할 수 있다고. 나에게 주어진 삶의 미션을 연극이라는 또 다른 세계 안에서, 바로 그 무대 위에서 표현하고 싶었다. 내 삶의 영웅인 나, 그것이야말로 내가 되고 싶었던 것이다.

신경안정제를 가지고 있는 것만으로도 안심이 되었던 건지, 아니면 매일의 주문이 효력을 발휘했던 건지 겨우 더듬거리며 마지막 리허설에서 대사를 뱉어낸 나는 어느새 '에라 모르겠다'의 심정이 되어 있었다. 나의 부담을 누구보다 걱정하던 빠빠는 내가 틀려도 괜찮고, 우리가 무대에서 하고자 하는 말을 이미 잘 알고 있으며 그걸 관객들도 잘 느낄 거라며 내게 덤덤한 안심의 담요를 덮어주었다. 정확한 대사가 생각나지 않으면 애드리브로 해도 충분하다고 디렉션을 주기도 했다. 무엇보다 '나의 연기가 정말 위로가 된다'는 수영의 말에 큰 안정감을 느끼며 연기에 몰입할 수 있게 되었다.

연습 과정에서 마음고생을 했던 덕일까. 막상 무대에 오를 때는 크게 긴장이 되지 않았다. 당일 리허설을 거치고, 몇 가지 연기 디테일을 추가할 만큼 극에 집중하는 여유까지 생겼다. 안정제를 먹지 않아도 되어서 정말 다행이었다. 그렇게 나를 포함한 동료들은 힘차게 무대로 걸어나갔다.

이틀간의 무대는 정말 놀라움 그 자체였다. 코로나19 때문에 오프라인으로는 많은 관객을 만나지 못했지만, 관객들이 숨죽여 우리에게 집중하고 있다는 것, 우리의 이야기 하나하나에 공감하고 있다는 것을 피부로, 공기로 느낄

"각기 다른 아픈 몸을 가진 당사자들이
자기 자신으로 살기 위해 편견과
분투하는 삶을 가장 중요하게
생각했으면 한다."

넓은 스크린에 이를 드러내고 웃으며 자신
의 머리를 바리캉에 맡긴 쟤의 얼굴이 크게
보이고, 스크린 앞에 짧은 머리의 쟤가 둥근
조명의 중앙에 앉아 편안하게 웃고 있다.

수 있었다. 그제야 나는 오롯이 역할이 될 수 있었다. 에피소드 안에서 주인공에게 괜찮다고 말을 건넬 때, 배우로서 삶에 대해 선언할 때 울컥하는 순간이 여러 번 찾아왔다. 나의 에피소드에서 '아픈 사람이야말로 임금노동이 가장 필요한 존재인데, 정작 제도나 인식은 거기에 전혀 미치지 못한다'고 마지막 일갈을 뱉어낼 때는 속이 다 시원했다. 관객과 우리는 같이 울고, 안타까워하고, 분노하고, 웃고, 행복해했다. 관객의 그 모든 감정이 무대의 조명이 되어 내게 전해지는 듯했다. 관객들이 직접 자신의 이야기를 꺼내기도 했다. 또 다른 아픈 몸으로 살아가는 이야기를 들려준 이들 덕에 '관객과의 대화'가 풍성해졌다. 그들의 말 하나하나가 반짝이며 다가와 마음속에 콕 박히고 말았다.

이 아픈 몸들의 이야기에 어떤 희망이 있다면, 그건 단지 감동을 주는 것만으로 끝나지 않는다는 걸 강조하고 싶다. 무엇보다 각기 다른 아픈 몸을 가진 당사자들이 자기 자신으로 살기 위해 편견과 분투하는 삶을 가장 중요하게 생각했으면 한다.

이 사회가 요구하는 정상성에서 미끄러져본 적 있는 우리들의 이야기는 하나의 선언이다. 우리가 보편이라고 믿어왔던 틀이 사실은 성별에 따라 사람을 차별하고 건강, 자본과 같은 가치만을 중심에 두고 있다는 것, 그래서 거기 부합하지 못한 아픈 몸들을 지워버린다는 것을 알리는 선언 말이다. 그저 한 편의 연극일 뿐인지도 모르겠지만, 누구나 아플 수 있고 도처에 아픈 몸들이 있다는 것을 애써 부정하는 사회에 우리가 작은 틈을 냈다는 것만으로 충분히 기쁘다. 연극을 보는 관객들 역시 우리처럼 희망을 느꼈으면 한다. 이 사회의 주변부, 아픈 몸을 둘러싼 인식과 제도를 삐딱하게 볼 수 있다는 희망 말이다.

다리아

언젠가 지인의 추천으로 외국 드라마 〈빌어먹을 세상 따위〉를 보려고 했다. 첫 회 초반, 남자 주인공이 어린 시절 강한 자극을 받고 싶다는 이유로 튀김용 냄비에 스스로 손을 넣는 장면이 나온다. 속이 메스꺼웠다. 몇 분 더 보다가 여전히 속이 가라앉지 않아 화면을 껐다. 그 뒤로 다시는 그 드라마를 틀지 못했다.

내 오른손과 팔에는 화상 흉터가 있다. 그 남자 주인공처럼 일부러 손을 담근 것은 아니지만, 비슷하게 끓는 기름에 손을 뎄다. 10여 년 전의 일이다. 자려고 눈을 감으면 가끔 나도 모르게 사고가 난 순간에 놓인다. 두려움이 밀려온다. 덴 곳을 또 데면 어떻게 하지?

화상 정도가 심해서 사고 당시에 허벅지 살을 떼어 화

상 부위에 이식하는 수술을 받았다. 화상 흔적이 있는 부분은 확실히 다른 피부와 다르다. 자주 쓰는 오른손이라 나도 모르는 긁힌 상처가 나 있을 때도 종종 있다. 몸에 열이 나면 흉터 주변부터 붉어지고 후끈거린다. 다른 피부보다 연약하고 열에 약하다. 이미 화상 치료의 최후 수단이라는 이식 수술을 받은 곳인데, 같은 곳을 또 데면 어떻게 될까? 이 질문이 머릿속에 떠오르면 피부가 없던 때의 고통이 살아나면서 얼굴 근육이 가운데로 모아지는 느낌이 들고, 머리칼이 쭈뼛 선다. 너무 무서워서 거기에 계속 머물지 못하고, 얼른 다시 나를 현실로 데려온다.

연극 연습 과정에는 평소 잘 쓰지 않았던 감각, 잘 드러내지 않았던 감정을 끄집어내는 작업이 있었다. 연출가는 우리가 전문배우가 아니기 때문에 대본 연습에 앞서 움직임, 표정, 소리로 감정을 표현하도록 돕는 일에 공을 들였던 것 같다. 한번은 평소에 쓰지 않는 음역대의 소리를 내보라고 했다. 연출가는 사람들이 평소에 사회적 이미지 때문에 매우 제한된 음역대의 소리를 내지만, 기본적으로 더 다양한 소리를 낼 수 있다고 했다. 그저 몸이 원하는 대로, 본능이 이끄는 대로 한 번도 낸 적 없는 소리를 냈다.

내 안에서는 마치 공포영화에 나올 법한 음산한 목소리가 흘러나왔다. 내가 듣기에도 내 소리는 기이했다. 의식 없이 계속 각자 소리를 냈다. 눈을 감고 소리에만 집중하는 시간. 그러다 어느 순간, 나는 불이 났던 그때에 놓여 있었다. 빠져나오고 싶은데, 그럴 수 없었다. 몸이 묶인 것처럼 조절이 되지 않았다. 불이 나고 정신없이 도와달라고 외치고, 불을 끄려고 애썼던 그 순간들을 전부 겪어야 했다. 의식이 불이 났던 때로 돌아갈 때마다 그곳에 있지 못하고 급하게 빠져나오곤 했는데, 이렇게 당시의 공포를 온몸으로 다시 느낀 건 처음이었다. 그때 깨달았다. 화상을 입었던 그날이 살면서 가장 무서운 순간이었다는 것을. 작업이 끝나자 진이 다 빠졌다. 피곤이 몰려왔다. 남은 프로그램을 어떻게 했는지 기억이 나지 않는다.

그렇게 내 안 깊은 곳에 오래 묵혀 있던 소리가 처음으로 밖으로 나왔고, 이후로 다신 잠들기 전에 사고의 순간으로 돌아가지 않았다.

나였다면 어땠을까

자주 울음이 터졌다. 서로의 질병서사를 이야기할 때, 연습하면서, 연습이 끝나고 집으로 가는 길에, 그리고 공연 때도. 자꾸 울컥하는 이유도 모른 채 그저 눈물이 차올랐다.

나는 크론병을 모른다. 동료 희제가 처음 크론병을 말한 날, 나는 집에 와서 인터넷 검색창에 크론병을 입력했다.

입에서 항문까지 소화관 전체에 걸쳐 어느 부위든지 발생할 수 있는 만성 염증성 장 질환. 설명을 읽어도 어떤 병인지 가늠할 수 없었다.

수영의 살아온 이야기를 들은 날, 역시 나는 수영이 앓고 있다는 근육병을 검색했다. 마찬가지로 지식백과가 알려주는 정의를 읽어도 이해할 수 없었다. 목우가 겪는 조현병에 관해서도 환청이 들린다는 것 말고는 아는 게 없었다. 재가 경험하는 암 환자의 삶, 나드가 겪은 '수술과 재활을 반복'해야 했던 삶에 관해서도.

우리의 연극은 여섯 개의 이야기로 구성되어 있다. 배우들은 자신의 이야기뿐 아니라 다른 사람의 이야기에도 여러 인물로 등장한다. 첫 번째로 상연된 수영의 이야기에서 나는 그녀의 병을 부담스러워하는 지인 역할을 맡았다. 대사를 처음 읽고, '어떻게 아픈 사람에게 이럴 수 있지, 너무했네'라는 생각이 들었다.

몇 번 그 대사를 읊고 나니, 처음에는 무정하다고 여겼던 그 사람과 내가 별반 다르지 않다는 생각이 들었다. 아픈 사람을 눈앞에 두고 어쩔 줄 몰라 당황하고 불편하고 피하고 싶은 마음. 나에게는 이런 마음이 없었을까? 정작 나는 아픈 사람을 얼마나 이해하는지 스스로 묻지 않을 수 없었다.

나는 화상으로 피부 이식 수술을 받았다. 난소의 혹을 절제하는 수술을 받은 적도, 발등의 뼈가 부러진 적도 있었

"아픈 사람과 같이 일을 한다면
나는 그를 어떻게 대할까? 아픈 몸을
이끌고 일을 해야만 하는 사람의
절박함을, 이 연극이 아니면 만나지
못했을 것이다."

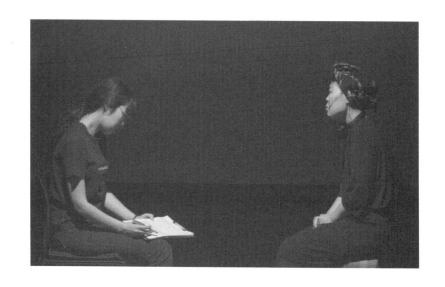

재와 마주앉은 다리아가 손에 든 클립보드
에는 글씨가 빼곡한 종이가 집혀 있고, 고개
를 약간 숙인 다리아에게 굳은 표정으로 무
언가를 말하는 재의 입, 터번으로 감싼 머
리, 힘줄이 보이는 오른쪽 손목.

다. 그리고 여전히 난소에 생겼다 사라지길 반복하는 혹을 달고 있다. 그러나 내가 이런 일을 겪었더라도, 나와 다른 질병이 있는 사람을 얼마나 이해할 수 있을까.

세상에는 무수한 아픔이 있고, 아픔의 종류, 세기, 위치도 모두 다르다. 내가 이해하는 건 내 아픔뿐. 세상이 겪는 고통을 '고통'이라는 말 안에 모두 넣을 수 없는 것처럼, 무수한 아픔을 '아픔'이라는 단어로는 설명할 수 없다.

나는 수영에게 지인이 부담스럽다는 말 대신 어떤 말과 행동을 했으면 좋았겠냐고 물었다. 나 자신을 위한 질문이었다. 눈앞에서 누군가 아픔을 드러낼 때 어떻게 해야 하는지 몰랐다. 이 질문에 대한 답, "다음에 또 보자"는 말은 수영의 마지막 대사가 되었고, 나는 타인의 고통을 대하는 법을 하나 배웠다.

아픈 사람이 왜 굳이 일을 하려고 하는지 못마땅하게 여기는 역할도 맡았다. 마찬가지로 처음 이 역을 연습할 때는 혼란스러웠다. 현실의 나는 결코 저런 말을 하지 않을 거라고 확신했다. 하지만 아픈 사람과 같이 일을 한다면 나는 그를 어떻게 대할까? 병원에 간다고 자주 휴가를 내는 동료를 정말 원망하지 않을 수 있을까? 유방암 4기 생존자인 재는 암보다 자신의 힘으로 먹고살 수 없는 것에 대한 두려움이 더 크다고 호소한다. 아픈 몸을 이끌고 일을 해야만 하는 사람의 절박함을, 이 연극이 아니면 만나지 못했을 것이다.

나는 다른 아픈 몸들을 몰랐다.

꼭꼭 숨겨왔던 울분

메리 올리버의 시 〈기러기〉를 좋아하지만, 늘 같은 구절에서 멈칫하곤 한다. "절망을 말해보렴, 너의. 그럼 나의 절망을 말할 테니." 다른 사람의 절망, 고통을 알고 싶지 않았다. 나는 내 고통도 감당하지 못하는데, 다른 이를 어떻게 위로한단 말인가. 누군가에게 어떤 영향도 주지 않은 채, 그저 웅크린 채로 살고 싶었다. 나는 누군가의 아무도 되고 싶지 않았다.

우리는 전문배우가 아니다. 나는 배우라고 불리는 것이 어색하다. 연기는 처음이다. 내 안의 날것을 꺼내는 작업은 흥미롭고 즐겁지만, 무대에 서는 것은 다른 차원이다. 관객을 앞에 두고 공연한다고 생각하니 부담이 컸다. 연습은 버거웠고, 컨디션을 조절하기 힘들었다. 그런데도 열정을 다해 연습하는 배우들을 보며 울컥했다. 배를 움켜쥐고 목에 핏대를 세우며 소리를 끌어올리려고 애쓰는 그, 더위에 수건으로 이마를 쓸며 힘겨워하는 그, 잠깐 쉴 때마다 누워서

＊ 김연수, 《네가 누구든 얼마나 외롭든》, 문학동네, 2007, 5쪽에서 재인용.

이마에 손을 얹은 채로 숨을 고르는 그, 잠 못 이루며 긴 대사를 외운 그. 나는 그들의 이야기가 되고 싶었다.

연습하면서 우리는 서로에게 자주 괜찮냐고 물었다. 공연을 2주 정도 앞두고는 더더욱 서로의 몸 상태를 살폈다. 연출자는 우리에게 언제든 앉고 싶을 때 앉고, 쉬고 싶을 때 쉬라고 했다. 그 말대로 나는 연습 중에도 언제든 쉬며 잠시 숨을 골랐다. 무엇이든 과제를 하듯 성실하게 임하는 편인 내가 단체 작업에서 혼자 다른 흐름을 타는 건 예전에는 결코 하지 못한 일이다. 그런 내가 '컨디션이 좋지 않다, 오가느라 힘들다, 피곤하다, 쉬고 싶다'는 말을 했다. 아플 때 아프다고 말하는 것이 자연스러웠다. 우리는 서로를 걱정하며 살뜰히 챙겼고, 따뜻하게 바라봤다. 서로가 서로에게 무언가가 되어가고 있었다.

첫 공연을 마친 날 밤, 몸이 무척 피곤한데도 잠에 들지 못했다. 마지막 공연을 앞두고서야 왜 무대에 서려고 하는지, 무대에서 무슨 말을 하고 싶은지 스스로에게 물었다. 물론 내 의지로 연극에 참여했지만, 기획자에 대한 신뢰가 더 큰 동기였다. 사회, 관객과의 소통까지는 생각지도 못했다. 다른 사람에게 피해를 주지 말고, 맡은 소임을 다해야겠다는 생각뿐이었다. 아무에게도 영향을 주지 않고 조용히 살고 싶었던 내게, 세상에 하고 싶은 말이 있을 리 없었다.

무대에서 배우들은 생동감 넘쳤고, 살아 있었다. 최선

을 다해 아픈 몸을 세상에 던지는 그들을 보니 공연 중에도 울음이 터졌고, 그치려고 무던히 애썼다. 무대는 세상과 나를 연결해주는 통로구나. 마지막 공연에선 나도 무대에서 살아 있고 싶었다. 그래서 내가 정말 세상에 던지고 싶은 말이 무엇인지 골랐다. 대본을 쓸 때는 생각지 못했지만 평소에 하던 생각. "주변에 무참히 버려지고 쓰러지고 짓밟히는 생명이 얼마나 많은데, 왜 다들 새 생명만을 원하나요?" 아이를 낳으라는 강요 대신 주변에 있는 생명을 돌보라고 무대에서 외치고 나니, 기분이 훨훨 날았다. 나에게도 세상에 던지고 싶은 말이, 꺼내지 않은 울분이 있다는 걸 깨달았다.

타인의 고통을 배운 3개월의 시간

서로의 질병서사를 처음 이야기했을 때, 울음을 참을 수 없었다. 감당하지 못할 슬픔이 밀려왔고, 동시에 미안한 마음이 들었다. 그 아픔과 고통 앞에서 내가 울어도 될까. 눈물을 흘리는 것조차 사치스럽게 여겨졌다. 연습이 끝나고 집에 가는 버스에서 나드가 수없이 들으며 눈물을 흘렸다는 하현우의 노래 〈사이〉를 듣곤 했다. 울음을 참을 수 없었다. 마스크 안으로 손가락만 넣어 눈물을 황급히 닦았다.

"어디에서도 자신의 모습을 찾을 수
없어 절망하고 슬펐을 그의 마음을
조금은 짐작할 수 있을 것 같았다,
감히 이해한다고 말할 수는 없지만."

연습실 바닥에 앉아 앞으로 몸을 기울인 채 펜을 들고 대본을 읽는 다리아. 대본 앞에 놓인 지퍼가 열린 필통. 책상 아랫부분에 붙은 사선의 쇠 막대는 렌즈에 너무 가까워서 그 자체로 다리아를 담는 사진 프레임처럼 느껴진다.

잰걸음 사이에도 / 저 빌딩들 사이에도 / 도무지, 어디에, 있는지 / 긴 계단 사이에도 / 빼곡한 달력 안에도 / 찾을 수 없었던 내 모습

어디에서도 자신의 모습을 찾을 수 없어 절망하고 슬펐을 그의 마음을 조금은 짐작할 수 있을 것 같았다. 감히 이해한다고 말할 수는 없지만.

마지막 공연 전, 연출자와 배우들이 파이팅을 외치기 위해 동그랗게 둘러서서 한마디씩 했다. 수영이 "지금 이 순간이 그리울 거예요"라고 말했을 때 나는 또 울컥했다. 나는 그가 앓는 병을 여전히 잘 모르지만, 친구와 함께하고 싶은 그 간절함은 너무도 잘 알 것 같아서.

이 연극을 준비하고 공연했던 그 3개월은, 묻어두었던 내 고통에 다가가는 시간이자 타인의 고통을 배우는 시간이었다.

시선들

홍수영

3년 만에 만난 그녀는 의사로부터 재입원을 권유받았다고
했다. 거기 들어가면 이제 다신 못 나올 것 같아. 모든 말은
더디고 둔탁한 혼잣말처럼 들렸다. 윤채가 학교에서, 하며
열린 입술은 딸과 꼭 닮은 미소를 머금고 있다가도 금세 병
원 이야기로 빨려들어가 물속의 지느러미처럼 고요해졌다.
그녀는 반지하의 습한 공기를 잘 견디지 못했다. 밤이면 나
를 이끌고 빌라 골목 사이사이를 내처 돌았다. 길 끄트머리,
영업이 끝난 커피점 앞에 놓인 널평상은 쉬다 가기 좋았다.
걷다가 지친 우리가 거기에 두 다리를 뻗고 누워 편의점에
서 사온 한 아름의 과자를 먹으며 하늘을 올려다보는 동안
밤의 한쪽은 검고 불확실해졌다. 그녀는 이따금 두리번거렸
다. 길고양이의 바스락거림에도 움찔거리는 얼굴은 사람들

의 목소리가 가까워질 때마다 파르르 경련하곤 했다.

락스를 삼키고 화장실에 쓰러져 있는 그녀를 발견한 건 그녀의 언니였다. 가족들은 그녀를 정신병원에 집어넣었다. 병원을 나온 그녀는 가족들을 향한 경계심을 놓지 않았고, 자신과 아무런 상의 없이 일방적인 결정을 내린 가족들을 향한 원망을 잠재울 방법으로 술을 찾았다. 자신을 때렸던 남편처럼 몸 구석구석을 자해했다. 그러나 내가 아는 건 드러난 사실뿐이다. 그녀가 왜 맞았는지, 아이들이 거실에서 목격했던 장면이 무엇이었는지에 대해서는 들은 바가 없다. 새벽이 깊어갈 무렵이면 그녀는 조금 취해 있었다. 평상에서 일어나 벗어놓은 샌들을 찾기 위해 바닥을 발끝으로 더듬으며 그녀는 느릿느릿 말했다. 마스크 이게, 뭐가 답답하다고. 얼마나 편한데.

연극을 며칠 앞두고 문자를 받았다. 일주일째 침대에서 누워만 있고 저 상태로 문밖을 나설 수 있을지나 모르겠다고. 발신인은 그녀의 언니였다. 그러나 어째서였나. 연락을 받은 뒤로도 나는 그녀가 공연에 오리라는 사실을 의심하지 않았고, 객석 어딘가에서 일어나 자신을 꼭 닮은 분홍 장미 다발을 들고 내 앞까지 걸어와주리라고 믿었다. 그녀와 무슨 약속을 한 게 아닌데, 올 수 있으면 오라는 나의 말 뒤로 그녀가 작고 둥근 웃음을 지으며 손을 흔들었을 뿐인데. 최종 리허설을 하기 위해 무대 위에 올랐을 때 눈부신 조명 때문에 눈앞이 잠시 깜깜해졌다. 맥박이 빨라지고 입술 양끝이 떨렸다. 눌러 쓴 모자 사이로 사람들을 바라보던 그녀의 마음도 이랬을까. 그렇다면 그녀는 반드시 올 것이었다.

공연 시간이 가까울수록 배가 당겼다. 에어컨 바람이 너무 차가웠다. 담요와 옷을 몸에 몇 겹씩 둘러도 떨어질 대로 떨어진 체온 탓에 근육의 수축은 감소되지 않았다. 나를 둘러싼 공기마저 굳고 있다고 느꼈다. 대기실은 전신마취를 기다리기 전 냉랭한 수술방의 공기와 비슷했다. 구석에 깔아둔 매트에 드러누워 나드의 마사지를 받았다. 모두가 염려스러운 눈길로 나를 내려다보고 있었고, 공연 시작 20분 전이라는 무대 감독님의 목소리가 벽 너머로 울려 퍼졌다. 대본을 쥔 손가락이 펴지지 않았다. 어떻게든 움직여야 체온을 올리고 몸을 이완시킬 수 있을 것 같아 대기실 밖으로 나갔다가 함께 온 언니의 손을 잡고 서 있는 그녀를 봤다. 베일처럼 덮어쓴 모자 아래 흔들리는 눈동자. 눈이 부신 것처럼 인상을 잔뜩 찌푸린 채였다. 그녀에게는 이곳이 정오의 공원 한복판이나 다름없으리라. 작은 응달처럼 서 있는 그녀를 끌어안았다.

빛에 예민한 나는 가끔 아주 작은 빛에도 온몸이 움츠려들거나 경련한다. 잦은 유리체 출혈로 안과에 갈 때마다 검사를 받는 과정은 그야말로 고역인데, 빛이 터지는 순간 마구잡이로 움직이는 머리를 고정시키기 위해 간호사는 압력을 가해 나의 뒤통수를 잡는다. 검사 기계 안으로 밀어넣는다는 느낌으로 세게. 새빨개진 콧대와 눈가는 다음 날까지 얼얼하다. 최종 리허설. 무대 중앙을 내리쏘는 조명 아래 자리를 잡자 뒷목에서부터 사물사물 거부감이 밀려왔다. 연출자의 말에 따르면 '배우가 앞이 잘 보이지 않을 만큼, 관객들의 얼굴이 보이지 않을 만큼' 환한 그 빛이, 관객에게는 무대에 올라온 배우를 가장 잘 볼 수 있는 최선의 상태라고 했다. 그러나 이 빛 아래에서는 도저히 단 한마디도 할 수 없을 것 같았다

눈을 감고 몸을 향해 물었다. 이 빛을 견딜 수 있겠니. 증명사진을 찍다가 정신을 놓은 적이 있다. 갑자기 들어온 플래시를 견디지 못하고 목이 젖혀지는 바람에 몸 전체가 뒤로 거세게 꺾이면서 의자와 함께 쓰러졌다. 유리문 너머 증명사진을 찍으러 온 같은 학교 학생들이 넘어진 나를 보려고 하나둘 몰려들었다. 왁자한 웃음소리가 건너왔다. 떠오르는 건 거기까지다. 우려하는 상황이 벌어질 확률은 적지만 그때를 기억하고 있는 몸의 부위들이 벌써 경직되기 시작했다. 어쩔 수 없으니 견뎌보라는 말에 선뜻 대답하지

못하고 우물거리는 내게 무대감독님은 그럼 조금만 밝기를 낮춰보자고 했다.

감독님의 배려로 내 조명은 다른 배우들보다 낮춰졌다. 밝기를 조절하는 동안 아주 세미한 차이에도 몸이 달라지는 걸 느꼈다. 어느 지점에서 조금만 조명 밝기를 높여도 목이 떨리고, 살짝 낮췄음에도 금세 안정되는. 놀라웠다. 그 상태를 함께 찾아준 조명감독님과 스태프분들에게 감사했다. 어쩌면 공연 연습의 전 기간이 그 지점을 찾기 위해 환경을 조율하고 나를 조율해가는 과정일지도 몰랐다.

나는 다른 배우들과는 다르게 그들의 연극에 조연으로 참여할 수 없었다. 나에게는 딱 나의 무대만을 감당할 체력이 있었고, 그 이상을 바란다면 몸에 무리가 갈지도 몰랐다. 공연 연습을 위해 모이면 내가 첫 순서로 연습을 시작했다. 불필요한 에너지를 소모하지 않기 위해서는 빠르고 정확해야 했다. 나는 멤버들 중 가장 단시간에 대본을 완성했고, 다행히 수정도 거의 필요하지 않았다. 연출자는 내게 체력을 지키는 일에 심혈을 기울이라고 했다. 내게 주어진 연습을 마치면 집에 돌아가도 괜찮다는 의미였다. 하지만 엉거주춤, 돌아서도 그들이 그리웠다. 그들의 곁에서 그들의 눈물이 마를 때까지 머무르고 싶었다. 눈물은 끝날 줄 모르는 기도처럼 마를 새 없이 터졌다. 배우들은 나의 시선 속에서 객

"나는 다른 배우들과는 다르게

그들의 연극에 조연으로 참여할 수

없었다. 나에게는 딱 나의 무대만을

감당할 체력이 있었고, 그 이상을

바란다면 몸에 무리가 갈지도 몰랐다.

하지만 엉거주춤, 돌아서도 그들이

그리웠다."

눈을 감고 고개를 떨군 수영의 뒤로 조명을
받아 얼굴이 환한, 베레모를 쓴 쟤가 그를
곁에서 바라본다. 쟤는 'Nikon'이라고 적힌
줄을 어깨에 걸고 있다.

관적인 자문을 구했고, 나는 최선을 다해 대답을 준비했다. 그러는 사이 그들의 몸을 알게 됐다. 병에 대한 의학적 앎이 아니라 그들 각각의 몸이 품고 있는 습관과 통증과 기억들을 느꼈다.

통증이 시작되는 곳과 잦아드는 곳. 누군가와 부드럽게 합쳐지지만 때로는 어긋나는 곳. 그들이 한평생 자신으로 머무는 장소. 몸. 실제로 희제와 나는 10분 이상 눈을 마주치며 대화를 나눈다거나 따로 짧은 산책의 시간을 가져본 적이 없었다. 그런데도 그의 몸을 물들이는 통증이나 불편함이 그대로 전해지거나 느껴지곤 했다. 때로는 질문보다 묵묵히 바라봄으로써 주어지는 타인의 얼굴들이 있다. 나는 열심히 그들을 관찰했다. 함께 호흡을 맞추고 긴 대화를 나눌 여력이 없는 내가 그들에게 해줄 수 있는 것이라고는 바라봤던 것을 다시 바라보는 방식으로 그들을 헤아리는 것뿐이었다. 시선이 사랑이라고 믿었다.

언니, 언니는 시선이 두렵다고 했지. 마주보는 게 힘드니 사람들을 만날 수 없다고. 언젠가부터 퇴근하고 온 남편과 눈만 마주쳐도 손과 안면근육이 떨려서 그걸 감추려고 약을 삼키고, 술을 벌컥 들이켜고, 집에서도 마스크를 썼다고. 언니, 아주 먼 훗날이 지나도 그날 내가 연극을 하게 됐다는 말을 꺼내자마자 언니의 표정에 떠오르던 슬픔을 잊지 못할 것 같아. 공처럼 부푼 목을 주물러주며 걱정스레 물었던 언니. 무대 위에 설 수 있겠어? 응, 그럼. 두려움보다 더 큰 건 외로움이잖아. 나의 대답에, '외롭구나. 외롭구나.' 그 말을 반복했던 언니. 사람들과 대화도 하고 시답잖은 농담도 늘어놓으며 살고 싶은데, 이 정적에 질식될 것 같다는 나의 중얼거림에도 언니는 계속 그 말만은 놓지 않고 있었잖아.

이내 오래 여미고 있었을 탄식을 뱉으면 그 탄식은 포말처럼 부서지고. 우리는 지구 반대편 오로라가 핀 하늘을 눈앞에 부려놓듯 타인을 그리면서 마지막 새벽을 보냈어. 다음 날 언니가 윤채가 없는 집으로 돌아가고, 그 평상 위에 나는 혼자였지. 평상은 소낙비가 다녀간 탓에 조금 젖어 있었어. 같은 시간 언니의 팔과 종아리에는 붉은 멍들이 번식하고. 언니의 어머니는 내게 지친 목소리로 전화를 걸어 기도해달라고 했어. 그만, 그만, 언니. 내가 아무리 설득해도 언니는 아무것도 기억나지 않는다는 듯이, 여린 맥박 같은 목소리로.

시선.

나는 입을 벌린 시선들을 알아. 잿빛 회반죽을 닮은, 내 안에서 밀밀하게 엉겨 있는 시선. 누군가는 물었어. 이렇게 긴 시간이 지났는데 아직까지 과거의 시간에 묶여 있냐고.

"무대에 섰다. 무대에 서기 직전까지

나를 내리치고 도려낸 시선들과,

나를 일으켜 세워 돌아갈 길을 일러준

시선들이 번갈아가며 나를 흔들었다."

눈을 감고 고개를 아래로 살짝 숙인, 긴 머리칼에 가려 얼굴이 잘 보이지 않는 수영. 환하지만은 않은 조명이 비추는 그의 코와 어깨.

나는 모르겠어. 아무리 긴 시간이 흐른들 깊이를 잴 수 없이 아득한 그 말과 눈길로부터, 가까스로 발목이라도 건질 수 있는 게 정말 가능한 건지. 어떤 고통에서 자유로울 수 없다는 건 부끄러운 게 아니라고 믿어. 자유로울 수 없는 마음만이 진실하다고 믿어. 언니, 들어봐. 하지만 아주 가끔은 '사랑해'라고 말하는 시선들도 있어. 침묵하고 있으면서도 나를 멀리서 지켜보며 함께 아파해주는 시선. 밥은 잘 먹는지, 소화는 잘 시키는지, 커다란 제스처 때문에 팔꿈치에 자꾸만 부딪히는 컵을 깨뜨리진 않을까 안절부절못하며 나의 주변을 맴도는 시선. 문을 밀고 들어가도 나를 환대해주지 않는 이들 사이에 수치심을 누르며 앉아 있을 때, 나의 이름을 또박또박 발음하던 시선. 나의 굽은 등을 따라 구부러지던 시선. '거기 있나요?' 하고 물으면 그런 거 묻지 말라고, 나는 언제나 여기 있다고 안심시켜주던 시선. 내가 할 수 있는 건 다 해주고 싶다는 말 뒤의 시선.

사랑하지 않으면 나올 수 없는 시선이 있고, 그 사랑의 시선 안에서만 우러나올 수 있는 배려가 있다. 나, 그런 시선들은 어찌 그리도 쉽게 잊어버리나. 아침마다 묵상하듯 그 시선들을 되새기며 살아왔다면 지금보다 갑절은 용감한 사람으로 살 수 있지 않았을까. 무대에 섰다. 무대에 서기 직전까지 나를 내리치고 도려낸 시선들과, 나를 일으켜 세워 돌아갈 길을 일러준 시선들이 번갈아가며 나를 흔들었다. 눈을 질끈 감았다. 이번이 첫 연극이지만 마지막 연극은 아닐 거라던 사랑하는 이의 말을 생각했다. 그 말을 조금 바꿔서 오늘의 용기는 첫 용기이며, 매 하루 갱신될 용기이며, 앞으로도 끊임없이 어떤 시선들과 몸과 마음을 세차게 뒹굴며 싸워야 하는 날들이 이어질 것이나, 나는 나의 시선을 굳게 지켜내자고 다짐했다. 눈을 뜨자 〈골드베르크 변주곡〉이 멈췄고 나는 조명 아래였다. 두려움이 따뜻하게 나를 감쌌다. 행복했고, 그 이유는 하나였다. 나의 맞은편에 시선들이 있었다.

우리의 삶이 연극이 될 때

나드

연극 연습

　낭독극이니 내가 쓴 글에 낭랑한 목소리와 좋은 발음만 필요하리라 여겼던 내 예측은 첫날부터 산산이 부서졌다. 연출을 맡은 빠빠가 여러 음악을 틀며 몸을 마음껏 움직여 보라고 이야기하자, 모두의 얼굴엔 당황한 표정이 스쳤다. 처음엔 나도 어색해서 머뭇거리다가 상황에 몰입하기 위해 눈을 감고 호흡을 가다듬었다. 스트레칭하듯 몸을 펼치기도 하고, 걸음을 걸으며 팔을 펄럭이기도 하면서 굳어 있던 몸을 이완시켰다. 공간에 음악과 나만 존재한다는 상상을 하며 내 감정과 근육과 움직임에 집중하려고 노력했다. 몸을 옭아매던 족쇄가 서서히 느슨해지자, 긴장되었던 마음도 풀리기 시작했다.

소리를 내는 시간이 이어졌다. 내 안의 소리가 나를 이끌어가게 하라는 빠빠의 말이 처음엔 어리둥절하기만 했다. 나는 얼굴부터 온몸의 근육이 수축되어 오랜 시간 표정 짓고 움직이는 것도 힘들었지만, 막상 소리를 내보니 소리가 움직임보다 더 많이 갇혀 있었다는 걸 알게 되었다. 방구석 침대에서 아주 가끔 터져 나오는 울음을 내뱉는 순간도 마음껏 소리칠 수 없었다. 듣기 좋은 소리라고 받아들여지는 일정 범위 이상의 소리는 불편하다는 편견이 내 안에, 우리 안에 견고하게 자리 잡고 있었다. 타인이 있는 공간에서 마음껏 소리치는 상황이 처음엔 낯설기만 했다. 내 안에 숨어 있는 감정과 소리에 조금씩 다가가, 그것들을 성대뿐 아니라 머리와 가슴과 배 온몸 구석구석을 통해 발산하려고 집중했다. 쉽지 않았지만 점점 더 깊은 감정들과 만났다. 한숨을 쉬고 통곡을 하고 고함도 지르면서 슬픈 감정에 휩싸이다가, 때로 기쁜 감정을 만나면 웃기도 하다가, 다른 이가 후련한 외침을 내뱉을 때면 덩달아 가슴이 시원해지기도 했다.

'책임감'이라는 단어에 이끌려 낭독극에 지원했으면서도, 내가 과연 무대에 설 수 있을지 연습을 하고 돌아오는 길에도 확신이 없었다. 갑작스런 통증이 밀려오는 아픈 몸으로 무리한 일을 시작한 것은 아닌지 자신이 없었다. 그럴 때마다 멀리 보지 말자, 미래를 생각하지 말자고 다짐했다. 매주 주어진 시간을 기회라고 생각하고 그 시간에만 충실하자고 마음먹었다. 오늘 주어진 시간에 몰두하다보면 할 수 없을 것 같은 마음이 잘해내고 싶은 마음으로 옮겨갈 수도 있을 테니까.

그렇다, 나는 당신을 비난하고 싶었다

연습실 한가운데 비난하는 사람과 변명하는 사람 둘이 마주보고 서 있다. 비난하는 역할을 맡게 되자, 수영은 난처한 표정을 지었다. 그녀의 얼굴에는 비난하는 사람이 아니라 비난받는 사람처럼 당황스런 기색이 역력했다. 빠빠는 조금 전에 나누었던 수영의 분노했던 이야기를 화두로 꺼냈다. "탱고 선생님한테 이야기해요." 수영은 느린 템포로 매 단어를 신중하게 내뱉었다. 나는 수업 두 달 만에 수영에게 그만두라고 말한 탱고 강사가 되어 변명거리를 짜내느라 정신이 없었다.

—본인 생각만 하시는 거 아닌가요. 저도 제 권리가 있잖아요. 제 돈 주고 배우러 온 건데요.
—제가 두 달 동안 지켜봤는데, 개인 레슨이 아니라 그룹 수업은 함께하기 힘들 것 같다는 생각이 들었어요.

―제가 크게 방해하는 게 아니잖아요. 조금 늦을 뿐이죠. 늘 뒤에서 하고 있었는데요.

―다른 분들께서 좀 힘들다고 이야기하셔서요.

―초반에 이미 제가 몸이 아프다고 이야기했었는데. 왜 그걸 이제 와서 이해를 못하겠다고 하시는지……

빠빠가 수영에게 다가와 어깨를 잡았다.

"약해지지 말고. 비난, 비난하세요."

빠빠가 탱고 강사인 나를 날카로운 눈빛으로 쳐다보면서 힘 있는 목소리로 이야기했다.

"탱고를 가르치는 사람으로서 자세가 안 됐잖아요. 탱고는 사람과 사람이 만나서 교감하는 건데. 그렇게 사람을 배제하는 당신은 자격이 없는 것 같아요."

빠빠의 지원사격에 수영의 목소리도 조금 커졌다.

―선생님한테 가장 기분 나빴던 말이 그동안 편의를 봐줬다는 말이었어요. 처음에 동등하게 대해주시기로 말씀하셨기 때문에 등록한 거고, 저도 다른 사람들하고 똑같이 수업료 내는데…… 이제 와서 편의를 봐줬다고 하는 게 말이 되나요? 제가 선생님께 큰 걸 바랐어요?

―저로서는 여러 사람을 고려할 수밖에 없어요. 한 사람이 너무 뒤처지면 다른 사람들이 불편해하시거든요.

─저는 늘 다른 사람의 시선에 민감한데요. 다른 분들이 크게 불편해하시는 거 못 느꼈어요. 인원도 다섯 명밖에 안 됐고. 저를 가장 차별하고 편견의 시선으로 바라본 건 선생님 아닌가요? 저는 꾸준히 하고 싶었고 그 마음을 선생님께 이야기했었는데, 이렇게 그만두라고 말씀하시는 건 이해가 안 돼요.

몇 달 전, 버킷리스트의 하나인 탱고를 배우러 갔던 수영의 작은 소망은 탱고 선생님에 의해 좌절되었다. 근육이 갑자기 떨리고 수축되는 수영은 다른 사람들보다 조금 느리고 서툴렀다. 눈동자에 맑고 선한 기운이 어려 있는 그녀는 다른 사람을 비난하는 것을 어려워했다. 서러움과 속상한 마음을 오래도록 삼키며 살아오는 데 익숙해졌기 때문일까.

이번엔 내가 비난하는 사람이 되었다. 변명하는 사람이 앞에 섰다. 무엇을 비난해야 할지 잠시 눈을 감고 기억을 더듬었다.

─선생님, 저는 미국에 수술하러 가서 여기에서 더는 자료가 필요 없는데 왜 저한테 자꾸 사진을 찍어놓으라고 하세요? 연구를 위해서요? 저 사진 찍기 싫어요.

─환자분과 다른 분들을 위해서도 자료는 필요합니다.

─미국에서 수술해야 하는데 교정을 잘못해서 수술이

1년이나 연기되었잖아요. 저한테 한 번이라도 사과하신 적 있으신가요? 인턴이 스케일링할 때 잇몸을 잘못 건드려서 잇몸이 찢어지고 피가 났을 때도 항의하지 않았어요.

나는 어느새 2004년 미국으로 가기 전 대학병원의 교정과 한구석에 서 있었다. 병원 한복판에서 의사와 실랑이하던 기억을 떠올리자, 이번엔 항의할 여력도 없이 여러 병원을 전전하던 기억 속으로 들어갔다.

—턱관절 염증 때문에 턱뼈가 녹아서 아픈 건데, 교합이 벌어져서 턱관절이 아픈 거라고 잘못 진단하셨잖아요. 그래서 저 이렇게 심해진 거잖아요. 저는 계속 얼굴이 변하고 있다고 말했는데, 선생님은 턱뼈 문제는 아니라고 교정하면 좋아질 거라고 하셨죠. 그래서 무리하게 교정을 하다가 더 나빠진 거 아닌가요?

—그건 당시에 고려할 수 있는 의학적인 판단이었습니다.

—의사도 실수할 수 있는 거 아닌가요? 의사가 신이 아니잖아요? 그런데 의사가 실수하면 그 책임을 다 환자가 져야 하잖아요. 환자 입장에서는 작은 차이가 인생을 바꾼다구요. 저는 밥도 못 먹고 잠도 못 자고 학교까

지 그만뒀어요.

무책임한 의사의 대답이 이어졌고, 갑자기 마음에 가둬 두었던 댐 하나가 무너진 듯 눈물이 터지고 목소리가 격앙되었다.

—당신의 실수로 제 인생이 무너진 것에 대해서 최소한의 예의를 지켜주실 수 없나요? 몸을 치료하면서 마음을 병들게 하는 의사도 많은데, 당신은 몸도 치료하지 못했잖아요.
—환자분이 예민하신 것 같아요.
—전에도 저보고 예민한 사람이 잘 아프니까 성격을 고치라고 하셨죠? 저는 넘어져서 턱을 다친 거라구요. 제가 이렇게 될 때까지 어떤 마음으로 견뎠는지 알지도 못하면서 함부로 이야기하지 마세요.

비난하는 사람과 변명하는 사람이 되어 역할극을 하는 시간은 나를 과거로 데려갔다. 비난하는 역할을 맡고 머뭇거리다, 여러 의사의 얼굴이 떠올랐다. 오진을 했던 의사, 내 얼굴을 물건 취급하던 의사, 환자의 아픔에 아랑곳하지 않던 의사…… 입을 열어 비난을 토해내기 시작하자 아파서, 약자라서, 소용없어서 내뱉지 못한 말들이 거침없이 튀어나왔다. 괜찮지 않아도, 살기 위해서 다른 일이 더 급했으므로 괜찮다고 스스로를 설득했던 시간. 오래 지나 이제 괜찮아졌다고 믿었던 시간. 비난하는 상황으로 빠져들어가자 가슴속에 쌓여 있던 분노와 억울한 감정이 터져 나왔다. 목소리는 떨렸고 눈물이 터졌다. 괜찮다고 생각하는 것과 진짜 괜찮은 것 사이에는 아득한 거리가 존재했다.

이어서 다른 이의 비난하는 역할이 이어졌다. 고여 있던 타인의 말이 터져 나오는 순간부터 명치 아래에서 묵직한 통증이 느껴졌다. 웅크리고 있던 말들은 힘이 셌다. 말하고 싶었지만 말하지 못하고 삼켜왔던 이야기들이 심장에서 다시 끓어올라 성대를 거쳐 표정과 눈빛을 통해 되살아났다.

비난의 말들이 칼과 화살로 발화되었다. 변명의 말들이 방패가 되어 그 말들을 받아냈다. 네다섯 평 즈음의 공간에 오래도록 삼켜왔던 비난의 목소리들이 가득 찼다. 토해내지 못했던 설움들이 떠다니고 있었다. 여러 모양의 비난이 가득 찬 방에서 마음이 같이 끓어오르다 서늘해지다가 후련해졌다. 누군가의 음성은 내 안의 감춰둔 목소리이기도 했으므로.

그렇다. 나는 당신을 비난하고 싶었다.

봄기운이 창문으로 밀려드는 5월, 연습실 앞에 빈 의자 두 개가 나란히 놓여 있다.

빠빠는 나를 가장 잘 아는 사람이나 나와 가장 깊이 연루되어 있는 사람을 한 명 떠올려보라고 했다.

(먼저 빈 의자에 앉아 있는 그 사람을 상상하며 바라본다. 그의 얼굴, 말투, 나와의 관계, 지난날을 그리며 잠시 생각에 잠긴다. 그 후 내가 그 사람의 의자에 옮겨 앉아 나를 본다. 나를 가장 잘 알고 나와 밀접한 그 사람이 되어서 그 사람의 시선과 태도로 나를 소개한다.)

쟤는 친구를, 다리아는 남편을 통해 본 자신을 이야기했고, 그들의 이야기를 들으며 나는 엄마의 얼굴을 떠올렸다. 어떤 이야기를 할지 미리 계획하지 말라는 빠빠의 말에, 준비 없이 의자에 앉았다. 그리고 엄마가 되어 딸을 소개하는 상황에 집중하려고 심호흡을 크게 했다.

애가 어릴 때부터 그렇게 아픈 걸 잘 참았어. 네 살 때 엉덩이 옆에 큰 종기가 나서 수술을 했거든. 의사였던 큰형부가 수술에 들어갔는데, 고름이 밥그릇 한 공기 가까이 나와서 놀랐다고 하더라고. 그런데 수술하고 나서도 아파도 참아야 한다니까 눈물 글썽거리면서도 꾹 참고, 집에서 매일같이 뜨거운 김으로 찜질을 하는데도 투정도 안 했어. 나중에 미국에서 수술받을 때도, 모르핀 주사를 환자가 조절할 수 있게 해놨는데, 거의 누르지 않아서 의사가 놀라더라고.

걔가 어릴 때부터 뭐든 열심이었어. 대학교 때는 수술하고 아픈 몸으로 너무 바쁘게 지내서 좀 쉬어가면서 하라고 말렸는데 이렇게 아파서 오래 아무것도 못하는 거 보니까 내가 그때 괜히 말렸다는 생각이 들기도 해. 한동안은 방에 누워서 며칠 동안 한마디도 안 할 때가 많았어. 일주일 동안 씻지도 않고 밥도 겨우 먹더니 그래도 지금은 많이 좋아졌지. 운동도 거의 매일 하고. 그런데 운동하거나 외출할 때 보면 아주 장관이야. 몸은 아프지, 나갈 준비는 해야 하지, 시간 맞춰야지, 버스나 지하철 갈아타야지. 그러니까 힘들어가지고 수시로 누워 있다가 나갈 때만 되면 급하게 온 집 안을 돌아다니면서 레깅스가 없어졌네, 티셔츠가 안 보이네 하면서 정신을 쏙 빼놓고 나가.

나의 처음을 아는, 그리고 40여 년간 함께했던 엄마가 되어 내 이야기를 하는데 자꾸 눈물이 새어나왔다. 항상 바쁘게 살던 딸이 아파서 수년 동안 아무것도 못하는 걸 보는 엄마의 마음은 어땠을까. 실제로 엄마는 내가 아프고 나서

"다른 사람의 시선을 통해 나를
추측해보는 일은 완전하지 않다.
하지만 타인을 통해 본 내가
낯설면서도 선명하게 느껴질 때가
있다."

넓은 스크린 앞 나뭇결이 드러나는 무대에
웅크리듯 비틀려 팔꿈치를 굽히고 엎드린
나드. 그의 오른팔과 흰색 운동화가 조명으
로 환하고, 그림자로 굴곡이 드러난 왼팔의
마른 근육. 바닥에 포갠 두 손 위에 이마를
댄 나드의 검은 정수리.

많이 변했다. 초등학교 때는 매일 빤 새하얀 실내화를 신기고, 옷은 청바지까지 날마다 빳빳하게 다려 입히고, 재수할 때 새벽 네 시 반에 일어나서 도시락을 싸주던 엄마는 딸이 아파서 일상이 정지되자 자신이 해줄 수 있는 게 별로 없다는 사실을 깨달았다. 한편으로는 그 무력감이 엄마를 자유롭게 했다. 무엇이든 해줄 수 있을 것 같았던 엄마는 자식의 미래를 기대하며 걱정하곤 했지만, 아무것도 해줄게 없는 엄마는 어떤 미래도 감당할 수 있는 사람이 되었다.

요즘은 많이 아플 때보다는 말도 많이 하지만 진짜 속얘기는 잘 안 하는 것 같아. 진짜 힘들 때는 말을 잘 안 해. 아픈 것도 그렇고, 미래에 대한 걱정도 많은 것 같은데 속마음을 잘 얘기 안 해서 나도 마음을 짐작만 하고 있지.

누군가를 안다는 건 어떤 것일까. 나와 가깝고, 나와 연결되어 있다는 건 어떤 의미일까. 엄마는 나를 가장 잘 알면서도 잘 모르는 사람이다. 내 투정과 짜증을 알고, 사소한 습관을 알고, 내 아픔을 가장 가까이에서 지켜본 사람이다. 하지만 내가 통증으로 밤을 새우며 무슨 생각을 하는지, 글을 쓰며 어떤 생각을 써내려가는지는 자세히 알지 못한다. 가족이란 사소한 것을 너무 많이 알아서 진짜 속마음을 못 보는 사람들이기도 하니까. 알면서도 모른 척 지나가는 마음도 많으니까. 그럼에도 말하지 않은 내 마음을 가장 잘 짐작할 수 있는 사람은 엄마가 아닐까.

나는 엄마를 얼마나 알고 있을까. 나는 엄마가 되기 이전의 엄마 모습을 알지 못한다. 이따금 큰이모의 이야기를 통해 엄마의 젊고 파릇하고 새침했던 어린 시절을 들으며 상상할 뿐이다. 전쟁 때 걷지 않겠다고 고집을 부리던 네 살의 아이가 아들과 딸의 여섯 번의 수술을 묵묵히 감당하기까지 70년의 세월 동안 겪어낸 기쁨과 슬픔의 일부분만을 함께할 수 있었다. 엄마의 복잡한 마음의 일부만을 겨우 짐작할 수 있을 뿐이면서, 엄마는 이런 사람이라고 단정하는 건 내가 가장 쉽게 범하는 오류이기도 하다.

다른 아픔을 겪어온 이들과 함께 만나 연극을 만들어가는 건, 그 사람만이 아니라 그 사람이 속한 세상과 만나는 일이었다. 아픔은 냉정할 정도로 혼자서 감당해야 할 몫이지만, 그렇다고 오롯이 홀로이기만 한 것은 아니다. 힘든 시간을 통과할 때 여러 도움과 지지가 나와 함께 있었다. 나의 질병으로 나뿐 아니라 가족의 일상이 바뀐 것처럼, 아픔은 타인의 세상에 영향을 준다.

'다른 사람의 시선을 통해' 나를 추측해보는 일은 완전하지 않다. 하지만 타인을 통해 본 내가 낯설면서도 선명하게 느껴질 때가 있다. 그때의 나는 좌우가 바뀐 거울 속 내 모습보다 훨씬 더 또렷하다. 혼자라고 여겼던 시간도 누군가와 함께였음을, 타인의 마음을 더듬으며 깨닫곤 한다. 연습실에서 빈 의자를 보며 누군가를 떠올린 각자의 서사는 저마다 달랐지만 공통점도 있었다. 나약하고 어리석은 우리 곁에 늘 함께하는 이가 있었다는 것. 미처 말하지 못한 서운함과 고마움을 함께 안고 거친 시간을 견디고 있었다는 것.

우리의 입으로 타인의 마음을 소리 내어 내뱉자 쌓여 있던 슬픔이 조금씩 찬란해지고 있었다.

제가 춤을 춘다구요?

공연을 일주일 앞둔 아침, 빠빠에게 메시지가 도착했다. 내 글을 다 읽었다고. 그 글을 다 읽고서야 20년 동안의 내 이야기가 이해가 되었고, 그 길고 긴 시간을 15분으로 압축해야 한다는 것이 안타까워서 생각이 많았다고.

내 이야기를 15분 남짓의 연극 대본으로 구성하는 건 넓은 강물을 움켜쥐려는 시도 같았다. 나는 다른 배우들처럼 질병이 한 가지가 아닌 데다 수술도 다섯 번이나 했고, 처음 발병부터 현재까지 20년이 훌쩍 넘는 시간의 이야기였다. 공연 초반부는 무난하게 정했지만 중반 이후 오랜 치료와 재활 과정을 압축해서 보여주는 것이 쉽지 않았다.

헐겁게 마무리한 대본으로 연습을 하고 돌아오는 길, 영 만족스럽지가 않았다. 수술과 치료, 재활을 반복하면서 서서히 변화하는 과정을 단 몇 분 안에 담을 수 있을까. 마음의 싸움이나 갈등을 묘사하거나 설명할 수 있는 글과는 달리, 연극은 대사와 행동을 통해서 변화를 보여주어야 했다. 좋은 장면이 없을까 고민을 하던 중 국카스텐 콘서트에 갔던 기억이 떠올랐다. 출혈 때문에 외출 금지 명령을 받은 상태에서 감행했던 공연. 마침 그날에 대해 썼던 글이 있어서, 단체 채팅방에 그 글을 공유했다.

"춤을 춘다구요? 제가?"

이틀 후 연습 날, 내 차례에 빠빠가 춤 이야기를 꺼냈다. 대본을 보니 연극에 넣기로 한 국카스텐 공연의 노래 〈사이〉 삽입 표시인 "*[sound in]*" 아랫줄에, 내가 읽다 놓친 한 줄이 써 있었다.

나, 음악에 몸을 맡기며 춤인 듯, 수영인 듯, 물 위에 떠 있는 듯한 움직임.

내 눈이 휘둥그레지자 빠빠가 말을 이었다. "나드 글 중에 아픈 사람은 역류하는 물에서 헤엄치는 듯한 일상이라고 쓴 부분이 있잖아요. 그 글 보면서 생각한 건데요. 음악이 나오면, 헤엄치듯, 요가하듯, 춤추듯 음악에 맡겨 몸을 움직여 보세요." 학교에서 무용 시간을 지루해하던 내가, 헬스장에서 인기 절정인 GX* 댄스 시간에 한번 들어갔다 거울에 비친 모습이 영 어색해 다시는 참여하지 않은 내가 춤을 춘다니. 말도 안 되는 일인 것 같지만 고개를 끄덕인 것은 연출가에 대한 믿음과 약간의 호기심 때문이었다. 말로 설명할 수 없는 감정을 몸으로 표현할 수도 있지 않을까. 내 아픔은 움직임과 연결되어 있으니까.

무대에 서는 순간

공연 당일. 얼굴과 머리가 죄어드는 통증 때문에 새벽 세 시쯤에 잠이 깼다. 며칠 동안 공연 연습에 생리까지 겹쳐 운동을 제대로 못한 탓인지 배와 다리의 깊은 근육이 굳어지며 얼굴을 잡아당기는 통증이 이어졌다. 공연을 지원할 때부터 우려했던 일이다. 아무리 치료받고 운동하고 노력해도, 몸의 어떤 근육이 언제 수축되고 당길지 예측할 수 없다. 잘 때든, 앉아 있을 때든, 길을 걸을 때든 언제 어디서나 예상치 못하게 근육의 수축과 통증이 밀려든다. 내 몸의 근육은 하

※ 단체운동을 뜻하는 'Group Exercise'의 약칭.

나의 긴 끈으로 연결되어 있고, 경직된 근육은 사방에서 얼굴을 잡아당긴다. 그래서 통증의 정도와 방향에 따라 하루에도 수십 번씩 얼굴 모양이 변한다. 그 모든 순간이 나이지만, 사실 오랫동안 그 어느 순간의 얼굴도 나 같지 않았다. 근육이 아프기 전으로 회복되는 건 요원해서, 남의 시선을 신경 쓰지 않으려고 늘 모자를 눌러 쓰고 다녔다. 잘못된 근육은 카메라나 조명 아래에서 더 선명하게 드러나서 사진 찍는 건 기피의 대상이었다. 마지막 연습 때 녹화한 연습 영상에는 얼굴이 굳어서 표정이 지어지지 않는 내가 보였다. 공연 날은 좀 나아지길 바랐지만, 당일 컨디션은 흐림이었다.

공연 시간이 다가오자, 다른 배우들은 공연의 긴장감과 떨림 때문에 얼굴이 상기되어 있었다. 하지만 나는 이상하리만치 덤덤했다. 빨라지는 심장박동을 느끼며 호흡을 가다듬고 마음을 진정시키는 다른 사람들과 달리 나는 머리 근육부터 목과 얼굴의 통증을 따라 마사지 도구를 들고 마사지하느라 긴장할 틈이 없었다. 지구의 중력이 온 힘으로 내 얼굴을 사정없이 잡아당기는 이런 날은 정신을 똑바로 차려야 한다. 통증이 갑자기 심해지면 다른 사람의 공연에 참여할 때 내 순서를 놓칠 수 있다. 거기다 이렇게 미간부터 코와 인중까지 당기고 아픈 날에는 근육의 수축과 이완에 따라 갑자기 콧물이나 기침이 나거나 눈물이 흐르기도 한다. 공연 중에는 마이크를 차고 있기 때문에 다른 사람의 공연에 나의 기침 소리나 코 훌쩍이는 소리가 들릴 수 있다. 대사를 하지 않을 때 내가 머리나 얼굴 쪽에 손을 많이 가져가면 마이크를 낮춰달라고 마이크 담당자에게 부탁했다.

요가매트를 깔고 마지막 스트레칭을 하며 몸 전체의 근육을 이완시키는 데 집중하면서 마음을 가다듬었다. '그래. 오늘도 그냥 지나가는 하루일 뿐이고, 오늘 아프고 힘든 내 모습도 나야. 그 모습 그대로 받아들이자. 좀 더 좋은 컨디션일 때 무대에 오르면 좋겠지만, 아픈 상태이니 아픈 연기를 할 때 더 도움이 될 수도 있어.'

공연이 시작되었다. 첫 순서인 수영은 눈물을 많이 흘렸다. 연습하면서 여러 번 읽고 들은 이야기인데 무대에서 낭독되니 그 슬픔이 더 깊이 마음을 파고들었다. 터져 나오는 눈물을 멈추려 애쓰며, 목 근육이 조여와 잘 나오지 않는 목소리로 온몸을 짜내 자신의 이야기를 마무리하는 그의 모습에 나는 눈물을 참으면서 마음으로 같이 울었다. 두 번째 순서인 목우의 공연부터 마지막인 내 순서 전까지 다들 연습 때보다 잘해내고 있었다. 공연 전 긴장하던 모습은 온데간데없고, 무대에서 조명을 받고 여유 있게 빛났다. 함께하는 사람들이 잘해낼 때 전해지는 에너지에 나도 모르게 마음 한구석에서부터 힘이 차올랐다. 다른 사람의 공연에 중간중간 목소리로 참여하다가, 대사가 없을 때는 마사지 도구로 머리와 목의 근육을 풀어주었다. 그러다보니 어느새 내 차례가 다가왔다. 심장박동이 조금 빨라지기 시작했다. 턱이 아프면 발음을 또박또박 하지 못할 때가 많아서 혀를 이리저리 움직여보았다. 나에게는 무대에서 공연을 하는 것보다 무대에 서는 것 자체가 더 큰 도전이었다.

'무대에 서는 순간 내 도전은 이미 실현된 것이다. 그다음은 내 안에 새겨진 이야기를 하는 것이니 편하게 생각하자.' 호흡을 깊이 들이마셨다 길게 내뱉고 무대로 올라갔다.

움직임과 춤의 경계가 허물어질 때

새하얀 조명 한가운데에 섰다. 가장 눈부신 곳을 찾아 들어가라던 조명감독의 조언대로 하얀 빛이 밀려드는 지점에 멈춰 서 심호흡을 했다. 어둠의 시간을 이야기하기 위해 빛으로, 더 환한 빛으로 걸어 들어갔다. 사방이 컴컴하고 어두워서 사람들의 눈동자도 전혀 보이지 않았다. 피할 수 없는 시간이 다가왔다는 팽팽한 긴장감이 흐르는 가운데, 텅 빈 공간에 나 혼자 있는 듯한 묘한 편안함이 스며들었다.

지난 시간이 희제의 목소리로 덤덤하게 요약된 후, 내레이션으로 나의 이야기가 시작되었다. 그다음을 이어받은 건 울음이었다. 통증 때문에 잠들지 못해 우연히 TV 앞에 앉았던 밤. TV 속 불행한 사연이 그저 다른 이의 불행이 아니라 바로 내 이야기라는 걸 머리보다 몸이 민첩하게 반응했던 그 순간, 턱관절이 마모된 익숙한 엑스레이를 보자마자 가슴 한구석이 죄어오며 눈물이 터져 나오던 그 밤으로 들어갔다. 어떤 단어나 문장으로도, 고통 밖에서 고통 안의 나를 낯설게 바라보는 아픔을 만족스럽게 표현할 수 없었다. 비명 같은 통곡, 그 소리는 고뇌 끝에 골라낸 언어보다 단순하고 명료했다.

　최선을 다해 재활과 운동을 해도 다시 원점으로 떨어지는 굴레의 시간은 내 몸에 각인되어 있었다. 아파서 다리를 들지도 못해 누워만 있던 때에서 자연스럽게 비둘기 자세를 하기까지 내 몸도 긴 시간을 여행했다. 마음이 젖은 나무토막처럼 축 처지는 날에도 스쿼트와 데드리프트를 하며 마음을 다잡았다. 전진과 후퇴를 반복하면서 쌓아온 시간이 몸에 고스란히 새겨져 있었고, 떨어지는 돌을 밀어 올리던 시시포스의 근육처럼 내 근육도 단단해졌다.

　울음과 운동은 내게 이미 내재된 소리와 움직임이었다. 하지만 춤은 낯설고 생소한 것이었다. 국카스텐의 〈사이〉 음악이 흐르고, 무대 앞 의자 한가운데에 앉아 있다가 눈을 감았다.

　메마른 이 길 위에 / 현실의 갈피 속에 / 한 자락 바람 결에 / 걸음을 멈춰 뒤를 보다 / 나를 비껴간 봄날이 /

떨어뜨린 향기들을 / 따라가, 따라가, 따라가

메마른 길에 선 나는, 가사를 읊조리다가 어깨부터 서서히 들썩였다. 팔을 수평으로 뻗으며 시선은 손끝을 향했다. 손끝 너머의 어딘가에, 나를 비껴간 봄날이 떨어뜨린 향기들이 있는 것처럼. 그 향기에 이끌리듯 일어났다. 어떻게 움직였는지 구체적으로 기억나는 건 여기까지다. 이후부터는 음악과 감정에 몸을 맡기고 마음껏 표현하라는 빠빠의 조언대로 음악과 상황에 집중하려고 노력했다.

잰걸음 사이에도 / 저 빌딩들 사이에도 / 도무지, 어디에, 있는지

내 존재가 사라진 것 같은 상실감을 오래도록 앓았다. 고통 한가운데서 다른 모습의 나를 그리워하며 두 팔을 위로 뻗었다. 잃어버린 나를 찾으려 먼 곳을 아련히 바라보며 걸음을 옮겼다.

모두 가지려 발버둥을 쳐도 / 작은 두 손에 잡힌 건 / 부스러진 욕심과 / 닳아버린 희망과 / 게워버린 상한 믿음들

"내가 잃은 건 허공 속에서
나를 증명하는 일일 뿐이었다.
나를 잃지 않았으니
아무것도 잃은 건 없다."

조명에서 조금 비껴난 무대에 똑바로 선, 거
의 실루엣만 보이는 나드의 뒷모습. 무대를
굳게 디디는, 어깨의 두 배 이상 너비로 벌린
다리와 연직 위를 향하는 그의 모은 두 손.

역류하는 물 위에서 헤엄쳐야 하는 일상에서 휩쓸리지 않기 위해 헤엄치듯 두 팔을 젓는다. 두 팔로 공기를 가르고 어둠을 가른다. 아무리 애써도 내가 원하는 모습에 가까이 갈 수 없었다. 욕심은 부서지며 초라함을 드러냈고, 희망은 상처가 되어 나를 찔렀다.

잰걸음 사이에도 / 저 빌딩들 사이에도 / 도무지, 어디에, 있는지 / 긴 계단 사이에도 / 빼곡한 달력 안에도 / 찾을 수 없었던 내 모습 / 허공 속에서 건져냈던 / 내가 증명될 모든 것이 / 뒤를 돌아보면 어느새 사라져 / 먼 곳으로 떠났고 / 세상의 뒤를 밟고 / 결국 도착한 이곳은 / 나를 두고 왔던 이 자리

어떤 성취의 계단에도 오르지 못했고, 텅 빈 달력을 버리며 여러 해를 마무리했었다. 닿을 수 없는 것에 손을 뻗으며 발이 따라가다가, 이제 발이 먼저 나아가며 몸통과 팔의 움직임을 이끌어갔다. 잃어버린 것들은 껍데기일 뿐이었고, 존재밖에 남지 않은 내가 견고히 남았다. 사라진 것 같은 내 모습은 그 모든 시간을 거쳐 여기 있었고, 아프지 않았으면 가보지 못했을 세계 속에서 온몸으로 이야기를 하고 있었다.

"내가 잃은 건 허공 속에서 나를 증명하는 일일 뿐이었다. 나를 잃지 않았으니 아무것도 잃은 건 없다."

버스에서 노래를 들으며 스스로에게 했던 위로가 무대 위에서 울려 퍼졌다.

3분 남짓한 시간이 흐르는 동안, 어떤 부분에서는 음악과 감정에 젖어들어 나도 모르게 움직였고 어떤 부분에서는 주저했다. 음악과 감정과 몸의 움직임이 하나가 되던 찰나의 순간, 마음의 에너지가 몸으로 표현되었다는 짜릿함을 느꼈다. 그러다가도 잠시 집중력을 잃고 내 감정과 음악에서 분리되면 의미없는 움직임을 하고 있다는 불안이 스치기도 했다.

서툰 몸짓이었지만, 오랜 시간 몸을 웅크린 채 움직이지 못하던 내가 무대에서 온몸의 근육을 쓰며 아픔과 절망과 자유로움을 표현했다는 사실이 중요했다. 지금껏 나는 내가 춤을 출 수 있는 사람이라고 생각하지 못했다. 춤은 가벼움이다. 가벼움은 중력을 거스르는 행위이기에 무거운 짐을 짊어진 사람과는 어울리지 않는다고 여겼다. 하지만 마음의 소리를 따라 음악에 몸을 맡기며 알게 되었다. 춤을 춘다는 것은 중력을 거스르는 행위가 아니라 중력을 활용하는 것이라는 걸. 무거운 삶을 통해 나만의 리듬과 보폭을 발견해나가는 과정이라는 걸.

어떻게 춤을 추었는지 세세히 기억이 나진 않지만 마음을 다해 음악에 몸을 맡겼던 시간의 충만함은 남아 있다. 나 스스로 움직임과 춤의 경계를 두었을 뿐, 사실 그 둘은 크게 다르지 않은지도 모른다. 삶이 펼쳐놓은 리듬을 인지할 수 있는가, 그 박자와 고조가 내가 원하는 것이 아니더라도 그것에 귀 기울일 수 있는가, 내가 가진 한계 안에서 마음껏 움직일 수 있는가. 일렁이는 삶과 호흡하는 일련의 과정들이 내 삶을 만들어갈 것이다.

진짜 춤은 이제부터 시작이다.

3막

연극이 끝나고 난 뒤

나드

오늘의 경험은 내일의 무엇이 될까

"나는 이제, 완전한 치유가 아닌, 완전한 치유로부터의 자유를 원합니다."

나의 마지막 대사로 이틀의 공연이 마무리되었다.

첫 공연 후에는 큰 실수하지 않고 잘해냈다는 안도감이 앞섰다. 마지막 공연 후에는 하나의 여정을 마무리지었다는 홀가분함이 밀려왔다. 무대인사를 하고 나서야 관객석에 앉아 있던 낯익은 얼굴들이 눈에 들어왔다. 배우들과의 토크 후 지인들과의 촬영 시간이 자연스레 이어졌고, 내 인생에서 휴대폰 카메라를 보며 가장 많이 입꼬리가 올라간 30분을 보냈다. 예매하고 공연장까지 와준 사람들에 대한 고마움이 큰 데다가, 무대까지 섰으니 이제 와서 사진 찍는 걸 피할 수는 없었다. 무대에 섰을 때보다 여러 사람들과 돌아가며 사진 찍는 내가 더 어색했다.

지인들과 헤어지고 대기실로 와서 짐을 챙겼다. 후련함과 아쉬움이 뒤섞인 마음과 함께 허기가 몰려왔다. 아침을 간단히 먹고 집을 나섰지만 공연 전 대기실에 있던 김밥이나 과자에 손이 가지 않았다. 공연이 마무리되자 여기저기서 배고프다는 목소리가 들렸다. 공연장 근처 한정식집에서 저녁을 먹고, 호프집에 가서 맥주나 음료를 마시면서 우리는 쉴 새 없이 재잘거렸다.

대학로 거리를 걸으며 버스 정류장으로 가는 길, 시원한 밤공기가 얇은 카디건 사이로 스며들었다. 오후에 내렸던 비가 그친 후, 마스크 사이로 청량한 공기가 새어 들어왔다. 피곤함 위에 상기된 표정이 겹친 채로 동료들과 마지막 인사를 나눴다.

혼자 버스에 올랐다. 두 손에 가득 들고 있던 꽃과 선물을 버스 의자에 내려놓았다. 메신저에는 읽지 않은 수십 개의 메시지가 표시되어 있었다. 메시지를 읽고 선물과 카드를 펼쳐보는데 눈시울이 뜨거워졌다. 무대와 조명과 박수와 환호. 아픔과 잘 어울리지 않는 일들이 갑작스레 삶에 펼쳐졌다. 버스는 한남대교를 달리고 있었다. 대학을 다닐 때도, 휴학을 하던 날도, 병원에 갈 때도, 글쓰기 수업을 하러 합정

동을 갈 때도, 늘 창밖으로 스쳐 지나는 불빛을 바라보며 오래도록 생각에 잠기곤 했다.

연습 첫날만 해도 내게 현재와 미래 사이의 간극은 늘 아득했다. 한 귀퉁이에 놓인 빈 의자처럼 정체된 삶을 살고 있다고 생각했기에, 하늘의 열기구처럼 바람을 타고 날기를 갈구했다. 질병은 20년 동안 내 길을 가로막았고, 기대했던 모든 길은 끊겼다. 단절된 길 끝에서 오래도록 멈춰 있다가 글을 쓰면서 세상으로 나왔다. 그동안 골골거리면서 조금씩 쓴 글들이 쌓였고, 그 글들을 징검다리 삼아 공연을 했다. 돌이켜보면 질병이 원하던 길을 가로막기만 한 것은 아니었다. 동시에 새로운 길을 만들었다. 막혀버린 길에 대한 미련이 드는 날도 없진 않지만, 길이 막힌 게 아니라 다른 길이 시작되었을 뿐이라는 걸 내 걸음이 이미 증명하고 있었다.

글을 쓰기 시작했을 때 그것이 다른 사람에게 들려줄 이야기가 되리라고는 생각지 못했다. 그동안 쓴 글들이 쌓여도 그것이 대본이 되어 나를 배우라는 경험으로 이끌리라고는 상상조차 해보지 못했다. 내가 가진 한계 안에서 무엇을 시도했던 시간들이 나를 다른 길로 데려가고 있었다.

무대를 거닐던 하얀 운동화가 집 앞 가로등 아래 물기 어린 보도블록에서 조명을 받은 듯 반짝였다. 일상의 무대로 돌아가는 지친 발걸음에 경쾌함이 묻어 있었다. 오늘의 경험은 내일의 무엇이 될까, 긴 하루를 마치고 집에 돌아와 낯선 기대를 안고 잠이 들었다.

연극이 끝난 후

연극이 끝난 후 한 달쯤 지나 모두 한자리에 모였다. 시끌벅적하게 각자의 소식을 나누다가 누군가 화두를 던졌다.

"우리 연극 다시 하고 싶은 생각 있어요?"

다리아가 가장 먼저 다시 해보고 싶다는 이야기를 꺼냈다. 다리아는 집이 먼 데다가 직장이 있어서 제일 힘들 것 같았는데 의외였다. 두 번의 공연 중, 처음보다 두 번째 공연을 할 때 배우들 모두 자연스럽게 몰입했다. 두 번째 공연 때, 다리아는 대본에 없던 속마음을 불쑥 이야기해서 뭉클하게 했고, 쟤도 애드립까지 하며 한결 여유를 부렸다. 나도 대사를 하고 춤을 출 때 첫날보다 좀 더 즐길 수 있었다. 마지막인 두 번째 공연까지 끝나자, 배우들은 아쉬움을 토로했다. 무대에 서기 전 느낀 두려움은 잊은 듯했다. 함께 연습한 걸로 두 번만 공연하기에는 아깝다는 목소리도 나왔다. 첫 공연만 영상 촬영을 해서 마지막 공연은 그날의 관객과 우리의 기억 속에만 남았지만, 함께 무대를 만들어갈수록 쌓여가는 즐거움이 우리 안에 흐르고 있었다. 수영은 이번 연극이 아니더라도 배우로서 다른 무대에 서보고 싶다고 했다.

나도 함께 더 좋은 무대를 만들어보는 상상을 이따금 해본 터였다.

7월 11일 첫 공연 시작 5분 전, 배우와 연출자는 손을 가운데 모으고 동그랗게 모였다. 떨리는 호흡과 긴장된 마음을 가라앉히며 한마디씩 했다. "여유 있게 즐기며!" "떨지 말고 침착하게!" "이 순간이 그리울 거예요."

그때 빠빠의 목소리가 대기실에 울렸다.

"서로 사랑하자." 다른 때 들었으면 오글거렸을 이 말의 의미를 우리는 모두 알고 있었다. 언제 대본을 쓰고 연습하느냐는 걱정이 간간이 나올 정도로 본격적인 대본 작업을 공연 2~3주 전쯤에야 시작했다. 연습 중에 가장 많이 했던 것은 서로를 알아가고 호흡을 맞추는 일이었다. 다른 사람의 이야기를 듣고 그 사람의 이야기 속으로 들어가보고, 서로의 움직임과 대사에 즉흥적으로 반응하는 연습에 많은 시간을 할애했다. 얼마간의 삶을 나눴다고 서로의 아픔을 다 이해할 수 있는 건 아니다. 하지만 우리는 편견 없이 다름을 인정하면서 서로에게 귀 기울였다. 함께하는 이들의 고여 있던 슬픔이 터져 나오는 순간에는 그들의 삶의 무게에 같이 흐느꼈다. 아픔은 터져 나왔고, 스며들었고, 연결되었다.

공연에서 중요한 건, 연기의 완성도보다는 호흡하는 관계였다. 완벽하게 대사를 외우는 것보다 상황에 빠져들어 호흡을 맞추는 것이 중요하다는 빠빠의 이야기를 비로소 몸으로 이해했다. 함께하는 이들의 눈빛과 목소리에 귀 기울이고, 서로의 실수를 보듬어 안았다. 그 과정 속에서 우리는 함께였다. 공연을 실제로 다시 할 수 있는가는 중요하지 않다. 각자 몸이 아프고 힘들어서 쉽지 않았음에도, 다시 하고 싶다는 마음이 드는 게 의미 있었다. 함께했던 시간이 좋은 기억으로 남아 있다는 증거이므로. 우리는 서로를 통해 배려와 사랑을 배울 수 있었다. 함께 그리워할 수 있는 추억을 공유하게 되었다.

함께 만들어가는 '소동'

밀가루를 뒤집어쓰고 거리로 나왔다
슬픔을 보이는 것으로 만들려고
……

기침할 때마다 흰 가루가 폴폴 날린다
이것 봐요 내 영혼의 색깔과 감촉
만질 수 있어요 여기 있어요☀

☀ 안희연, 〈소동〉, 《여름 언덕에서 배운 것》, 창비, 2020, 12~13쪽.

글을 쓰고 연극을 하면서, 종종 밀가루를 뒤집어쓰고 거리에 나온 사람의 심정이 되었다. 마음을 보이는 것으로 만들기 위해 언어의 옷을 입고, 내면의 이야기를 드러내기 위해 무대에 섰다. 만족할 만큼 표현해내지 못한다는 좌절감이 늘 앞섰지만, 내 마음의 한 부분이 형상화되고 나면 조금 후련해졌다. 하지만 이내 부끄러움과 수치심이 함께 밀려오곤 했다. 밀가루를 뒤집어쓰고 거리에 서 있는 내가 어색하고, 때로는 너무 초라해 보였다. 실제로 나는 아직도 내 연극이 녹화된 동영상을 제대로 보지 못했다.

글도 연극도 혼자가 아니기에 가능했다. 밀가루를 뒤집어쓴 타인이 보이고자 했던 슬픔과 아픔에 가슴이 찡하며 마음이 자주 벅차올랐다. 상처를 언어로 저장할 때, 감춰두었던 기억을 드러낼 때, 고여 있던 생각을 발화할 때, 폴폴 가루를 날리며 드러나는 그들의 영혼은 때로는 질투가 날 정도로 아름다웠다. 부끄러움을 무릅쓸 용기를 냈을 때만 드러나는 영혼의 모양과 색과 감촉이 있었기에. 그로 인해 삶에 대해 질문하고 고민하면서 마음이 충만해지곤 했다. 그래서 나도 그들을 따라 용기를 낼 수 있었다.

공연 후 여러 후기가 인터넷에 올라왔다. 온라인 매체부터 네이버 블로그, 페이스북, 브런치, 인스타그램 그리고 《경향신문》과 《시사IN》 인터뷰까지. 배우와 연출가, 기획자 모두가 그 글들을 읽고 공유했다. 힘든 삶에 위로가 되었다는 이야기, 장애를 가진 삶과 연극이 만나 일으킨 교감, 아픈 몸을 극복의 대상으로 보지 않겠다는 다짐, 아픈 몸을 대하는 사회의 시선에 대한 일침 등 귀하고 과분한 이야기들을 읽으며 마음에 찌릿한 전류가 흘렀다. 가장 외롭고 막막했던 시간을 통해 삶이 연결되고 풍성해졌다. 마음을 다해 관람해준 사람들 덕분에 부끄러움은 가치 있는 모험이 되었다.

슬픔을 보이는 것으로 만들기 위해 애쓰는 이들을 응원한다. 들키기 위한 비밀을 가진 사람들을 돌아본다. 그들이 내뿜는 빛을 감지할 수 있는 예민한 촉수를 다듬어야지. 그리고 나도 설렘과 부끄러움을 동시에 안고 끊임없이 밀가루를 뒤집어쓸 것이다. 이 몸부림들이 우리가 함께 만들어가는 멋진 소동이 되길 소망한다.

타인의 삶의 한 단락에서 함께할 때

존엄의 순환은 그렇게(탁월한 상호작용을 통해) 시작되고, 그 순환 속에서 존엄은 더 구체화되고, 더 강해지고, 더 중요한 가치가 된다. 그 과정에서 우리는 궁극적으로 나를 더 깊이 사랑하고 관용하게 된다.※

《실격당한 자들을 위한 변론》의 한 구절을 읽다 우리 연극의 과정이 떠올랐다. 연극을 준비하는 과정 내내 아프다는 이야기를 편하게 할 수 있었다. 서로 타인의 통증과 컨디션에 귀 기울였고, 누구의 아픔도 외면하거나 소외시키지 않으려고 노력했다. 한창 연습에 몰두하던 날, 아프면 편하게 누워도 좋다는 빠빠의 말에, 빠빠를 제외한 모든 배우가 요가매트나 방석 위에 누워서 이야기를 나누던 시간은 힘들기보다 즐거운 기억으로 남아 있다.

저 책의 한 구절처럼 '누구나 자신의 이야기를 설명하고 반성하면서 자율적으로 써내려가는 저자로서의 삶'이 있다. 하지만 아픈 사람은 특히 질병과 자신의 서사를 통합하는 데 혼란을 겪는다. 이때 비슷한 경험을 가진 동료들이 있다면 고립된 섬처럼 갇혀 있던 마음이 서로 연결된다. 함께 아픔을 드러낼 수 있는 누군가가 있기에 나의 아픔도 소리 낼 수 있다는 자신감이 생긴다. 서로 다른 질병을 가진 여섯 명은 수평적 정체성을 공유했다. 그 바탕 위에서 각자의 아픔과 결핍이 고유한 서사가 되었다.

"잘 차려놓은 밥상을 맛있게 먹기만 하면 된다는 황정민의 수상 소감이 무슨 말인지 알 것 같아."

연극이 마무리될 무렵 다리아가 이렇게 말했고, 다른

✿ 김원영, 《실격당한 자들을 위한 변론》, 사계절, 2018, 313쪽.

사람들은 웃으며 고개를 끄덕였다. 우리의 이야기가 무대에 오르기까지 많은 손길이 함께했다. 기획하고 판을 벌이고 재정적 어려움 속에서도 노동권을 지키려고 애썼던 기획자, 아픈 배우들의 삶과 공연 사이에서 균형을 맞추며 이끌었던 연출가, 무대감독과 음향감독, 수어통역사, 비디오촬영감독, 사진작가, 마이크와 진행을 담당했던 스태프들이 함께했다. 조명과 음악, 마이크의 도움이 없었다면 무대에서 단한 걸음도 뗄 수 없었을 것이다. 무대 밖의 분주한 손길 덕분에 공연을 완성할 수 있었다.

역설적이게도 자기 자신의 서사를 홀로 완성할 수 있는 사람은 없다. 각자 자신의 삶과 분투하고 화해하며 써내려가는 이야기는, 타인의 그것과 연결될 때 의미가 확장되고 선명해진다. 연대와 존엄의 상호작용을 통해 타인의 삶의 한 단락에서 공저자로 함께할 때, 각자의 이야기도 비로소 완성될 수 있다. 아픈 삶이 존중받는 우리의 경험이, 존엄의 상호작용이 확장되는 물결에 작은 바람을 보탤 수 있길 바란다.

'특별한' 백수에서 '특별히 바쁜' 백수로

연극을 마친 후, 망설임을 접고 플라잉 요가 자격증 과정을 신청했다. 플라잉 요가로 아침을 시작한 지 2년이 지날 즈음이었다. 공중에 매달린 해먹을 몸에 감고 집중해서 운동하다보면, 몸을 꽁꽁 싸매고 있던 통증이 느슨해졌다. 새로운 동작을 할 때마다 굳어 있던 근육들이 꿈틀거리며 활력을 찾았다. 언젠가부터 자격증을 따고 싶다는 생각이 들기도 했지만, 실행에 옮기지는 못하던 차였다. 몸도 아픈 데다 당장 강사로 일할 것도 아닌데, 내가 가진 체력을 넘어서는 일을 굳이 할 필요가 있을까 싶었다. 몸이 아프면 하고 싶은 일들을 지연시키는 데 익숙해진다. 하지만 이제 하고 싶은 마음을 그냥 흘려보내지 않으려고 노력한다. 하기 어려운 수많은 이유보다 하고 싶은 한줄기의 마음을 붙잡는다. 하고 싶은 마음이 드는 것 자체가 기회가 아닐까. 밥벌이와 성과에 대한 고민을 늘 할 수밖에 없지만, 얼마만큼은 즐거움과 순간의 만족을 따라 살아도 괜찮을 것 같았다.

가을이 시작될 무렵, 글쓰기 모임 채팅 창에 제주도 여행 이야기가 올라왔다. "제주도 가고 싶어요! 제주도 가본 지 32년이나 되었거든요." 부러운 마음에 댓글을 달았다. 아파서 오랫동안 여행과는 거리가 먼 삶이었다. 치료와 재활에 집중하느라 정신적으로도 물질적으로도 여유가 없었다. 재작년 다섯 번째 수술을 받고 나서야, 다 나은 후 여행을 간다고 미루다보면 평생 여행을 가지 못할 수도 있겠다는 생각이 들었다. 완치라는 허상에서 벗어나자, 묻어두었던 소망들이 꿈틀거렸다. 하루나 이틀 정도 일정으로 친구들과 여행을 다니기 시작했다. 하지만 비행기를 타야 하는 제주도는 가고 싶다는 마음뿐 실행에 옮기지는 못했다. 그런데 글쓰기 모임 사람들이 '나드와 함께하는 제주도 여행'을 추진해주었다. 내 소망은 타인의 배려로 실현되었다.

코로나19가 심해지기 직전의 늦가을에 은색 캐리어를 끌고 커다란 배낭을 메고 집을 나섰다. 시원한 공기를 흠뻑 맞으며 들뜬 마음으로 공항에 들어섰다. 노력해도 매일 제자리걸음이라고 생각할 때가 많았는데, 여행객으로 붐비던 공항에서 혼자 휠체어를 타고 울음을 참던 날에서 어느새 멀리 와 있었다. 제주도에서 에메랄드빛의 금능 해변을 거닐며, 딱새우를 가로로 갈라 먹으며, 비에 젖은 비자림숲을 걸으며, 섭지코지의 세찬 바람을 맞으며, 선물 같은 날들을 즐겼다.

코로나19 때문에 삶이 위축될 수밖에 없었던 한 해였지만, 희한하게도 내 다이어리는 빈칸이 부쩍 줄어들었다. 치료와 글쓰기 모임, 연극, 인문학 강의 수강, 매일 하던 운동에 플라잉 요가 자격증 수업과 연습, 제주도 여행 스케줄이 다이어리를 가득 채웠다. 나는 내가 '특별한' 백수라고 주장해왔는데, 이제는 '특별히 바쁜' 백수가 되었다.

오리역 삼거리 신호등에서 어깨를 들썩거린다. 핸드폰 가게에서 흘러나오는 음악에 척추를 오른쪽으로 꿈틀거리며 소심한 웨이브를 만들어본다. 연극이 남긴 약간의 후유증이라고 할까. 거리에서 흘러나오는 음악에 몸의 세포와 근육이 반응하곤 한다. 가끔은 음악이 없는 버스 정류장 앞에서 눈을 감고 춤을 추는 상상을 해본다.

"나드의 몸이 경직된 근육을 풀어줘야 하는 몸만이 아니라 무언가를 적극적으로 표현해낼 수 있는 몸이라는 걸 알았어요."

공연을 본 지인의 이야기처럼 나도 내 몸을 새롭게 알아가고 있다. 근육경련과 경직 이후, 내 몸은 곧 통증이었다. 어느 부분의 통증이 잠을 깨웠는지 확인하는 일로 하루를 시작한다. 굳어 있는 근육을 찾아내고 마사지하고 찜질하는 일은 하루 중 밥 먹는 것보다 중요한 일과다. 운동을 하기 싫은 날도 덜 아프기 위해서 몸을 일으켜야 한다. 데리고 살기 위해 해야 할 절차가 많은 몸이다. 줄곧 몸의 통증에 관심이 쏠려서 정작 몸 자체에는 큰 관심이 없었다. 내 몸은 오랜 시간 관리의 대상이었을 뿐, 표현을 위한 것은 아니었다.

무대에서 나를 드러낸 이후, 음악과 감정에 따라 몸의 근육들이 반응할 때가 있다. 오랜 시간 통증과 함께 살아온

몸 안에 하고 싶은 이야기가 많이 남아 있는 걸까. 연극을 보고 역설적이게도 건강미가 느껴졌다는 말을 들었다. 스쿼트와 데드리프트 자세를 보니 오랫동안 단련한 시간이 그려진다는 이야기를 듣거나, 이따금 헬스장에서 강사나 체육인이냐는 질문을 받은 적도 있다. 아프기 때문에 건강해 보이는 몸이 된 역설이 내 몸 자체였다. 내 몸 자체가 어떤 이야기를 품고 있었다.

공연 하이라이트 영상에서 내가 춤을 추었던 뒷모습을 처음 보았다. 바닥을 딛는 발걸음과 등에서 이어지는 팔 근육의 움직임이 조명 아래서 드러났다. 아픔에서 벗어나고 싶었던 마음과 꾸준히 흘렸던 땀의 시간이 스쳐 지나갔다. 내 삶을 가로막는 통증 때문에 더 많은 사연이 새겨진 몸이 되었다. 통증이 있어도, 경직 때문에 부자연스러워도, 장애가 있어도, 나를 표현하기에 부족한 몸은 없다. 그 몸을 부족하게 생각하는 편견이 있을 뿐.

나만의 호흡과 리듬을 새기며

거울 앞에 선다. 가장 익숙하고 가장 낯선 사람이 되는 순간. 햇살을 머금은 음악이 흐르고, 내 몸은 리듬을 타고 그림자와 함께 흔들린다.

오른쪽 발바닥을 바닥에 붙이고 무릎을 직
각으로 위로 굽힌 채, 왼발의 발가락 끝을
바닥에 붙이고 무릎을 바닥에 닿지 않게 아
래로 굽힌 나드. 조명에 환하게 빛나는 오른
팔은 자기 앞에서 굽히고, 왼팔은 왼손이 꼬
리뼈 부근에 닿도록 뒤로 굽힌 채, 눈을 감
고 비스듬히 위를 향하는 그의 고개. 뒤에는
무대 밖에서 조명을 받는 희제가 야광봉을
양손에 들고 흔들고 있다.

    표현할 수 있는 몸이라는 자각은 새로운 움직임을 갈망하게 했다. 근육을 단련하는 운동 이외에 몸을 더 표현할 수 있는 무언가를 해보고 싶었다. 유연하고 가벼운 삶을 꿈꾸며 춤을 배우기 시작했다. 몸의 무게 중심을 옮기고 팔과 다리를 펼치며 리듬을 타는 순간, 다양한 나를 만난다. 새로운 세상으로 몸을 던지며 희열을 느끼는 나, 춤에 저항하는 경직된 근육 때문에 실망하는 나, 자유롭고 가볍게 춤추는 미래를 기대하는 나. 찰나의 순간마다 여러 감정이 스친다.

    무대에서 단단한 목소리로 외친 '완전한 치유로부터의 자유'는 한순간에 이루어질 수 있는 게 아니다. 현실은 언어처럼 명료하지 않고, 몸의 변화는 결심처럼 선명하지 않다. 새롭게 움직이려고 할 때마다 먼저 만나는 건 줄곧 내 몸의 한계였다. 돌처럼 굳은 근육이 몸을 수축시키고, 갈비뼈 주변의 근육이 굳어서 숨 쉬기조차 힘든 순간에는 춤이란 건 내게 헛된 꿈인 것만 같다. 얼굴과 목과 코를 조이는 통증 때문에 잠을 설치는 일상에, 마음의 의지로 통제할 수 없는 아픔에 무력해지는 순간이 여전히 찾아온다.

    여러 마음이 뒤섞여 수시로 요동친다. '완전한 치유로부터의 자유'를 원하면서도 '완전한 치유'를 바라며 눈물짓는 순간이 있다. 질병과 잘 동행하려는 마음이 지긋지긋한 통증이 멈추길 원하는 마음을 완전히 몰아내지는 못한다. 나만의 리듬으로 가볍게 춤을 추는 법을 터득한다고 해도 삶의 무게에 짓눌려 꼼짝 못하는 때가 찾아온다.

하지만 이제 흔들리는 마음 때문에 자책하거나, 슬픔을 이유로 삶 전체를 비난하지 않으려 한다. 중요한 건 흔들리지 않는 것이 아니라 흔들리며 견고해지는 것이다. 흔들리고 무너졌던 시간만큼 삶을 지탱하는 힘도 함께 커졌다. 나의 삶과 타인의 삶이 씨실과 날실처럼 촘촘히 엮여 추락하는 마음을 받쳐준다. 아픈 가운데 내딛었던 걸음과 함께했던 시간이 버팀목이 되어준다. 이제 아픔과 불안과 슬픔을 제거하려 애쓰기보다, 그 모든 것을 삶으로 끌어안고 나아가는 한 걸음 한 걸음에 집중한다.

외면하던 스스로를 응시한다. 귀를 열어 흐르는 곡조와 리듬을 느낀다. 호흡을 고르고, 어깨에 힘을 뺀다. 아랫배에 힘을 주고 중심을 들어 올린다. 발로 단단하게 땅을 딛고 팔은 자유롭게 공간을 가른다. 나만의 호흡과 리듬과 표정과 몸짓을 허공에 새긴다.

춤추고 싶은 마음이 춤추는 몸이 되고 춤추는 삶이 될 때까지. 나의 춤이 우리의 춤이 될 때까지.

다시 글을 쓰기로 하며

> 다리아

버스에 올라탄 아주머니는 ○○약국이라고 새겨진 봉지를 들고 있었다. 아주머니가 내릴 때까지 약으로 가득 찬 봉지를 손에 꼭 쥐고 있는 옆모습을 계속 바라봤다. 사는 게 하찮다는 생각이 들었다.

왼쪽 배에서 덩어리가 만져졌다. 자궁경부암 건강검진도 받아야 해서 겸사겸사 산부인과에 갔다. 의사는 덩어리가 난소낭종 같다고 여기면서도, 위치가 너무 위쪽이라 긴가민가하는 눈치였다. 대장 문제일 수도 있다고 했다. CT를 찍어봐야 정확하게 알 수 있을 것 같았다. 그렇게 혹의 정체는 밝혀지지 않았고, 의사는 질염을 치료하러 이틀 더 나오라고 했다.

덩어리에 대한 의문이 풀리지 않아 계속 찜찜했다. 대

장에 문제가 생긴 것은 아닌지 걱정됐다. 불안한 마음에 왼쪽 아랫배 혹, 대장암 같은 단어를 검색했다. 정체를 몰라 불안한 것보다 뭔지 알고 걱정하는 게 낫겠다 싶어 CT를 찍을 수 있는 병원 내과에 예약을 잡았다. 검사 결과 난소낭종이 재발했다고 했다. 다시 산부인과로 갔다. 이미 수술을 전제하고, 복강경으로 수술하기 애매한 위치라서 난감해하는 의사에게 "혹이 작아지거나 사라질 수도 있지 않나요?"라고 물었다. 의사는 이건 그런 혹이 아니라고 단호하게 답했다. 혹이 악성인지 확인하는 검사를 위해 피를 뽑고 병원을 나섰다.

한숨이 절로 나왔다. 산부인과 진료를 보기 전 내과 의사는 CT에서 장염이 보인다고 했다. 한 달 전에 한 위내시경 검사에선 위염 진단을 받았다. 여기에 질염까지…… 이런 염증들이 만성처럼 발병과 회복을 반복한 지 오래지만, 이렇게 한꺼번에 발견된 적은 처음이었다. 그래도 여기까진 한숨 정도로 끝낼 수 있었다. 하지만 수술을 받으라는 말은 달랐다.

스스로를 다독이며

이틀 동안 눈물을 머금은 채 보냈다. 누군가 툭 건들기만 해도 눈물이 뚝뚝 떨어질 것 같아서 아무 말도 할 수 없었다. 8년 전 일이 떠올랐다. 왼쪽 배가 부풀어 올랐다. 당시에도 내과를 먼저 찾았다. CT 결과 난소낭종인 것을 알게 돼 산부인과로 갔다. 혹이 너무 커서 바로 수술을 해야 한다는 의사 말을 그대로 따랐다. 왼쪽 난소는 30~40퍼센트, 오른쪽 난소는 60~70퍼센트를 남기고 혹을 잘라냈다. 내과를 먼저 찾아 CT를 찍은 것도, 수술하라는 말도 어쩜 그때와 이렇게 비슷할 수가. 집에 돌아와 식탁에 멍하니 앉아 있으니 머금고 있던 눈물이 떨어졌다.

살아 있는 것부터 시작해서 모든 것이 성가시게 느껴졌다. 길고 무거운 머리카락도. 욕실 바닥에 신문지를 깔고 머리카락을 가위로 쓱쓱 잘랐다. 목 근처 머리카락이 들쑥날쑥했다. 고르지 않은 머리 모양에도 개의치 않았다. 한결 가벼워졌다. 그게 중요했다. 가벼워졌다는 것이.

8년 전처럼 경황없이 수술을 받지 않겠다고 마음을 먹었다. 경험상 수술을 받고 나면 체력이 급격히 떨어진다. 회사생활을 제대로 할 수 있을지 미지수다. 그렇기 때문에 우선 내 건강 상태와 주변 상황, 원하는 것을 차분하게 정리하기로 했다. 그러나 차분해지기는커녕 왜 낭종이 또 생겼는지 이유를 분석하느라 생각이 꼬리에 꼬리를 물고 이어졌다. 남편에게 병원에서의 일을 전하며, "일 그만둘까?"라고 말했다. 일 때문에 받은 스트레스가 원인일 수 있겠다는 생

어두운 색의 나무 의자에
앉아 오른손에 든 꽃다발
로 얼굴을 가린 다리아.
뒤로 머리를 묶은 그의
그림자가 흰색 벽에 비춘
다. 의자와 비슷한 색의
원피스와 검은색 양말.

ⓒ 시사IN

각이 들어서다. 충분하지 못한 수면, 바르지 않은 자세, 먹은 음식들…… 이런 것들을 돌이켜보다가 이내 고개를 저었다. 어차피 알아낼 수 없는데도 자꾸만 원인 찾기에 몰두하다보면 원망과 자책에 빠지게 마련이다. 생각 자체를 하지 말자. 질병이 있는 것만으로도 힘든데, 스스로를 괴롭히지 말자고 다짐한다.

대신 나의 질병서사를 정리하며 쓴 글을 떠올렸다. 글쓰기는 살면서 아픈 것은 자연스러운 일임을 받아들이고, 건강한 몸에 대한 압박을 성찰하고, 아픈 사람에 대한 사회적 편견을 마주하는 과정이었다. 배우로 참여한 〈아파도 미안하지 않습니다〉 연극을 떠올렸다. 우리가 직접 쓴 대사들, 무대에 오르기 바로 전까지도 고치고 다듬던 모습, (한 해가 지나) 다시 더운 계절이 오니 더욱 생생해지는 지난해 여름의 연습실 풍경. "완전한 치유가 아닌, 완전한 치유로부터의 자유를 원한다"는 나드의 마지막 대사를 곱씹으며 스스로를 다독였다.

질병이 있는 보통의 일상

요즘 부쩍 질병과 의료비에 관해 남편과 자주 이야기를 나눈다. 얼마 전 남편은 치과에서 490만 원을 결제했다. 임플란트 비용이다. 거금을 카드로 긁으면서 우리에게 감당할 돈이 없었다면 어떻게 됐을까를 이야기했다. 남편은 앞니가 없는 상태로 살아야 했을까. 건강보험도 적용되지 않는데, 이런 목돈이 없는 사람들은 치과 치료를 어떻게 받을까. 다행히도 지금은 돈을 낼 수 있지만, 다음번에는? 앞으로 비슷한 일이 일어날 가능성이 점점 커질 텐데, 또다시 큰 비용을 내고 치료를 받을 일이 생기면 그때는 상황이 다를 수도 있다. 질병은 때로 삶을 뒤흔든다.

나이가 들수록 삶에서 질병이 무거운 존재가 되고 있다. 이번 여름휴가 5일 내내 진료를 받으러 다녔다. 앞으로 더욱더 병원과 약, 건강식품, 운동, 의료비에 대한 대화가 많아질 것이다. 몸 여기저기가 아픈 것이 일상이 된다고 해도, 결코 아무렇지 않게 넘어가지지 않는다.

나의 질병서사를 돌아보고, '아파도 미안하지 않은' 연극을 하면서 삶에서 질병을 자연스럽게 받아들이게 됐다고 생각했는데, 막상 다시 수술을 받으라는 말을 들었을 때는 모든 과정이 초기화된 것 같았다. 후회하고, 스스로를 미워하고, 삶을 원망하고, 우울해했다. 내가 나의 질병에 대해 쓴 문장을 애써 떠올리고 나서야 미움을 거둘 수 있었다. 눈을 감은 채, 함께 땀 흘리며 연습했던 지난해 여름을 그리고 나서야 원망에서 벗어날 수 있었다. 나는 다시 글을 쓰기로 한다.

CT 결과 그 혹이 난소낭종이라는 것을 확인하고 다시 산부인과에서 초음파를 봤다. 진료실 의자에 다리를 벌리고 드러누웠다. 의사가 질 안으로 넣은 기구를 움직이자 무척 아팠는데도 내 입에선 아무 말도 나오지 않았다. 나는 사라지고 싶었던 것 같다. 그 순간 몸에 힘이 잔뜩 들어가 있다는 것을 알았다. 누운 자리 바로 위에 있는 에어컨 바람 때문에 추워서였을까, 8년 전에 이미 잘라내서 얼마 남지 않은 난소가 다시 혹이 된 것에 절망해서였을까. 몸에서 힘을 빼려고 애썼다.

이 병원과 저 병원을 오가며 느꼈던 것들, 떠오른 생각들을 적는다. 이런 개인적인 경험을 누가 알고 싶어 할까. 연극 무대에 오르기 전에도 가장 많이 했던 생각이다. 평범하기 그지없는 이런 이야기들을 굳이 기록할 필요가 있을까. 그리고 그걸 다른 사람에게 보여주는 게 무슨 의미가 있을까. 아픈 사람들의 이야기를 사람들이 과연 좋아할까.

조: 가족이 티격태격하고 웃고 하는 이야기를 누가 읽겠어? 중요할 것도 없는 얘기잖아.
에이미: 그런 글들을 안 쓰니까 안 중요해 보이는 거지.
조: 글은 중요성을 반영하지, 부여하진 않아.
에이미: 계속 써야 더 중요해지는 거야.

—영화 〈작은 아씨들〉(2019) 중에서

이전까지 아픈 사람들의 이야기는 단 두 종류였다. 주로 병을 이겨냈거나, 아니면 비극적인 결말을 맞거나. 가족들이 울고 웃는 이야기가 이제는 흔하고 중요한 주제가 되었듯이, 질병이 있으면서도 보통의 일상을 사는 이야기가 점점 더 세상에 드러났으면 한다. 그래야 그 이야기들이 더 중요해지고, 사회가 아픈 몸에 귀를 기울이게 될 테니까. 그렇게 되면 질병 때문에 삶이 흔들리는 일이 적어질지도 모른다.

아픔에 매몰되지 않기 위해

피 검사 결과는 양성이었다. 악성이 아니더라도 의사는 혹시 꼬이거나 터져서 복막염을 일으킬 수 있으니 수술을 해야 한다고 했다. 8년 전에도 들었던 말이다. 나는 수술하지 않겠다고 했다. 6개월 뒤에 다시 검사하기로 하고 병원을 나섰다. 이틀 전처럼 더는 눈물을 머금은 채가 아니었다. 지금 내가 할 수 있는 건 그저 일상을 살아내는 것. 그러나 그게 편안해지기까지는 시간이 걸릴 것 같다. 조금만 더 우울해하기로 한다.

남편은 내가 쓴 글에서 우리가 매우 불행하게 살고 있는 것처럼 보인다고 했다. 그러나 우리는 자주 장난치고, 농담하고, 웃는다. 사실 행복한 순간이 더 많다. 당장은 수술을 받지 않겠다고 결정할 수 있었던 것은 이번이 처음 겪는 일이 아니기 때문일 것이다. 그러나 그보다 더 결정적인 이유는 질병이 있어도 삶의 중심을 잃고 싶지 않아서다. 당분간은 난소의 혹 때문에 흔들리더라도, 조만간 다시 중심을 잡을 수 있겠지.

언젠가 나도 약으로 가득 찬 봉지를 들고 버스를 타게 될지도 모른다. 그렇다 한들 삶이 하찮을 이유는 없다고 스스로에게 말한다. 낭종이 있는 부위가 이따금 쿡쿡 찌르듯 아파도, 숨을 크게 쉬며 '괜찮아' 하고 말한다. 아프다는 것에 매몰되지 않기 위해, 나의 질병서사 그리고 〈아파도 미안하지 않습니다〉 무대를 되새긴다. 그리고 그게 정말 위안이 된다.

아파도 미안하지 않은 연극

안희제

이번 연극 준비는 다양한 사람들이 함께하는 공동체를 만드는 과정이었다. 연습 과정에서 우리는 각자의 삶을 돌아보며 그것으로 세상에 무엇을 전달할지 고민했고, 서로의 삶에 들어가려 애쓰면서 다른 아픈 이의 삶을 조금씩 상상해보았다. 한마디의 대사를 위해서는 한 사람의 삶과 그걸 회피하지 않으려는 나의 의지가 필요했다. 빠빠는 대사보다 상황을 강조했고, 그 상황에 자연스럽게 녹아들라고 제시했다. 연극이 끝난 지금까지도 잘 알지 못하는 서로의 삶은 연습실에서 펼쳐졌고, 여러 사람의 기억과 감정이 얽힌 재연과 재해석이 이어졌다.

그렇게 우리는 여섯 개의 삶을 해석하고 재구성하면서 하나의 흐름으로 만들어 함께 이야기를 써나가는 공저자[*]가

되었다. 공저자가 되는 과정에서 우리는 서로에게 무엇을 해주고 또 받았을까. 우리가 함께이기 위해서는 무엇이 필요했을까.

연극을 준비하면서 나는 처음으로 질병이 환대받는 경험을 했다. 나는 초반 연습에서 두 번이나 빠졌지만, 별로 눈치가 보이지 않았다. 첫 연습에 가기 어려울 것 같다고 당일에 메일을 보냈을 때, 수시로 상태가 변하는 아픈 몸을 이해해주는 답장을 받았기 때문이다. 나보다 먼저 메일을 쓴 사람 덕택에 나 역시 메일을 쓸 용기를 낼 수 있었다.

연습에 가서도 아픈 몸은 어색하거나 거슬리지 않았다. 연습을 본격적으로 시작하기 전 요가매트에서 몸을 풀 때는 내 몸 어디가 뭉쳤고 아픈지 관찰했다. 나드는 재활 과정에서 오랫동안 배운 운동으로 다른 이들의 몸 풀기를 도와주었고, 근육이 뭉쳐서 힘들어하는 사람이 있으면 가서 근육을 풀어주기도 했다.

몸 풀기가 끝난 후에도 요가매트 하나쯤은 치워지지 않

※ 여기서 '공저자'의 개념은 김원영의 책 《실격당한 자들을 위한 변론》에 빗지고 있다.

고 그대로 놓여 있어서, 누구든 원할 때 누워서 쉴 수 있는 자리가 되었다. 나는 종종 그 위에 앉거나 누웠고, 다른 이들도 그랬다. 넓은 마룻바닥 구석에 펼쳐진 요가매트는 언제든 누울 수 있다는 규칙을 반영하는 듯했다. 요가매트가 주던 그 묘한 안정감이 그립다.

방석

베개로 쓰라며 방석을 살짝 말아서 머리 쪽에 놓아주던 목우와 앉은 자리가 딱딱해서 불편한 나에게 방석을 건네주던 재가 떠오른다. 자주 아파서 걸핏하면 요가매트나 바닥에 누워 있던 나에게 사람들은 방석을 가져다주었다. 때로는 내 염증이 바닥에 닿지 않도록, 때로는 누운 내 머리가 조금 더 편할 수 있도록.

그런 배려는 태어나서 처음 겪었다. 한 번도 아픈 사람들의 공동체에 있어본 적이 없었던 데다가, 인권을 주제로 모인 이들 사이에서도 질병을 자연스럽게 배려하는 사람을 만난 적이 없었다. 나를 대놓고 차별한 사람들이 많지는 않았지만, 대부분은 아픈 몸 자체를 어색하게 느꼈고, 눈앞의 사람이 아픈 상황이 낯선 듯했다. 하지만 이곳에서는 누구도 나를 '젊은 남성'이라는 이유로 건강하다고 속단하지 않았고, 엄살을 부리는 게 아닌지 장난으로라도 묻지 않았다. 그들은 그저 방석을 건네주었다. 어설픈 농담으로 '분위기를 되살리기'보다는 아픈 동료의 곁에서 무엇을 도울 수 있을지 고민했다.

연습이 끝나고 첫 리허설을 앞두고 있을 때, 내 염증은 여느 때와 같이 어느샌가 사라졌다. 생기는 시기와 이유도, 사라지는 시기와 이유도 알 수 없는 염증. 하지만 염증이 없을 때도 딱딱한 데보다는 푹신한 데 앉는 것이 낫다. 집에서는 치질이나 치루가 있는 사람을 위한 방석을 사용하기도 한다. 빠빠는 나에게 방석이 필요한지 물었고, 그 후에는 모두에게 방석이 있는 것과 없는 것 중 어느 쪽이 나은지 묻고, 보기에 어색하지 않도록 모든 의자에 방석을 깔았다. 방석이 없는 게 더 편하다던 다리아도 방석을 까는 데에 찬성했다.

앉은 채로 1시간 넘게 자유롭게 움직일 수 없는 자리에서, 연극 내내 방석은 나에게 위안이 되었다. 그런 사소하고 간단한 편의를 지원받을 때, 나는 우리가 함께라고 느꼈다. 다른 어디서도 느끼기 어려웠던 감각.

나뭇결이 보이는 무대 위에 의자에 앉아 대
본을 든 수영이 환한 조명을 받으며 조명 바
로 바깥에 있는 무대감독과 대화를 나눈다.
뒤로는 하얀 스크린과 의자에 앉은 쟤, 목
우, 다리아.

배우들은 무대에서 몸이 뜻대로 움직이지 않거나, 갑자기 증상이 나타날까봐 걱정했다. 연극 직전까지 근육통이 생기거나 몸이 저린 사람도 있었고, 나 역시 두통과 복통이 자주 생겼다. 긴장은 몸을 더욱 예민하게 만들었다. 서로 응원하고, 대화를 나누고, 웃으며 이야기해도 이런 무대에 서 본 적 없는 우리로선 마음을 편히 먹기가 어려웠다. 몸도 쉽게 편해지지 않았다. 1시간 반 남짓의 연극을 대체 어떻게 무사히 마칠 수 있었을까?

공연 전날 처음으로 무대에서 리허설을 진행했고, 무대 조명도 처음으로 경험했다. 조명은 생각보다 뜨겁고 밝았다. 조명 때문에 선크림을 발라야 한다는 이야기까지 들었다. 조명이 동그랗게 비추는 곳에 발을 딛고 고개를 들었더니 객석이 거의 보이지 않았고, 눈이 부셨다. 시야의 위쪽에 하얗게 반짝이는 안개가 낀 것 같았다. 고개를 약간만 더 움직여도 눈을 깜박여야 할 만큼 밝았다.

이런 조명을 처음 겪는 우리는 모두 눈이 부시다고 말했고, 한 배우는 조명을 줄일 수 없냐고 묻기도 했다. 그는 빛이 갑자기 강하게 들어오면 발작이 일어날 수 있다고 말했다. 무대를 준비하던 스태프들은 처음에 잠시 당황했지만, 곧 방법을 찾았다. 조명을 천천히 넣고, 조명의 강도를 낮추었다. 무대감독과 조명 스태프들은 조명을 조절하면서 배우에게 조명이 어떤지 물었고, 이 과정은 배우가 괜찮다고 대답할 때까지 이어졌다.

그렇게 조정된 조명은 40퍼센트의 밝기로, 5초에 걸쳐 서서히 켜졌다. 우리 모두는 함께 무대에 오를 수 있었고, 조명 아래서 빛날 수 있었다. 딱 기분 좋을 만큼 눈이 부셨다. 기어코 아픈 몸들이 무대에 올랐다.

아파도 미안하지 않으려면

둘째 날 연극이 끝났을 때, 배우들과 연출자 빠빠가 함께한 토크쇼에서 빠빠는 이번 연극을 하기 전에 자신도 연극배우를 건강한 모습으로만 상상했었다고 말했다. 오전 10시부터 오후 10시까지 매일 이어지는 연습에 성실하게 참여할 수 있는 건강한 몸. 그래서 (정작 두 번 빠진 나는 잘 몰랐지만) 결석에 태연하게 반응하는 데에도 큰 노력이 필요했다고 말했다.

생각해보면, 나부터 '아픔'을 별도로 다루어질 하나의 요소로 생각했을 뿐 연극의 인물 역시 언제든 아플 수 있다고는 생각하지 못하고 있었다. 나 역시 인물의 기본값을 건강한 사람으로 설정해두고 있었던 것이다. 누군가 발을 잘못

디디거나 기침하는 것을 보게 되면 실수라고 생각했지, 그역시 연극의 일부일 수 있다고는 생각지 못했다. 즉 완성도를 위해 질병과 그 증상은 없어야 하는 요소라고 생각했다.

하지만 이번 연극은 달랐다. 배우가 모두 아픈 사람들이었기에, 아픈 몸이 기준이었다. 무대에서 갑자기 통증이 오면 어쩌나 걱정하는 배우들에게 연출자는 아프면 아픈 대로 자연스럽게 있으면 된다고 했다. 통제할 수 없는 몸이 연극에 자연스럽게 등장해도 된다는 이야기는 긴장과 부담을 덜어주어 오히려 배우들의 연기에 도움이 되기도 했다. 나는 아픈 연기를 하다가 정말로 좀 아픈 적도 있었는데, 그때도 '이 김에 메소드 연기를 해볼까' 정도로 생각했을 뿐이었다. 비슷한 이유에서 염증이 사라지지 않아도 상관없다는 생각도 했다. 무대 아래의 환경도 내게 안도감을 주기 충분했다. 공연 때 배치된 문자 통역과 수어 통역은 배우의 목소리가 잘 나오지 않을 때 사람들에게 대사를 전달하는 보조 수단이 되기도 했다.

연습에 빠질 때도, 누워서 쉬다가 깜빡 잠이 들었을 때도, 무대에서 아픈 연기를 하다가 정말 아파도 내가 당황하거나 미안해하지 않았던 이유는 무엇이었을까. 그래도 괜찮다고 해준 사람들 덕분이었다. 아픈 게 내 잘못이 아니라고, 아파도 움직일 수 있고 세상에 내 이야기를 할 수 있다고 말해준 사람들 덕분이었다. 아픈 사람들이 쉴 수 있는 공간에서 이 모든 과정이 진행되었기 때문이었고, 연극 속의 인물들도 아픈 인물들이었기 때문이었다.

아픈 몸이 기준이 되어야만 아파도 미안하지 않을 수 있다. 요가매트, 방석, 그리고 5초 동안 들어오는 40퍼센트의 조명이 있다면, 연극을 준비하면서도 아파도 미안하지 않을 수 있다. 함께 이야기하며 질병서사의 공저자가 되는 일은 세상의 기준을 나의 몸, 우리의 몸으로 바꾸는 일이다. 아파도 미안하지 않은 이 연극을 준비하며 내가 경험한 건 새로운 세상이었다.

아파도 미안하지 않았기 때문에

연극을 준비하면서, 그리고 연극이 끝난 후 나에게는 아주 큰 변화가 생겼다. 바로 외출이다. 코로나19가 유행하기 시작한 이후로 나는 거의 5개월 동안 칩거에 가까운 생활을 하며 지냈다. 이따금 집밖을 나가더라도 아버지 차에 타고 창문을 열어 바람을 쐬는 정도였다. 바깥에서 돌아다니더라도 대중교통만큼은 꼭 피했다. 중요하거나 소중한 약속도 모두 미루거나 취소했다.

연극 연습에 갈 때도 초반에는 거리가 멀지 않아 아버지가 왕복을 도와주었지만, 연습 장소가 바뀌면서 내가 혼자 움직여야 하는 상황에 부딪혔다. 연습을 그만둘까 고민도 했다. 코로나19 이후 나는 지하철을 단 한 번도 타지 않았고, 버스도 한두 번이 전부였다. 면역억제제를 복용하는 나에게 혼자 하는 외출은 큰 도전이었다. 나는 도전해보겠다고 결심했다.

아버지의 차로 서울역까지 이동해, 떨리는 마음으로 4호선을 탔다. 걱정과 달리 어중간한 시간대여서 그랬는지 사람이 거의 없었던 데다, 다들 모두 마스크를 착용하고 있었다. 그다음 번에는 혼자서 버스를 타고, 지하철로 갈아탔다. 그렇게 코로나 이후 나의 첫 외출다운 외출이 시작되었다. 연극이 끝나고도 나는 휴식 기간을 가진 후 친구들을 만나러 나갔다. 폭우가 쏟아지는 날만 아니라면 꼭 나갔다. 사람을 만나는 게 이토록 즐거운 일임을 뒤늦게 깨달았다.

정도의 변화는 있지만, 여전히 코로나19는 큰 위협이었다. 그런데도 내가 사람들을 만날 용기를 낼 수 있었던 건 내게 아파도 미안하지 않은 관계를 건네준 사람들 덕분이었다. 질병이 외면되거나 무시당하지 않고, 오히려 환대받는 관계들이 나에게 힘을 주었다. 무엇보다도 아플 때 구체적으로 어떤 도움이 가능한지, 나에게 무엇이 필요하며 나는 다른 사람에게 무엇을 해줄 수 있는지 알게 되었다. 혼자 고민할 때는 막연하던 '질병권'*이 현실 속의 구체적인 공간과 손짓으로 다가오자, 다른 사람들과 함께 있을 때 내가 무엇을 요구할 수 있는지도 더욱더 피부로 와닿았다. 나에게 필요하지만 정작 어떤 모습인지는 몰랐던 관계가 눈앞에 펼쳐지기 시작했다.

우리의 이야기, 우리의 변화

'역량강화empowerment'라는 말이 있다. 이외에도 다양하게 번역되지만, 기본적으로는 누군가에게 힘을 준다는 의미이다. 역량강화에 대한 한 논문은 이 연극이 내게 준 힘을 이해하도록 해주었다. 이 논문은 HIV 감염인 당사자들의 참여와 역량강화를 내세운 〈한국 HIV 낙인 지표 조사〉의 사례에 주목한다. HIV 감염인 당사자들이 직접 조사에 참여하고, 조사원이 될 수 있도록 활동가, 학계 전문가들이 함께한 덕에 당사자들은 자신의 낙인을 이해하고, 해석하고, 더 나아가 다른 이들의 경험 또한 듣고 해석할 수 있게 되었다. 이처

※ 질병권은 "건강권을 포함하지만 초점이 다르고 좀 더 확장된 개념"이고, "질병을 중심에 배치하고, 아픈 몸을 사회의 기본 몸으로 설정하며, 질병을 겪는 상태도 삶의 '정상적' 시기로" 이해하는 방식이다. 조한진희, 〈우리 시대 건강권을 넘어, 질병권疾病權을 제안하다: 질병권을 통한 상상력〉, 《2020 한국문화인류학회 추계 학술대회 자료집》, 2020, 173쪽.

럼 당사자들은 자신과 타인의 경험을 사회구조와 연관지어 이해함으로써 자신에게 필요한 것들을 '권리'라는 측면에서 인식하게 되었다.[**]

우리가 함께 만든 연극도 그랬다. 아픈 사람들은 자신의 몸을 느낄 뿐, 그에 관해 말하지 못했다. 아니, 정확히는 말할 자격이 없다고 여겨졌다. 말과 판단은 '전문가'만의 몫이었다. 하지만 이 연극을 만들면서, 아픈 몸들은 직접 말하는 주체가 되었다. 그리고 그 과정에는 우리를 판단하기보다 우리와 함께하려 한 연극 전문가들이 있었다. 연극을 만들고, 연출하고, 직접 수행하는 사람들과 무대를 꾸미고 구성하는 수많은 스태프가 아픈 사람들이 무대에 서려면 무엇이 필요한지 함께 고민했다. 연극을 잘 아는 사람과 그렇지 않은 사람, 아픈 사람과 그렇지 않은 사람이 모두 모여 '아픈 연극'을 만들어낸 것이다.

아픈 사람들은 연극이 만들어지는 과정을 이해하면서 자신의 이야기를 그 형식 안에 녹여내기 시작했고, 연극을 통해 아픈 몸들이 말한다는 게 어떤 의미인지 알아가기 시

[**] 서보경, 〈역량강화empowerment라는 사회과학의 비전〉, 《경제와사회》 116, 2017, 332~366쪽. 나는 한국형평성학회 2020 추계 학술대회에서 진행된 김향수의 '만성통증 질병서사를 통해 본 가족과 돌봄의 문제' 강연에 토론을 준비하면서 이 논문과 연극 경험을 연결할 수 있었다.

작했다. 그리고 연극을 만드는 과정에서 조명의 조도와 속도는 어때야 하는지, 동료 배우가 아플 때는 무엇을 해주면 좋은지 알아가면서 구체적인 질병권의 실천들을 몸으로 배우기 시작했다. 우리는 서로의 연극에 참여하며 말투나 대사를 조금씩 바꾸기도 하면서 다른 아픈 사람의 이야기에 적극적으로 개입하고, 아픔의 사회적 맥락을 전달하는 데에 효과적인 방법을 함께 고민했다.

연극이 끝난 후 어떤 이는 글을 썼고, 어떤 이는 더 자주 외출했고, 어떤 이는 직장에 자신의 질병을 밝혔고, 어떤 이는 다른 아픈 사람들과 이야기를 나누며 더 나은 세상을 고민했다. 말로는 코로나19의 끝을 바라지 말자고 하면서 내심 코로나19 이전의 산책과 영화관과 전시회를 끊임없이 추억하던 나는, 그 말에 책임지려고 노력할 용기를 얻었다. 외면하고 싶었던 지금의 상황에 적응하고자 화상 회의 프로그램으로 사람들과 만나서 놀고, 세상이 안전해지면 필라테스를 다시 등록하러 가겠다는 핑계는 접어두고 집에서 드디어 운동을 시작했다. 먼저 연락하는 걸 어려워하는 내가 오랫동안 이야기 나누지 못한 사람들에게 연락해서 안부를 나누었다. 아픈 사람들, 그리고 아픈 사람들의 곁에 선 사람들과 함께한 시간 덕택에 이런 용기와 의지가 생겼다.

아파도 미안하지 않은 연극을 만들면서 비로소 아파도 미안하지 않다는 말이 손에 잡히기 시작한 것 같다.

재

아픈 몸에게 꼭 필요한 임금노동

고용센터 직원: 아니 아픈 사람이 왜 일을 해요?

나: 이번 달 약값만 얼마 나왔는지 아세요? 비보험이라 360만 원 나왔어요. 그 돈은 어디서 나오는데요? 나라에서 대주나요? 왜 굳이 일을 하다니요? 돈이 있어야 치료를 할 거 아니에요!

고용센터 직원: (머쓱해하며) 아…… 네. 알겠습니다. 신청 통과되면 다시 연락드릴게요.

나: (힘이 빠져 한숨 쉬며) 감사합니다.

—연극 중 '재'의 에피소드에서

연극에서처럼 내가 일을 하겠다고 하면 대부분의 사람들은 '서두르지 말라'고 이야기하거나 '아직 일하기에 이른 건 아닌지' 우려했다. 한국사회에서 일하기 위해서는 건강과 체력을 갈아 넣어야 한다는 전제가 그만큼 강력한 게 아닐까.

하지만 내게 암을 치료하는 것보다 더 중요하고도 두려운 것은 내 삶을 스스로 꾸릴 수 있는지 여부이다. 장기적인 관점에서 볼 때 이를 실현하기 위해서는 당연히 얼마간의 돈과 장기적인 임금노동이 필요했다. 연극을 마친 후에도 여전히 아르바이트와 비정규직을 전전하고 있지만, 한 가지 달라진 것이 있다. 아픈 내 몸을 탓하지 않고, 내가 할 수 있는 일들의 필요성을 이야기하게 되었다는 것.

유방 절제 수술이 끝난 지 한 달쯤 되었을 때, 오랜 병원생활을 끝내고 집으로 돌아왔다. 진단을 받고 나서 6개월도 더 지나서였다. 내게 치료는 어차피 평생 해야 할 일이었다. 병원 밖으로 나와 스스로를 돌볼 수 있을 정도의 체력을 만드는 것이 필요했다. 무엇보다 나는 병원생활의 한계에 도달한 상태였다. 치료 외에 내 힘으로 일상을 꾸리는 삶이 너무나 절실했다. 오랜 병원생활이 남긴 짐 한가득을 들고 집으로 돌아왔을 때 나를 기다리고 있던 건 집을 비운 사이 엉망이 돼버린 살림들이었다. 집 정리를 하는 데만 몇 달이 걸렸다. 컨디션이 좋든 좋지 않든 매일 집을 청소하고 장을 보고 내가 먹을 끼니를 요리하다보니 하루하루가 금방 지나갔다. 아무것도 하지 않은 것이 아니라, 내 삶을 오롯이 꾸리는 재생산노동에 힘을 쏟은 나날들이었다.

나는 나 스스로를 나름대로 잘 돌봤고, 비교적 안정된 암 생존자(지속적인 약물 치료로 전이된 부분의 암세포가 줄어들거나 커지지 않게 관리하는 단계)가 되었지만, 그와 무관하게 금전적인 어려움을 겪었다. 사보험을 통해 항암 치료와 방사선 치료를 받는 기간에는 어쨌든 금전적인 걱정 없이 지낼 수 있었다. 그런데 문제는 그 이후였다. 치료 방법이 적극적이지만 않을 뿐, 경구용 항호르몬제 및 항암제 처방과 이에 필요한 검사 때문에 한 달에 두어 번 정기적으로 병원에 가야 했다. 매번 수많은 서류더미를 제출했지만 보험사는 항암 치료, 수술, 방사선 치료 같은 직접 치료나 입원 치료가 아니라는 이유로 통원 치료에 충분한 금액을 지급하지 않으려 했다. 보험계약서를 뜯어보면 볼수록 보험사가 내게 보험금을 지급하지 않기 위해 얼마나 최선을 다하는지 알 수 있었다.

암 환자를 위한 국가와 지자체 지원금 또한 항암 치료나 방사선 치료 같은 초기 집중 치료에 모든 지원이 맞춰져 있었다. 보건복지부의 암보험 지원금 제도는 국가 암 검진에서 암을 발견해야 지원금을 신청할 수 있었고 오로지 치료에만 초점을 맞추고 있었다. 그동안 건강검진을 받을 심적, 시간적 여유가 없어 국가 검진을 받지 못한 데다가, 의료 수급자나 차상위계층도 아니어서 이런 제도들을 신청할 수조차 없었다. 수급의 기준이 어찌나 까다로운지. 프리랜서로 일하며 번 금액이 턱없이 적어 국민연금을 낸 기간보다 낼 수 없었던 기간이 더 길었는데, 그 때문인지 국민연금의 암 환자 장애연금 지원 자격에도 해당되지 않았다.

사보험이 있는 암 환자들이 어떻게든 요양병원에 입원해 치료를 받고자 하는 이유가 바로 여기에 있었다. 가장 많은 금액을 받을 수 있는 것이 암 환자 입원 치료 보험금이었던 것이다.

집중 치료 이후를 상상하기 어려운 제도

비급여 항목에 해당하는 경구용 항암제 치료를 받으며 지급받은 보험료를 대부분 소진하게 된 터라 당장의 생활비와 병원비가 필요한 상황이었다. 그래서 2020년 상반기부터 아픈 몸으로 할 수 있는 일을 찾아 부단히도 구직을 시도했다. 거주지에서 그리 멀지 않은 곳에 있으면서도, 일의 강도가 너무 세지 않은 사무직이나 정시 퇴근이 가능한 일이 내가 정한 조건이었다. 조건이 그렇게 까다로운가 싶기도 했지만 내겐 당연한 것들이었다. 하지만 이런저런 조건을 달자 내가 선택할 수 있는 일은 매우 한정적이었다. 아픈 몸을 가진 30대 여성으로서 그동안 해온 일이 아닌 새로운 직종을 구하는 것 자체도 쉽지 않았지만, 엎친 데 덮친 격으로 코로나19가 전 세계를 강타했다. 경제가 큰 타격을 입고 고용이 불안정해지자 단순 사무직 아르바이트 자리를 구하는 것마저 힘들어졌다.

두 달, 늦어도 세 달 정도면 적당한 일을 구할 수 있을 거라고 생각했던 구직 활동은 6개월 이상 이어졌다. 고용노동센터에서 운영하는 '취업성공패키지' 프로그램에 지원해 속기사 자격증 과정을 수강하면서도 생활비와 치료비에 대한 압박에 지속적으로 구직을 시도했다. 수십 번의 면접을 봤지만 알바 자리 하나 구하기 어려웠다. 그러는 사이 봄이 가고 여름이 왔다. 덥고 습한 여름 날 여기저기 면접을 보러 돌아다니는 것만으로도 고역이었지만, 면접이 쉬이 주어지는 기회가 아니었기에 어쩔 수 없었다. 열 번이 넘는 면접을 치르면서는 정말이지 아무런 보상 없는 노동을 지속하고 있다는 생각에 힘이 빠졌다.

팬데믹 시대의 잔혹함

게다가 어떤 면접에서든 매번 공백기에 대한 질문을 받

았다.

"일 사이에 공백기가 길던데, 이유가 무엇인가요?"

"한동안 몸이 좋지 않아서 집중 치료를 해야 했고, 그러다보니 쉬는 시간이 필요했습니다."

"몸이 꽤 안 좋았나 보네요. 이제는 다 나은 거죠?"

채용되기 위해 '일을 할 수 있을 정도로 회복되었다'고 대답하면서도 사실 스스로도 그토록 오래 일을 쉰 내가 이 험난한 팬데믹 시대에 잘 버틸 수 있을지 자신이 없었다.

"혹시 일을 하면서 평일에 휴가를 내거나 반차를 써서 병원에 갈 수 있을까요?"

"그 정도야 문제가 없죠. 그런데 병원에 얼마나 자주 가야 하는데요?"

결국에는 채용되지 않은 것이 수십 건이었다.

이런 일들이 자꾸 반복되자, 겉으로는 아픈 건 내 잘못이 아니라고 되뇌면서도 결국 아픈 나에게서 탈락의 원인을 찾게 되었다. 내가 아프니까, 내가 부족하니까.

봄이 지나 한창 습하고 더운 8월이 되어서야 겨우 공기관의 보관 문서를 아카이빙하고 정리하는 단기 파견직 업무를 구할 수 있었다. 속기사 자격증 과정은 내가 하고 싶었던 공부였지만, 오랜 시간을 투자해야 했다. 내겐 당장의 생활비가 우선이었던지라 자격증 과정을 배울 수 있는 '취업성공패키지' 프로그램은 결국 포기할 수밖에 없었다. 우선 이 일과 연극 준비를 겸해 필요한 생활비를 메우고 연극이 끝나면 다시 그다음을 준비하자고 스스로를 다잡았다.

노동력이 곧 건강과 등치되는 현실을 몸소 겪고 나니 사람들이 으레 말하는 '건강을 잃으면 모든 것을 잃는다'는 말이 뼈아프게 다가왔다. 일을 하고자 하는 의지가 있는 모든 아픈 몸들이 자립할 수 있도록 지원하는 제도와 임금노동 시스템이 있었더라면, 건강이 자본과 등치되는 사회가 아니었더라면, 이렇게 오랜 시간 어려움을 겪지 않아도 되지 않았을까. 건강을 잃은 사람들이 그 이상으로 다른 것을 더 잃지 않도록 하는 시스템이 필요하다는 것을 절감한 시간이었다.

일하는 기간에 코로나19 상황이 심각해지면서 상황은 훨씬 더 어려워졌다. 폐까지 암이 전이된 나에게 습한 날씨에 내내 마스크를 끼고 일하는 것은 고역이었다. 그러다 같은 건물에 확진자가 나타났고, 그 확진자와 엘리베이터에서 마주친 적이 있었다는 사실을 알게 되었다. 당시 질병관리본부는 수십 통의 전화를 걸어도 잘 연결되지 않았고, 내가 사는 지역 보건소에 꾸역꾸역 걸어 찾아가도 대상이 아니라는 이유로 검사를 받을 수 없었다. 보건소와 전화 연결이 되어도 따로 검사받으러 오라는 문자가 없다면 괜찮지 않겠냐는 애매한 답변만이 돌아왔다. 당장 내가 접촉자인지 아닌지 확실히 이야기해줄 곳은 없었다. 만약 내가 감염된 확진자였더라면 그 주말의 시간 동안 엄청난 무기력과 낙인의 공포에 시달려야 하지 않았을까. 게다가 인터넷을 검색하다 접하게 된, 해당 건물에서 확진이 되었다는 녹즙 배달원에 대한 악플들은 당시 정규직이 아닌 파견직으로 일하고 있던 나를 더 큰 두려움에 빠뜨렸다. 나 또한 그처럼 낙인의 굴레에 휩싸였을 테니까.

기저질환자로서 이 일을 계속하기 어렵겠다는 생각이 들었다. 게다가 외부 인력은 이런 위기 상황에서 그 누구보다 경계 대상이 되곤 한다. 확진자와 접촉한 적이 있는 사람으로서 '확진자가 되면 욕 먹어도 싼 죄인으로 전락'한다는 것을 간접적으로 경험하며 아픈 몸이 더욱더 고립되고 소외될 수밖에 없다는 것을 뼈저리게 느꼈다. 자연스레 나와 비슷한 경험을 했거나 실제 코로나19 감염으로 인해 차별받은 수많은 이들의 이야기에 귀를 기울이게 됐다.

막상 아픈 몸으로 노동을 해보니

그 이후 새로운 일을 찾았다. 일주일에 세 번, 사이버대학에서 조교 업무를 했다. 전에 하던 일보다 수월했지만 임금이 낮았고, 학기별로 계약을 갱신해야 하는 계약직이었다. 무난하게 업무를 이어갈 수 있을 거라고 생각했으나, 예상치 못한 컨디션 난조와 약 부작용 등으로 9~18시 근무가 생각보다 쉽지 않은 상황이 되었다. 아침에 일어나 출근을 준비하는 일도 어려웠고, 출근길에 계단을 오르다 숨이 턱 끝까지 차오르고 갑자기 어지럼증을 느껴 5~10분 정도 지각하는 일이 반복되었다.

코로나19 팬데믹이 심해지면서부터는 직원들이 번갈아가며 재택근무를 하게 되었고, 나는 일을 제대로 배우기도 전에 당장 혼자서 모든 것에 대응해야 하는 당혹스러운 상황에 빠졌다. 잘 모르는 것이 생기면 동료 선생님에게 일일이 전화해서 물어봐야 했다.

오랫동안 모니터를 바라보고 앉아 있는 것도 예전만큼 쉽지 않았다. 모니터의 글자가 눈에 잘 들어오지 않아서, 혹은 예전보다 깜빡하는 것들이 많아서 자잘한 실수가 잦았다. 업무용 노트에 최대한 상세하게 적어도 예상보다 완성도가 떨어지는 내 업무 수행력을 확인할 땐 엄청난 자책감이 몰려왔다.

나를 채용한 담당자는 내게 대체 어디가 얼마나 아프길래 그러는 거냐며 답답하다는 듯 따져 묻기도 했다. 하지만 나는 '저는 암 환자예요'라고 대답하지 못했다. 어디부터 어떻게 설명해야 할지 막막했다. 어떻게든 내가 이 일을 할 수 있는 사람이라는 것을 증명해야 하는 상황이었기 때문이다.

내 일상은 여전히 우왕좌왕이다. 연극에서의 절실하고 선명한 외침처럼 비혼을 선택한 30대의 아픈 몸으로 독립에 대한 의지를 다지다가도, 아직 그것을 실현할 현실적인 방법을 찾지 못했다는 불안함이 불쑥 올라올 때가 있다. 효율성의 측면에서 나는 뒤떨어지는 존재이다.

하지만 관객과의 대화, 그리고 인터넷 공간에 남겨진 연극 후기들을 살펴보면서 힘을 얻곤 한다. 아픈 몸을 경험하고 있거나 그런 몸을 돌보는, 혹은 의료의 바운더리 안에 있는 사람들이 보내온 공감의 피드백을 접하며 아픈 몸으로서 내가 원하는 삶의 방식이 무엇인지 알아가고 있다. 더 나아가 무엇이 그 실현을 가로막고 있는지에 대해서도 얘기할 수 있었다. 특히 한 유방암 카페에 올라온 나와 같은 병을 경험하고 있는 환우들의 공감과 추천의 후기를 읽었을 때는 내가 세상에 왜 나의 아픈 몸을 이야기하고 싶었는지 역으로 깨닫게 되었다.

내 주변인들은 나를 통해 그동안 한 번도 생각해보지 못했던 아픈 몸의 삶에 대해 구체적으로 생각할 기회를 얻었다고 이야기했다. 친구 혹은 가족들은 내가 어떤 고민을 가지고 있고 어떤 벽에 부딪히고 있는지 잘 몰랐는데, 이 기회를 통해 알게 되었다는 말을 해주었다. 그 반응들이 참 고

마웠다.

연극 배우들과 함께 주간지《시사IN》에서 인터뷰할 기회도 얻었다. 내가 가장 하고 싶었던 말을 정작 내가 일하고 있는 곳에서는 제대로 하지 못했다는 무거운 마음이 늘 있었는데, 이 인터뷰가 활자화된 덕택에 직장에 내 이야기를 건넬 수 있는 용기가 생겼다. 잡지를 가져가 동료에게 나의 상황을 설명할 수 있었다. 물론 그 이후로 특별히 달라진 것은 없다. 그래도 같이 일하는 동료들의 반응이 부정적이지 않았고, 나 역시 조금은 마음 편히 일할 수 있게 되었다는 데 만족한다. 불안해서 전전긍긍하며 보내지 않을 수 있다는 것만으로도 큰 위안이 되었다.

비극의 주인공이 아닌 노동의 주체로

조교일을 하며 그동안 깨닫지 못했던 나의 무지를 확인하기도 한다. 수업 조교로서 장애인 학우들의 필요와 권리에 대해 얼마나 피상적으로 이해하고 있었는지 깨달은 적이 있었다. 직접 학교에 나가 정해진 시간에 수강하는 방식이 아니어서인지 사이버대학에는 일을 하면서 학교를 다니거나 물리적인 이동에 제약이 있는 장애인들이 꽤 많이 등록해 있었다. 장애인들이 마땅히 이용할 권리가 있는 기회와 제도들에 대해 제대로 안내하고 설명하는 일이 생각만큼 쉽지 않았다. 내가 가진 언어는 너무 협소하고 제한적이었다. 한 번은 시각장애인인 학우에게 서류 제출을 요청할 일이 있었다. 전화상으로 설명하던 나는 그만 내 언어의 한계를 극복하지 못하고 해당 학우에게 "게시판 페이지 보이시죠?"라는 말을 내뱉고 말았다. 안일하고도 편협한 내 언어의 민낯이 드러난 순간이었다. 부끄럽기 짝이 없었다. 나 역시 다른 아픈 몸들, 장애가 있는 몸들을 비장애인의 관점에서 바라보고 타자화해왔음을 인정할 수밖에 없었다.

이런 일을 겪으며 연극의 팸플릿에 실린 기획의 글을 다시금 떠올리게 됐다. 그 글에는 내가 배우로 경험할 때는 잘 몰랐던 제작 과정의 원칙이 담겨 있었다. '인권'을 말하는 연극이라면 제작 과정에서도 인권이 보장되어야 한다는 당연한 원칙. 그 '당연한 원칙'이 우리 연극에서는 잘 지켜졌다.

하지만 지금껏 예술계에서 그 원칙은 그리 잘 지켜지지 못했다. 기획 단계에서부터 연극에 참여하는 모든 스태프들의 노동의 권리와 다양한 관객들이 공연장에 접근할 권리에 대해 고심하고, 문자통역이나 수어통역이 포함된 배리어 프리barrier free 공연을 보장하기 위해 노력한다는 것은 결코 쉽지 않은 일이다.

금전상의 제약이 크다는 이유로 이러한 것들을 잘 지키지 않는 것이 예술계의 현실이다. 인권을 위한 예술을 만드는 사람들은 정작 정당한 노동의 권리를 잘 보장받지 못하며, 때로는 심각하게 침해받는 일이 수두룩하다. 이건 내가 인권과 관련된 기획 스태프로 몇 차례 일을 하며 생생히 느낀 바이기도 하다.

우리 연극은 특히 스태프들의 노동권 문제가 잘 드러나지 않는다는 점에 주목하며 여러모로 노력을 기울었다. 스태프들의 임금을 법정 최저임금 이상으로 책정하고(전문 영역의 경우 업계에 형성되어 있는 금액을 존중하고), 계약 시 제시한 출퇴근 시간에 맞춰 작업을 진행한다는 것은 말처럼 쉬운 일이 아니다. 부족한 제작비 안에서 작품을 만들어야 하는 현실이 필연적으로 과로를 부르기 때문이다.

이런 당연한 일들이 지켜진 덕분에 나는 작업 내내 아픈 몸의 노동에 대해 곱씹을 수 있었다. 아픈 몸의 적정 근무 시간과 더불어 꾸준히 지속할 수 있는 노동의 종류와 환경이 보장된다면 얼마나 좋을까. 노동할 권리가 보장되어야 최소한의 경제적 기반을 꾸릴 수 있으니 말이다. '내 탓' 하지 않고 아픈 몸에 오롯이 집중하며 치료받고, 스스로의 몸을 돌볼 수 있도록 하는 최소한의 제도, 그것이 바로 일할 권리이다. 경제적 안정이 없이 마음 편히 치료와 돌봄에 임하는 것은 불가능한 일이다.

아픈 몸이라고 해서 비극의 주인공이 되어야 하는 것은 아니다. 이 공식을 깨려면 아픈 몸의 일할 권리를 반드시 확

무대 정중앙에 곧게 서서 뭔가를 말하는 재의 얼굴과 양팔이 모두 검은색인 티셔츠와 바지, 머리에 두른 터번과 대조되면서 조명에 더욱 환히 빛난다. 슬리퍼 사이로 보이는 그의 발가락들.

보해야 한다. 그동안 힘들어도 버티고 노력하라는 이야기만 주구장창 들어왔지만, 힘들게 일한 것에 비해 보람은 턱없이 적었다. 오히려 불안이 높아졌고, 우울증이나 정신쇠약을 겪는 것이 하나도 이상하지 않은 환경이었다. 하지만 그런 정신적인 문제들을 겪을 때조차 그저 내가 나약해서, 잘 버티지 못해서라고 생각했다. 잘 버티지 못해도 죽지 않고, 나 자신을 망가뜨리지 않은 채 나 자신과 내 주변을 소중히 여기고 돌볼 수는 없는 걸까.

생산성을 강요하는 사회에서 지치고 아픈 사람들은 이미 너무나 많다. 많은 사람들이 죽고 싶다는 생각이 들 정도로 힘들고, 아픈 줄도 모르게 아프다면 생산성과 건강 개념 자체를 바꿔야 하지 않을까. 인간의 모든 상태는 일시적이고, 건강 또한 그저 하나의 일시적인 상태일 뿐인데, 언제든 쉬이 변할 수 있는 것을 기준 삼는 일을 어떻게 옳다고 말할 수 있을까. 진짜 문제는 셀 수 없이 다양한 상태에 있는 존재들을 납작하게 평가하고, 생산성과 건강이라는 단 하나의 기준에 욱여넣으려고 하는 이 사회이다.

매번 수십 개의 서류더미로 가난을 증빙해도 작은 복지 혜택 하나 받을 수 있을지 알 수 없는 제도가 더욱 나를 지치게 한다.

나는 과연 비혼식을 할 수 있을까.

싸늘함 속에서도 나는 보았지,
번져가는 꿈결을

박목우

저 어둠 속에는 어떤 불빛이 숨어 있을까? 어두워져도 시야가 완전히 흐려지지 않는 암반응에 기대어 어둠 속에서 사물들의 윤곽을 찾아보려 애쓰고 있다. 어쩌면 빛에 대한 감각이 이 어둠을 불안하게 하고 있을지도 모른다는 생각이 든다. 어둠은 점점 짙어가고 더 깊어가며 내게서 멀어져간다. 마치 닿을 수 없는 어둠이 존재한다는 것을 입증하기라도 하듯 저 멀리로 까마득히 사라져간다.

　나는 조현병으로 서른에서 마흔다섯까지 15년간의 세월을 유폐된 채 보냈다. 한마디 말을 하는 것조차 쉽지 않았다. 일상생활을 잠식하다시피 한 계속되는 환청과 망상과 싸워야 했기 때문이다. 게다가 복용하던 많은 양의 약물들이 사고의 흐름을 둔화한 탓에 무언가 말을 하려고 하면 이미 차례가 지나가버리곤 했다. 그러나 나에게는 어떤 사랑이 있었다.

조연호 시인은 〈왼발을 저는 미나〉라는 시의 마지막 구절에 이런 문장을 썼다. "방문을 열면 죽은 미나가 흉한 냄새로 사람을 반기곤 했다. 아무도 네 어린 딸이 울고 있다고 미나에게 말해주지 않았다."* 누군가 사랑하는 사람이 문밖에서 울고 있다고 얘기해주면 우리는 죽지 않는다. 어떻게든 살아서 사람에게 닿는다. 그 울음소리를 들었던 것일까. 나는 이미 사회적으로나 정신적으로 죽어 부패하고 있던 자였지만 다시 숨을 불러일으키기 위해 자주 크게 심호흡을 했다. 사랑하는 이들에게로 가야 했기 때문이었다.

잎은 아픔으로 흔들리고

서른다섯. 발병 이후 처음으로 외출을 했다. 희망버스를 타기 위해서였다. 희망버스가 출발할 때면 나 역시 길을 나설 준비를 했다. 때로는 차벽이, 때로는 물대포가, 때로는 타는 듯한 뙤약볕이 있었지만 함께하는 동안에는 어떤 연대감이 나를 익명의 사람들과 이어주고 있었다. 집과 병원밖

✤ 조연호, 〈왼발을 저는 미나〉, 《죽음에 이르는 계절》, 문학동네, 2021, 65쪽.

에 없었던 일상에 균열이 생기며 나만의 세상 밖을 엿보고 그들의 희망과 고통에 동참하면서 내가 소속되고 싶은 자리를 향해 조금씩 나를 열어갔다. 연대의 이유에 대해 여전히 잘 대답할 수는 없었지만 힘겹게 책을 찾아 읽고 희망버스의 온라인 네트워크 '비정규직 없는 세상 만들기'에 가입했다. 쌍용자동차, 콜트콜텍, 재능교육 노조에 연대하게 되면서 투쟁하는 노동자들의 삶에 조금 더 가까이 다가갈 수 있었다. 이들과 함께 밀양 송전탑 반대 투쟁으로, 거제 조선소로, 부산 택시 고공농성으로, 울산 현대차 비정규직 투쟁으로 달려가 따뜻한 밥을 나누고 소소한 마음을 전했다.

그러나 세상으로 나왔을 때, 나는 내가 다른 종류의 침묵을 갖고 있다는 것을 알게 되었다. 그것은 내 안의 침묵이었다. 일주일에 몇 번 잠시 연대하기 위해 외출하는 때를 제외하고는 매일 하루의 대부분을 증상과 싸우며 지내야 했던 시간, 그래서 세상과 동떨어져 지낸 숱한 날들이 남긴 것은 삶에 대한 무감각이었다는 것을 깨닫는 것은 가슴 아픈 일이었다. 사람은, 울고 있는 어린아이를 보고도 마음 아파하는 존재다. 누군가 전혀 모르는 사람의 임종을 우연히 스쳐가더라도 눈물이 맺히는 존재다. 그것을 모르지 않았지만 어떤 아픔들은 내게 닿지 않았다.

많은 사람들이 눈물을 흘리며 공감하는 일에 혼자만 무표정한 얼굴로 앉아 있는 일들이 잦았다. 나는 누군가의 삶을 오래 응시한 일도, 다른 사람들과 자연스레 감정을 주고받는 일도 없었다. 그저 내 작은 삶을 살아왔을 뿐. 견뎌왔을 뿐. 모임의 자리에서 내가 모임에 속한 한 사람이라는 감각을 가지는 것조차 어려웠다. 혼자인 것 같았고, 아득한 곳에 유폐되어 있었다.

그러다 〈아파도 미안하지 않습니다〉라는 시민연극에 함께하게 되었다. 3개월 정도의 연습 기간 동안 연출인 빠빠의 제안에 따라 우리는 뛰고 구르고 소리쳤다. 그리고 가슴저 밑바닥에서 올라오는 소리를 들었다. 현의 가느다란 멜로디가 끊어질 듯 이어지면서 곡을 완성하듯 내 안에서 완성되어가는 선율이 있었다. 처음 듣는 그 소리는 낯선 만큼이나 내게 두려움을 주었다. 하지만 늘 웅크리고 회피하고 도망치던 나는 그 선율에 붙들려 세상 속에 기입되었다. 한 줌의 용기를 얻었고 삶이 주는 불편함을 견뎌낼 힘을 가졌다.

누군가를 들었다는 것. 그들의 내밀한 목소리와 경험 속으로 한 걸음 들어가보았다는 것. 나는 그때까지 한 번도 사람들 안에 고여 있던 이야기를 접해본 적 없는 사람이었다. 스쳐 지나가듯 타인들 곁을 맴돌기만 하던 나. 그런 나는 나를 향해, 사실은 우리 모두를 향해 발화되는 목소리를 들었다. 그것은 이들이 내게 준 음악이었다. 자신의 상처와 고통을 표현하면서, 감지할 수 있는 언어로는 그려낼 수 없는 어떤 소통이 우리 안에 존재했다는 증거로서의 감응. 그것은 세상을 떠돌던 물방울이 빗물이 되고 숲에 감춰진 호수에 고여 하나의 풍경을 완성하는 것과도 같은 일이었다. 나의 곁에도 다정한 사람들이 생겼다. 내게도 구체적인 체온을 가진 사람들의 눈물과 웃음이 그려내는 풍경이 존재하게 된 것이었다.

이토록 자연스럽게 마음을 열 수 있게 되기까지 나를 믿어주는 이들이 있었다. 사람이 사람을 믿어줄 때 꺼져가는 불씨가 되살아나기도 한다. 나는 나를 표현할 언어를 오랫동안 박탈당했고 상처가 주는 무의미한 고통으로 하루하루를 연명하듯 견뎌왔다. 갖가지 소리로 나를 비난하는 환청이 들리거나 그것을 막기 위해 약 기운에 취하면 무언가 생각한다는 것 자체가 쉽지 않았으므로 삶을 구성해나가는 말을 갖는다는 것은 불가능한 꿈에 가까웠다. 간절하게 살고 싶었으나 세상에는 내가 있을 자리가 없었다. 그리고 어떻게 세상에 다가가야 하는지도 알 수 없었다. '죽은 자'라는 의미는 바로 그것이었다.

바람도 말릴 수 없는 저 무수한 꽃잎들

그러나 평등하고 자유로운 세계에 대한 꿈. 그 꿈만은 놓치지 않았다. 언젠가는 이 모든 슬픔의 끝에 어떤 세상을 보게 되리라 꿈꿨다. 그리고 나는 이들을 만난 것이었다. 자신의 비극적인 조건에 쓰러지지 않고 치열하게 꿈을 제련해 온 이들과의 만남. 그 뜨거운 용광로에 활활 불이 붙듯이 우리는 대사를 수정하고 경험을 반추하며 서로에게 자신이 읽은 서로를 말해주었다. 그러면서 서로의 가장 낮은 곳으로 서로를 이끌었다. 처음 말이 시작되는 곳. 처음 이 세계를 마주쳤을 때 내 안의 알 수 없는 곳에서부터 치고 올라오던 숨결 같은 희미한 말의 흐름 속으로.

연극에서 마지막 나의 대사는 이러하다. "이제 나는 그렇게 어룽거리는 한 점 빛이 되고 싶어." 왜 어룽거리는 빛일까. 그건 물에 반사된 빛이거나 아주 가늘게 눈을 떴을 때 어른거리는 빛의 잔상이기 때문이다.

나는 오래 떠돌다 미약하게 돌아온 빛의 일부, 아주 조금 겨우 열린 가는 틈을 통해 속삭이는 빛이고 싶었고 그것이 주는 평화이고 싶었다. 그렇게 빛이 된다면 행복할 수 있을 것 같았다. 연극의 마지막 대사 "환청은 세상의 연약한 것들이 내는 소리에 귀 기울이고 싶던 내 마음이었을 거야. 망상은 소외된 꿈들이 짓는 몹시도 뜨거운 희망"이라고 말할 때 벅차오르던 눈물처럼.

그러나 어둠. 불가해한 어둠이 있었다. 빛이 닿으려 하지만 자꾸만 멀어지는 어둠이거나 빛과는 전혀 다른 존재인 어둠이 있었다. OECD 국가 중 산업재해 사망자 1위인 나라, 1년에 2000여 명이 산재로 죽어가는 나라, 자살률 1위인 나라. 그 통계에는 전체 인구보다 23배 높은 기초생활 수급률, 15개 장애 유형 중 가장 낮은 취업률로 계산되는 정신장애인의 삶이 있었고 여성, 아동과 청소년, 성소수자, 난민 등 소수자들에게 가해지는 수많은 폭력들이 있었다. 그처럼 한때 숫자로 매겨지고 말 뿐인 삶들을 하나하나 들여다보면 그 안에는 얼마나 검은 어둠이 도사리고 있는 것일까. 그 죽음들이 견뎌야 했을 고독을 생각하면 숨이 막혀왔다. 그리고 내 곁에서 조용히 울고 있는 지인들의 눈물을 떠올릴 때, 나는 그 어둠에 다가서지 않고는 삶을 회복할 수 없으리라는 걸 알았다.

연극이 시작되기 전, 검은 어둠 속에 선율이 흐른다. 그 고요는 무언가를 막 잉태해내려고 둥글어진 산모의 배와 같다. 그리고 근육병을 앓고 있는 수영이 입을 연다. 아주 사소한 듯 터져 나오는 대사. "한 달 전, 나는 아프로폄을 했다." 관계 속에서의 고립과 그럼에도 살아 있는 희망을 전해주던 수영의 목소리. 수영은 많이 울었다.

그에 대비되는 다리아의 당당한 목소리. 대한민국 출산지도라는 어처구니없는 그래프. 난소낭종으로 수술을 해야 했던 다리아는 말한다. "나는 애국자가 되지 않을 겁니다. 그러니 모두들! 내 난소를 위해 기도하지 마세요!"

이어지는 재의 이야기. 빈곤의 위협 속에서도 삶을 꾸

려나가야 하는 젊은 암 환자의 슬프고도 유쾌한 투병기. "지금 항암 치료를 받고 있는데요. 저는 사실 머리를 미는 게 그렇게 슬프지 않거든요. 절대 울지 마세요." "세상에 암 환자가 이렇게 많은데, 암 환자의 삶에 대해 여러분은 아세요?"

무대를 가로지르는 희제의 움직임. 희제는 스무 살 무렵 크론병 진단을 받았다. 병 때문에 생긴 어지러운 삶의 동선을 일갈하듯 내뱉는 한마디. "그러니까, 헤맨 건 내가 아니라 의학이죠. 의학이 완벽하다는 착각을 버릴 때, 비로소 의학은 제자리를 찾을 수 있을 겁니다."

마지막 엔딩 나드. 턱뼈가 녹아내려 근육이 뒤틀리고 자궁질환으로 인한 고독한 혼자만의 투병생활을 이겨내며 마침내 타자와 연결된 끝에 가서 뱉는 대사. "나는 이제, 완전한 치유가 아닌, 완전한 치유로부터의 자유를 원합니다." 그리고 잊히지 않을 그녀의 길고 긴 춤.

솜털 하얀 어린 새들처럼 바람에 불려

우리는 무대에서 자신의 이야기를 하며 제의를 치르듯 엄숙했다. 신내림을 받는 무당처럼 앓고 있던 날들에 신명이 돌았다. 누군가가 이야기를 하고 그 이야기를 귀 기울여 듣는 사람이 있다는 것은 삶을 제의의 한순간으로 만들었다. 의미 없는 말들이 기하급수적으로 넘쳐나는 세상에서 누군가의 삶의 내밀한 고백을 경청하는 순간의 기적, 그 기적이 이루어지는 순간이었다. 세상이 듣고 싶어 하지 않는 이 이야기를 들은 2만여 명의 사람들이 있다는 소식을 들은 건 그 후였다.

그 외에도 여러 가지 소식들이 들려왔다. 스태프들의 노동권과 임금을 지키며 연극을 제작하다보니 발생한 800만 원 정도의 빚이 주위의 많은 후원 덕분에 사라졌다는 것, 우리의 이야기를 더 잘 전달하기 위해 지방에 사시는 데도 공연 하루 전날부터 올라와 리허설을 끝까지 보고 가셨다는 수화통역사 선생님의 이야기를 들을 수 있었던 것, 대사와 대사가 이어지는 연극이라는 어려운 무대의 목소리를 실감나게 통역해주시느라 문자통역사 선생님이 무척 애를 쓰셨다는 것…… 촘촘히 연결되어 있는 이런 소식들을 들으며 나는 진실이란 아주 어렵게 구성되는 성채 같다는 생각을 했다. 이렇게 마음들이 모였을 때에야 겨우 들릴 수 있는 진실이 우리의 목소리였다는 것이 새삼 묵중한 감동으로 마음속에 내려앉았다.

질병의 서사를 쓴다는 것. 아무도 귀 기울이지 않았던 그 삶들에 형태를 주고 윤곽을 준다는 것. 그리하여 아픈 몸들의 실존에 한 걸음 더 다가간다는 것. 그것은 이야기만이 줄 수 있는 힘이다. 그리고 그 이야기는 한없이 스러져가는 한 점 먼지와 같던 내게도 말을 주었다.

삶의 어딘가 보이지 않는 어둠이 있다. 많은 사람들은 그 어둠을 못 보고 지나치지만 그것은 마치 닻처럼 우리 삶에 뿌리내리고 있다. 그래서 그 어둠을 지나치는 사람들은 어딘가 삶의 한 부분이 상실된 것 같다고 막연히 느끼지만 그 상실을 인지하지 못한다. 우리가 했던 것은 그 상실을 증언하는 일이었다. 그래서 그 어둠을 어둠이라 처음으로 명명해본 일이었다. 개념과 추상과 객관으로 잡히지 않는 삶의 한 영역을 비추는 일이었다. 그저 발화되는 것만으로 해방을 위한 한 걸음을 떼는 그런 것이었다.

거대한 체계가 있는 것은 아니지만 조용히 꽃대를 밀어 올리는 꽃처럼 그저 있는 세계를 있다고 말하는 일이었다. 세상이 애써 감추려 하는 그 세계를. 이 이야기들을 더 많이 공유해야 하는 이유가 우리에게는 있는 것이다. 당신이 우리의 이야기를 들어주었으면 하는 이유가. 왜냐하면 우리의 이야기를 듣고 당신이 자신의 이야기를 시작할 것을 알기 때문에. 그리고 당신 또한 또 다른 청중을 만나게 될 것을 알기 때문이다.

물 위에 빛이 비치면 빛은 물결의 모양을 따라 어룽거린다. 그럴 때 빛은 하나가 아니다. 눈물도 그렇다. 마음이 마음을 만나면 마음의 모양을 따라 어룽거린다. 그리고 빛이 어둠을 만나면 빛과 어둠이라는 서로 다른 물질들에 공

작은 물살이가 둘 그려진 흰색 바닥에 긴 머
리가 살짝 부스스한 다리아가 엎드려 누워
있고, 머리를 뒤로 묶은 목우가 왼손을 그의
왼편에 짚고, 오른편에서 몸을 굽혀 아래에
있는 다리아를 바라보고 있다. 뒤에서는 한
사람이 맨발로 다리아의 꼬리뼈 근처를 눌
러주고 있다.

동의 공간이 생겨난다. 예전의 나는 어둠에 익숙해진 눈을 하고서 자꾸만 달아나는 어둠을 보고 있었다. 하지만 그 간절함만큼 어둠에 닿지 못했다. 그러나 이 작은 기적에 힘입어 나는 어둠과 공생하는 삶으로 한 걸음을 내딛는다. 그동안 나를 들어주었던 이들의 검은 어둠 속으로. 그게 꼭 빛이 아니어도 좋다. 어둠 속에서 우리는 더 자유로워지기도 하니까. 다만 그 어둠이 텅 빈 허공이 아니라 누군가가 채굴을 하듯 파내려간 삶의 뜨거운 막장이라는 것만은 기억해두자.

　나는 앞으로도 오래 무감각한 채로 있을지도 모르겠다. 당신 삶의 암점을 알아채지 못한 채로 있을지도 모르겠다. 하지만 나 역시 당신에게로 가는 채굴을 계속해나갈 것이다. 그곳에서 캐낸 검은 석탄으로 당신이 추운 겨울날, 떡을 굽고 주전자를 올렸으면 좋겠다. 어둠은 붐빈다. 그리고 오늘 당신 삶 속의 사랑하는 이들도 붐비고 있다. 우리, 부디 그것을 잊지 말자. 어둠 속에서 우리는 투쟁하고 휴식하고 안도해야 한다는 것을. 어둠은 또 하나의 삶이라는 사실을 말이다.

일상을 건넬 이들의 존재

홍수영

선 긋기 그리고 단절

"수영의 이야기는 사랑과 우정의 관계에서 아픈 몸에 가해지는 미시적 차별과 배제의 현실을 보여준다." 2020년 8월 장애인언론 《비마이너》에 실린 〈아픈 몸이 가고 싶은 곳으로, 온몸이 가게 하라〉라는 제목의 연극 비평에서 박정수 기자는 이렇게 말했다. "제도적 차별이나 가시적인 추방 이전에 아픈 몸이 내는 신음을 견디지 못하는 얄팍한 관계, 그 미세한 선 긋기가 무서운 것이다." 나는 이번 연극을 통해 관계에 대해 말하고 싶었다. 정확히는 그의 표현대로 나의 관계망 안에서 겪었던 미세한 선 긋기에 대해서.

선 긋기. 이야기들을 걸어 나오지 못하게 하는, 하나의 공간에서 전에 없던 벽면을 만드는, 그런 방식으로 분할된 몸, 그 몸의 입구들을 폐쇄시키는. 몸과 세계를 못 박는. 선 긋기는 선 긋는 자의 손, 수많은 다양성을 획일한 타자성의 기준으로 솎아내는 손이다. 미세한 선 긋기는 결코 밀쳐내지 않는다. 노골적으로 돌아서거나 배척하지도 않는다. 머무르면서 물러서게 한다. 환대하면서 입을 바짝바짝 마르게 한다. 거절하지 않되 대답을 회피하며, 맞아들이되 함께했던 시간을 부정한다. 친밀했던 지난 계절을 곱씹은들 무심한 냉소만 돌아온다. 허탈감과 민망함이 밀려든다. 한 번도 만나지 않았던 사이처럼. 보이지 않는, 따라서 드러나지 않는, 다만 감지되는 선 긋기. 걷되, 함께 걷되 거기에 나만 있었던 것이 되는. 사실상 처음부터 끝까지 나 혼자였던 듯.

선 긋기는 단절을 야기한다. 일시적 단절은 모든 인간관계에서 빈번히 일어나며 그 자체로 해롭지 않지만, 만성적 단절은 다르다. 반복적으로 경험하는 비공감적 반응에 대한 결과로, 절망과 고립을 일으키며 때때로 개인의 삶에 심각한 고통을 유발한다. 나는 친구나 연인 그리고 직장 동료와 같은 핵심적인 관계로부터 사실상 완전히 분리된 채 살았다. 분리된 몸은 맺힐 뿐 어디로도 맺어지지 못했다. 단절이 지속되면서 스스로를 향한 불신도 자라났다. 유리 조각 하나를 다문 손으로 쥐고 사는 기분이었다. '도대체 왜 나는'으로 시작되는 힐난의 생각들이 빽빽하게 꼬리를 물었다. 디밀려 들어오는 자책감을 견디지 못하고 산책을 하다가도 밥을 삼키다가도 등을 접고 무너져 내렸다.

만성적 단절은 일시적 단절과 다르게 관계 이미지의 변화 가능성을 부정한다. 관계 이미지란 과거의 여러 관계적 경험을 통해 만들어진 관계에 대한 내적 기대들로, 주로 삶의 초기에 형성된다. 이 이미지는 수정되기도 하고, 부적절한 일반화로 굳어지기도 한다. 과거의 관계들에서 빚어진 나의 관계 이미지는 내가 가진 아픔을 보여주면 누구든 나를 부담스러워하고 떠날 것이라는 생각으로 고정됐고, 이는 내가 가진 장애와 차이를 존중해주지 않는 사회의 지배적 이미지와 부딪힐 때마다 더욱 강화됐다.

인종, 계급, 성별, 성 정체성, 외모, 장애, 종교 등을 이유로 한 여러 형태의 사회적 차별은 개인이 가진 차이를 억압하고 힘의 불균형을 의식하려는 노력을 억압할 뿐만 아니라 과거 공감적 실패를 경험한 사람들을 관계적 가능성으로부터 완전히 고립시킨다. 그러기에 많은 임상 실습 과정에서 상담사들은 개인을 둘러싼 사회적 환경이 개인의 발달에 미쳤을 영향을 염두에 두고, 관계 역동과 만성적 단절의 패턴에 주의를 기울인다. 내담자에게 어린 시절 경험과 현재 이루어지고 있는 치료적 관계가 다르다는 사실을 인식시키며, 관계 이미지가 기존의 실패된 관계에 머무르지 않도록 격려한다. 이때 우리의 뇌는 달라지기 시작한다고. 공감 반응은 새로운 뇌의 경로를 개발해 기존의 익숙한 자극을 변화시킨다.

예컨대 사회적 고통, 배제에 대한 예측은 육체적 고통처럼 뇌의 전대상피질anterior cingulate cortex에 고스란히 기록된다. 나는 타인의 무반응이나 무응답, 대답이 즉각적으로 주어지지 않는 상황에 놓일 때면 이따금 득달같은 불안에 압도된다. 내가 무슨 실수라도 한 게 아닌가 하는 조바심에 휩싸인다. 영향을 주고받고 공감을 받는 느낌을 갈망하며 그 안에서 안전감을 얻고 싶었지만, 과거 관계들에서 온전한 개인으로 존중되지 못하고 거절당했던 경험들 때문이다.

다름에 뒷걸음치지 않도록

연극에서 우리는 서로의 관객이 되었다. 선명한 공감과 마주침을 통해 위안과 치료를 얻었고, 스스로가 상대에게 미치는 영향을 봄으로써 변화와 관계에 대한 가능성을 믿을 수 있게 됐다. 나도 너를 일으킬 수 있구나. 분열되어 받아들여지지 않았던 개인 경험의 일부들이 수용되는 경험을 하며 관계적 무능력감으로부터 자유로워졌다. 더불어 우리는, 개인의 삶이 이야기를 통해 형성된다는 것과 우리의 이야기가 우리만이 아닌 우리를 억압해왔던 문화 규범, 관습, 권력관계를 포함한다는 것을 깨달았다. 우리의 이야기를 들어주는 관객들의 참여가 하나의 이야기를 완전히 새로운 이야기로 바꾸고 확장시킨다는 것도.

나의 빈 하루에 그들의 하루를 그려 넣는다. 쟤는 지금쯤 일을 하고 있겠지. 나드는 탄츠플레이를 할 시간이구나. 목우의 대화는 어디에서 어디로 뻗어가고 있을까. 늦은 저녁에는 또 생각하기를, 다리아는 업무로 인한 피로가 좀 가셨을까. 북 콘서트를 마친 희제는 잘 쉬고 있을까. 그들의 하루를 구체적이진 않지만 큰 덩어리처럼 떠올리는 순간들이 좋다. 그들이 여느 때와 다르지 않은 그 일상을 견디고 싸우면서도, 적어도 서로를 향한 안부만큼은 놓치지 않고 묻는다는 게 놀랍고 따스하다.

그러므로 일상을 건넬 이들의 존재여, 나의 선물들이여. 희제가 쓴 책의 서평을 청탁받고 '나의 친구 희제는'으로 시작되는 문장을 썼던 밤은 다음 문장들로 쉬이 건너가지 못했다. 그 문장이 내게로 걸어와준 먼 길을 차례차례 되짚고 싶었다. 결연하고 실금 많던 이 사람의 웃음을 아껴주고 싶다고 생각했지. 두 사람이 되기 위해서 굴절되던 시선들이 있었다. 연극을 하는 동안 멤버들과 함께 보낸 시간은 내게 동력이 되어주고 있다. 일상에서 만나는 크고 작은 거절과 흔들림이 다시금 나를 집어삼켜도, 고립되지 않고 꿋꿋이 앞으로 나아갈 수 있는 힘. 나는 여전히 홀로 글을 쓰고 치료를 받고 공부하며 산책을 하는 게 일상의 전부지만 더 이상 혼자라고 말하지 않는다. 어제와 다르지 않은 오늘을 보내고 있지만, 그 일상이 덩굴에 덮인 사각의 창틀 안에 가두어져 있던 이전의 일상과는 현저히 다른 감각으로 찾아온다.

연극을 마치고 얼마 뒤, 기획자 조한진희 선생님으로부터 우리가 받은 소식은 이랬다. 몇몇 대학의 교수님들이 온라인으로 연극을 관람했는데 학생들과 함께 보길 원한다고. 연극 영상도 보고, 가능하다면 수업 시간에 배우를 초대하는 시간까지 마련하고 싶어 한다는 것이었다. 놀랐다. 이야기를 들은 이가 감명을 받고, 다시 또 누군가에게 들려주고 싶은 이야기가 되어 우리의 말들이 물결처럼 흘러다니고 있다는 게 아무래도 믿기지 않았다. 연극을 교재 삼아 질병을 둘러싼 대화를 열고자 하는 시도가 곳곳에서 연이어 수놓였다.

나 또한 한 대학교에 초대받아 강연을 할 기회가 주어졌다. 강연의 주제는 '차이'. 강연 당일, 나의 스토리가 담긴 20분짜리 연극 영상을 먼저 상영했고, 이후 교수님과 강당 한가운데 마주앉아 타인과 나의 차이에 대한 대화를 나눌 시간이 주어졌다. 나는 차이를 두려워하지 않았으면 좋겠다는 말로 운을 뗐다. "타인의 낯섦과 마주칠 때 느끼는 두려움과 혼란에도 불구하고 어떻게 후퇴하지 않고 나와 너의 관계로 다가들 수 있을까요?" 이건 교수님의 질문이었다.

무릇 다름은 축복이다. 서로 다른 존재들이 만들어가는 연대와 그 연대에서 발생하는 거룩한 연결에 대해 말하려고 노력했다. 화이트헤드에게 있어 아름다움의 완전성이 조화의 완전성으로 정의되듯, 복잡하고도 상호의존적인 인간 존재는 닫힌 단자의 모습이 아니기에. 사이를 감각하게 하는 대답들이 교수님과 나 사이에 듬성드뭇하게 이어졌다. 사이는 나와 너의 관계에서 어느 한쪽이 모호하거나 흐려지면 절대 감각되지 않는다.

강연을 마치고 나와 수목이 우거진 교정을 돌았다. 아름다웠다. 공기에서도 초록 내음이 났다. 오랜 시간 다니고 싶었고 한때는 목표 삼았던 학교였다. 코로나19로 인해 강연이 녹화로 진행됐음에도 교수님의 연구실이 아니라 강당에서 촬영을 하게 된 것은 순전히 나의 의지였다.

"제가 언제 이곳 대강당에 와서 강연을 해보겠어요."

"왜 못할 거라고 생각해요? 수영 선생님은 연극도 했잖아요."

단단한 교수님의 목소리에 잃어버린 줄 알았던 소중한 물건을 발견한 양 뛰던 가슴. 못할 거라고, 왜 그렇게 생각했는지. 아픈 몸이라서 할 수 없을 것 같다는 말은 이제 그만해도 되지 않을까. 각오를 다지듯 걷다보니 어느새 마스크가 젖어 있었다.

사회심리학자들은 차이를 계층화할 때 나타나는 것이 소외라고 설명한다. 차이가 배제와 억압의 과정을 통해 부정되고 거부되면서 차별이 발생한다는 의미일 테다. 우리가 연극을 통해 하고 싶었던 말 역시 나의 다름과 너의 다름이 위계적으로 방치되고 있는 도처의 뼈아픈 현실에 대한 것이었다.

#6
'사진작가 친구', 무대로 걸어나와 '나' 옆에 앉아 사진을 찍는다.

사진작가 친구: (사진을 찍다가) 기억나? (사이) 우리 알게 된 지 얼마 안 됐을 때, 네가 아파서 웃고 있는지 행복해서 웃고 있는지 잘 모르겠다고 내가 그랬잖아.

나: 그랬나.

사진작가 친구: 진짜 구별이 안 됐거든. 너는 아플 때도 웃고 있고 진짜 좋을 때도 웃고 있으니까. (사이) 힘들지 않아? 사람들이 네 감정과 네 표정을 동일시하는 거.

나: 힘들어. 정말 괴로워. 입꼬리나 눈 주변 근육을 통제할 수 없어서 경련 때문에 웃는 것처럼 보여. 나는 몸이 안 좋은 날 더 많이 웃거든. 웃고 싶지 않은데 늘 웃고 있어. 가끔 사람들이 나보고 뭐라는 줄 알아? 뭐가 그렇게 늘 좋냐고, 뭐가 그리도 신나서 매일 웃고만 있냐고……

사진작가 친구: 그럼 너는 뭐라고 대답해?

나: 근육병으로 인한 경련 때문에 표정과 제스처를 마음대로 조절할 수 없다고 하지. 근데, 그런 설명을 아무리 해도 사람들의 태도가 크게 달라지진 않아. 눈에 보이는 게 다가 아니라는 걸 이해해주는 사람들을 만나는 거, 왜 이렇게 어려운 걸까? 사람들은 어째서 내 마음은 보지 못할까?

……

얼굴 하나, 표정 하나를 갖고 싶어서 헤맸던 시간들.

경련이 웃음으로 변하고, 그 어떤 웃음도 내 것이 아니었던 시간들.

연극의 마지막 장면이다. 나는 안면 근육의 수축으로 인해 자주 뺨이 불그스름해지고 표정이 뒤바뀐다. 목소리는 낮아졌다가 높아지기를 반복한다. 감정 상태와는 무관하게 흥분되고 들떠 보인다. 사람들은 나의 신체 정보를 읽고 파악한다. 두려움이나 불안 그리고 떨림이라는 감정을 추측한다. 우리 모두는 의사소통 과정에서 타인의 어조와 움직임에 주의를 기울인다. 다양한 신체적인 단서들을 관찰하며 그 단서를 감정과 연결짓는 데 익숙해져 있다. 요컨대 감정을 알 수 있는 가장 쉽고 확실한 곳은 얼굴이다. 사과하는 이의 얼굴 위에서 조소 띤 입가를 발견했다고 치자. 언어와는 상반된 그의 표정을 본 당신은 다소간 그의 진심을 받아들이기 어려울 것이다.

근육병을 앓고 있는 몸들 대부분은 표정(혹은 표면으로서의 몸)과 감정의 부조화를 경험하며 살아간다. 나의 에피소드에 있었던 연극 대사와 같이 아플 때도 웃고 있다는 말을 들을 만큼, 그 부조화는 도드라진다. 그래서 "표정과 감정이 다를 수 있습니다"라는 말은 새로운 사람들과 만나면 으레 건네야 하는 나의 자기소개가 되어버렸다. 그러지 않으면 어떤 이들은 자기 식대로 나의 비언어적 표현을 추측하고, 그 추측의 끝에서 "저를 좋아하세요?"라는 얼토당토않은 말까지 던지는 오류를 범한다.

며칠 전 새로 들어간 비대면 모임에서 뜬금없이 남을 의식하지 말라는 말을 듣고 당혹스러웠던 것도 바로 이것 때문이다. 간밤에 했던 작업으로 인해 나는 몹시 피곤한 상태였고, 그 피곤함은 흔히 인간이 불안할 때 보이는 비언어적 몸짓과 비슷한 형태로 드러났다. 말을 더듬거리고, 그 말과 아무 관련이 없는 표정을 짓고, 머뭇거리고, 머리를 흔들고, 초점이 흐려지고.

모임에 함께했던 사람들 일부는 내가 나의 있는 그대로의 모습을 수용하는 연습이 필요하다고 했다. 그리고 수영 씨 모습은 지금도 충분히 아름다우니 다른 사람을 의식하지 말라며 나의 의견이 들어갈 새도 없이 이야기를 마무리지었다. 그들은 자신이 따뜻한 위로를 건넸다는 생각에 말끝에

왼손에 든 대본을 읽으며 검지와 엄지를 편
오른손을 얼굴 앞으로 들고 있는 수영. 대본
과 오른팔, 얼굴, 얇은 티셔츠의 가는 주름
들이 조명으로 도드라진다.

서 눈물을 글썽였고, 나는 그게 아니라고 설명할 힘도 없어 그저 입술만 달싹거리다가 헛헛한 마음으로 모임방을 빠져나왔다. 배려와 걱정에 감사했지만 내가 앞을 똑바로 들여다보지 못하는 증상을 당연히 남을 지나치게 의식하는 데서 비롯된 모습이라고 생각하는 단일한 사고에 말문이 막혔다.

나는 나의 표정으로 인해 발생하는 오해들에 괴로울 뿐, 나의 아픈 모습을 받아들이지 못하거나 인정하지 못해서 힘든 게 아니다. 표정을 마음대로 조절할 수 없어 만나는 오해는 이렇게 매번 나를 몰아세워 원만한 소통으로부터 멀어지게 만들었다. 불과 1년 전까지만 해도 누구를 만나든지 본심과는 다른 의미로 비치는 표정으로 인해 심한 대화 공포증에 시달리며 가까운 친구와도 마주 앉지 못했다. 거리에는 수십 명의 사람들이 있고 나는 하릴없이 걸었다. 한 방향으로 끝없이. 걸으면 정면은 만나지 않아도 되니까. 차진 진흙처럼 얼굴이 으스러졌다.

희제와 쟤를 집에 초대했던 날, 그날의 요리는 짜지도 맵지도 않은, 위에 아무런 자극도 주지 않는 보오얀 떡국이었다. 소고기를 참기름에 달달 볶고 쌀뜨물을 부어 국물을 내는 동안 엄마가 만든 잡채와 전날 먹다 남은 버섯전을 데웠다. 아침에 망원시장에서 사온 나물까지 내니 얼추 맛깔나는 점심상이 차려졌다. 평소보다 부지런을 피워서였는지 피곤이 몰려와 소파에 잠깐 누웠는데 그사이 20분이 지나 있었다. 뭉근한 가스불에 완전히 으스러진 떡. 떡국인지 떡죽인지 모를 음식이 그릇 한가득 담겼다.

재와 나는 한 그릇, 희제는 두 그릇. 후루룩 마시다시피 뚝딱이었다. 배가 터질 것 같다면서도 천혜향과 키위, 과자를 우물거리며 최근 펴냈던 책과 앞으로 펴낼 책에 대해 이야기를 나누었다. 재가 선물해준 보이차는 소화제가 되어주었다. 그렇게 먹는데도 속이 조금도 불편하지 않았다. 장장 여덟 시간의 수다를 끝으로 일어난 그들을 버스 정류장까지 배웅해주고 집 문을 열었다. 식기건조대에 평소와 다른 모양으로 정리된 그릇들이 보였다. 정갈한 재의 손길이었다. 희제가 화분에 옮겨온 손톱만 한 다육이가 나를 웃음 짓게 했다. 책들이 널브러져 있었다. 사람 냄새가 났다.

부록

등장인물: 나(홍수영), 그(안희제), 미용실 원장(재), 사진작가 친구(재), 할머니1(박목우), 할머니2(나드), 어머니(박목우), 지인1(나드), 지인2(다리아).
소품: 과일과 감자 깎는 칼.

#1

배우들 모두 걸어나와 의자에 앉고, '나'는 무대 중앙으로 걸어나와 의자에 앉는다.

[조명 in]

나: 한 달 전, 나는 아프로펌을 했다. *[영상 in - 아프로펌 사진]* 아프로펌이란 철사를 이용해 모발을 아주 얇게 감아서 부시시한 펑키 스타일을 만드는 펌이다. 흔히 폭탄머리라고 불린다. 노약자석에 앉아 있으면 할머니들이 신기해하시며 내 머리카락을 한번씩 손대보고 가셨다.

할머니1: 이걸 어떻게 말았디야?
할머니2: 워메, 평생 안 풀리겄네그랴.
할머니1: 잘게도 말았네잉, (머리를 계속 만지며) 기가 막히네!

[영상 out]

나: 내가 이 머리를 하게 된 데는 이유가 있다. 세간의 시선을 받고 싶다거나 아무나 시도할 수 없는 스타일이라서가 아니다. 5년 전부터 심하게 머리카락이 빠졌다. 특히 앞머리 부분이 집중적으로 빠져서 가르마를 이쪽저쪽으로 아무리 바꾸며 타봐도 빈 공간이 메워지지 않았다. 살짝만 들춰도 빠진 자리가 훤히 드러났다. 나의 사진을 이

따금씩 찍어주는 사진작가 친구는 갈수록 탈모가 심해지는 것 같다며 불과 반년 전의 사진을 꺼내 보여주었다.

특단의 조치가 필요했다. 이리저리 인터넷을 뒤져 마침내 최적의 해결책을 발견할 수 있었다. 머리숱이 적어도 평소의 일곱 배는 되어 보인다고. 그래, 나중 일은 나중에 생각하자. 마는 데만 세 시간 반이 걸렸고 총 다섯 시간이 소요되었다.

#2

'미용실 원장'님, '나' 뒤에 서서 머리를 만다.

나: 긴 시간 앉고 서며 의자를 뻔질나게 드나드는 나에게 미용실 원장님은 이 머리를 왜 하는 거냐고 묻지 않았다. 대신 그는 선언하듯 말했다.

원장님: 아무도 건들지 못할 거예요. 호신용 머리거든요. 제 삶의 철학이 있는데 겉모습은 세게 살고, 마음은 여리게 사는 거예요.

나: 겉모습은 세게, 마음은 여리게. 나는 그 말을 여러 번 곱씹었다. 대화를 나누는 동안 거울에 비친 모습은 낯설게 바뀌어갔다. 힘을 잃고 수그러진 고개에서 덴 듯이 뜨거운 통증이 계속됐다. 힘드냐고 묻는 대신 끝까지 모른 척 농담을 건네주는 원장님 덕분에 무사히 긴 여정을 완주할 수 있었다. 비장하게 바깥을 나서자 하늘이 어둑했다. 쇼윈도에 비춰진 나의 모습은 인상적이었다. 탁월한 선택이었다고 중얼거리며 골목에서 쏟아져 나오는 인파를 따라 움직였다. 뚜벅뚜벅 걷기를 몇 분, 복부의 통증과 당김이 서서히 상체 전체로 스몄다.

처음에는 경쾌한 걸음으로 걷다가 이내 서서히 배를 움켜쥔다. 걸음

이 느려진다.

밥 세 공기를 씹지 않고 삼킨 것처럼 윗배가 부풀어 오르더니 곧 숨이 찼다. 부서진 유리 조각을 테이프로 그럴듯하게 붙여놓은들 얼마나 갈까. 두 팔이 너덜너덜해지고 왼쪽 종아리가 떨어져 나간 것처럼 아팠다. 아주 잠깐 사이에 벌어진 일이었다. 결국 얼마 못 가 거리에 주저앉은 나는 누가 봐도 취한 사람이었다.

탈모는 몇 년 전 약에 의존하면서부터 시작됐다. 그렇게 약을 삼켰던 이유는 하나였다. 한 사람을 떠나보낸 뒤, 손쓸 수 없을 만큼 몸이 나빠졌다. ('그'가 자리에서 일어나 무대를 등지고 선다.)
우리가 만났을 당시 그는 한국에 정착한 직후였고 막 운전면허를 딴 사회 초년생이었다. 아직도 모든 게 선명하다. 그의 첫 장거리 운전, 그의 직장 첫날, 함께 갔던 공연과 함께 가지 않은 공연, 프랑스로 돌아가고 싶어 하던 향수와 피로감이 뒤섞인 옆모습.

#3

'그'가 여전히 무대에 등을 보이고 쪼그리고 앉아 과일을 깎고 있다.
나: 그는 갖가지 과일을 사서 깎아두고 가곤 했다. 소화가 잘 되지 않는 나를 배려해 오목조목 작고 사랑스러운 크기로. 어느 날인가 그 모습을 가까이 들여다보고 싶어져 몰래 쓱 다가갔더니 사과 한 알을 네모지게 깍둑썰기 하듯 썬 뒤, 양면의 껍질을 감자칼로 잘라내고 있는 광경이 눈앞에 펼쳐졌다.

나: 뭐해, 오빠?
그: 저리 가. 앉아 있으라고 했잖아!

나: 사과를 왜 그렇게 깎고 있어?

그때 처음, 그도 나처럼 과일을 깎지 못한다는 사실을 알게 됐다. 들키지 않으려고 멀찍이 나를 떨어뜨려놓던 모습들과 겹쳐져 나도 모르게 웃음이 터지고 말았다.

그: (내 웃음에 더 어쩔 줄 몰라 하며 굳어지는 표정. 심통이 났는지 입을 꾹 걸어 잠그고 한마디도 하지 않는다.)
나: 이럴 거야? 화났어?

그는 내가 자신을 놀리는 거라고 생각했겠지만 아니었다. 차오르는 행복을 주체할 수 없어서였다. 내가 이런 사랑을 받아도 될까. 그럴 자격이나 있을까. 여태껏 이 사람이 자신의 서투름을 다해, 진심을 다해 내게 준 가장 어여쁜 모양의 마음을 나의 두려움 때문에 밀어내고 있었던 것이다. 당신이 아니면 안 될 것 같다가도 당신 같은 사람을 내 곁에 붙들어두는 것은 지나친 욕심이라고 생각했다. 그런 속마음을 털어놓을 수는 없었다.

어머니: 내가 너를 어떻게 공부시키고 키웠는데 아픈 애를 만나니? 자꾸 어디 가서 얘기하고 다니지 마라. 곧 헤어질 거면서.
그: 수영아, 어머니가, 너에 대해 말하는 걸 좀 불편해하셔.
나: 뭐? 어머니가?
그: 응. 너한테 솔직하게 얘기해야 될 것 같아.
나: 아, 그렇구나. (흔들리는 시선으로 먼 곳을 보다가 곧 고개를 떨군다.)

나는 그의 어머니의 말을 이해했다. 담담히 그의 말을 받아들였고 괜찮은 척 이별을 고했다. 나의 두려움이 자초한 일일 거라고, 당신은 마음을 열지 못한 나로 인해 지칠 대로 지쳤을 거라고 스스로를 자책했다. 언제라도 떠날 수 있는 사람이라는 전제를 머릿속에 밀어넣으면서 그이로부터 멀찍이 나를 떨어뜨려놓는 데만 혈안이었던, 이기적이고 고약한 두려움.

그를 떠나보내고 6개월 사이 10킬로그램이 빠졌다. 미용실에 가면 거울을 보지 못했다. 그가 사랑하지 않는 나를 바라볼 수 없었다. 목소리를 잃은 것처럼 살았고 정신은 엷게나마도 선명해지지 않았다. 매일 새벽 24시간 북카페에 들어가 아침이 올 때까지 내리 글만 썼다. 사흘을 안 자고 학교를 다녀도 아무런 피로감이 느껴지지 않았다. 배고픔을 잃었고 추위를 잃었다. 아무런 전율도 고통도 없었다. 그를 만나기 전의 나는 어떤 사람이었을까. 지금도 그게 잘 기억나지 않는다.

#4

'그'가 뛰어들어와 앉아 있는 '나'의 어깨에 손을 올린다.

그: (천진한 얼굴로) 아까 터미널에서 너랑 닮은 여자를 봤는데 진짜 깜짝 놀랐어. 네가 나오면 그런 모습일 것 같아서 자꾸 돌아보고, 보고, 또 봤어. 너무 예쁘더라.

나: 나를 꼭 닮은 여자를 봤다면서, 네가 나오면 꼭 그런 '모습'일 것 같았다며 천진하게 웃던 얼굴. 그 얼굴에 대고 나는 그렇게 될 수 없다고 말할 용기가 나지 않았다. 그가 가지고 있는 희망이 너무 아름다웠으므로 나도 그 희망을 조용히 견뎌보려 했다. 가장 가까이에 있으면서도 아득히 먼빛처럼 물러앉아 나를 보고 싶어 하는 사람을 지

켜주고 싶었다. 그가 보지 않으려고 하는 나. 그가 자신의 친구들에게 보여주려 하지 않았던 나. 연인의 시선 안에서 나는 가려지고 작아졌다. 그렇게 나는 변해갔다. 스스로를 사랑할 수 없는 사람으로.

#5

나: 이런저런 노력으로 그럴듯한 꼴을 만들어봐야, 내게 겉모습을 세게 유지하기란 불가능에 가까운 일이다. 잠깐 보면 제법 다부지고 씩씩하게 보이지만 컨디션을 한나절 이상 유지할 수 있는 날은 갈수록 줄어들고 있다. 나는 음료를 주문하다가도, 강의를 듣다가도, 버스를 기다리다가도 삽시간에 다른 몸으로 변한다. 조금 전까지 즐겁게 대화를 나눴음에도 금세 무기력한 얼굴로 입술만 달싹거리는 나를 보면 친구들은 적잖이 당황한다.

놀라운 것은, 친구들도 때때로 다른 사람이 된다는 것. 그들은 내가 몸이 좋았을 때 함께 보냈던 시간과는 사뭇 다른 태도로 주변의 시선을 의식하거나 다급하게 자리를 뜨곤 했다. 우연찮게도 몸이 좋을 때만 만났던 사람들로부터는 더한 오해가 빚어졌다. 네댓 번 만남이 지속된 뒤 늦게야 나의 증상을 확인하고는 서서히 연락을 끊었다.

지인1: 수영씨, 저번에 만났을 때 나눴던 얘기 정말 즐거웠어요. 근데 제가 요즘 일이 많아서, 아…… 다음 달이요? 글쎄요. 다음 달은 여행을 다녀올 것 같아요. 네, 좀 멀리 가요.

나: 다음 약속을 잡으려고 하면 바쁘다는 말만 되돌아왔다. 또는 내가 이 정도로 심한 근육병 환자인지 몰랐다며 불쾌해하던 경우도 더러 있었다.

지인2: 저는 솔직히 이렇게까지 장애가 심하신지 몰랐거든요. 좀 당황스럽네요.

나: 네? 뭐가 당황스러우신데요?

지인2: 그냥, 수영씨 솔직히 지난번 만났을 때랑 지금이랑 좀 달라요. 먼저 들어가도 될까요? 죄송한데 부담스러워요.

나: 차라리 그게 나았다. 상대가 솔직해야 그나마 상처가 덜했다. 근육병 환자들은 컨디션에 따라 매일 매 순간 판이하게 다른 겉모습이 될 수 있다. 그렇기에 어떤 날은 몸이 너무 좋다는 이유로, 또 어떤 날은 몸이 너무 안 좋다는 이유로 오해를 받기 십상이다.

그런 상황이 거듭되면서 나는 약속이나 다음 만남에 연연하지 않기로 했다. 첫 만남에서 모든 것을 말했고 급작스러운 통증이 와도 통증의 면면을 가감 없이 보여줬다. 누구를 만나든지 그 사람과 보내는 마지막 시간이라고 생각했다. 심하게 아픈 날이 아니면 약속을 늦추기보다 그 자리에 가서 '지금의 나'로 머물렀다. 언제 바뀔지 모르는 지금 이 순간의 나로. 언젠가는 떠날 사람들을 미리 떠나보내는 마음이었다.

#6

'사진작가 친구', 무대로 걸어나와 '나' 옆에 앉아 사진을 찍는다.

나: 사진작가 친구는 아프로펌이 마음에 꼭 드나보다. 근처에 일이 있어 왔다가도 기어코 나를 불러내 사진을 찍어준다. 이번 주만 벌써 두 번째다.

사진작가 친구: (사진을 찍다가) 기억나? (사이) 우리 알게 된 지 얼마

안 됐을 때, 네가 아파서 웃고 있는지 행복해서 웃고 있는지 잘 모르겠다고 내가 그랬잖아.

나: 그랬나.

사진작가 친구: 진짜 구별이 안 됐거든. 너는 아플 때도 웃고 있고 진짜 좋을 때도 웃고 있으니까. (사이) 힘들지 않아? 사람들이 네 감정과 네 표정을 동일시하는 거.

나: 힘들어. 정말 괴로워. 입꼬리나 눈 주변 근육을 통제할 수 없어서 경련 때문에 웃는 것처럼 보여. 나는 몸이 안 좋은 날 더 많이 웃거든. 웃고 싶지 않은데 늘 웃고 있어. 가끔 사람들이 나보고 뭐라는 줄 알아? 뭐가 그렇게 늘 좋냐고, 뭐가 그리도 신나서 매일 웃고만 있냐고……

사진작가 친구: 그럼 너는 뭐라고 대답해?

나: 근육병으로 인한 경련 때문에 표정과 제스처를 마음대로 조절할 수 없다고 하지. 근데, 그런 설명을 아무리 해도 사람들의 태도가 크게 달라지진 않아. 눈에 보이는 게 다가 아니라는 걸 이해해주는 사람들을 만나는 거, 왜 이렇게 어려운 걸까? 사람들은 어째서 내 마음은 보지 못할까?

[영상 in 무대 뒤 화면에 사진이 뜬다. 사진작가 친구가 찍어준 흑백사진]
배경음악(Alfred Brendel, "J. S. Bach: Ich ruf zu dir, Herr Jesu Christ", BWV 639)이 낮게 깔린다.

얼굴 하나, 표정 하나를 갖고 싶어서 헤맸던 시간들. 경련이 웃음으로 변하고, 그 어떤 웃음도 내 것이 아니었던 시간들. 너무도 많은 사람들이 나를 떠나갔다. 나를 스치듯이 보고 스치듯이 사랑하려 했던 사람들. 그런 내게도 정말 뛸 듯이 기쁜 순간이 찾아오는데, 누군가가 헤어짐의 인사 뒤에 어색한 악수 대신 이 말을 건네줄 때다. "수영 씨, 우리 내일 만날래요?" "다음 주에 또 볼까요?"

암전.

두 번째 이야기

등장인물: 나(박목우), 엄마(다리아), 의사(목소리만, 빠빠), 당사자(목소리만, 재), 보호사(안희제), 환청 소리들(모두).

[암전 상태의 음악 끝나면 조명 in 전체 조명, 어둡게]

바람소리, 천둥소리(악기로 표현). 갖가지 비난하고 비웃고 욕을 하는 바람소리.

#1

'소리'(환청)와 '나'의 답변이 이지러이 반복된다.

소리: 정신병은 네 잘못이야!

나: 정신병은 내 잘못이에요!

소리: 네 잘못이라고 말해! 쓸모없는 인간!

나: 모든 게 저의 잘못이에요!

소리: 나가서 죽어버려!

나: 나는 더 이상 살고 싶지 않아요. (머리를 감싸쥔다.)

사이

나: 어제 무서운 눈빛을 한 사람을 보았어. 엄마, 아빠가 나를 그 사람

에게 팔아넘길 것 같아. 엄마, 아빠를 어떻게 믿지?

#2

'나', 무대 중앙으로 걸어나와 의자에 앉는다. 무대 상수 쪽 의자에
'어머니'가 나와 있다.

[조명-밝아짐]

나: 그러니까 저는 가족들이 저에게 사과하고 관계가 좋아지면 돼요. 가족치료를 원해요. 가족들이 더 이상 폭력적으로 나오지만 않으면 제 병은 나을 거예요.

의사(소리): 그러니까 목우씨가 입원을 하셔야 합니다.

나: 아니라니까요. 저는 제가 쉴 수 있고 편할 수 있는 공간에 있고 제 이야기를 들어줄 수 있는 분이 계시면 돼요.

의사(소리): 지금까지 충분히 얘기 들었잖아요? 박목우씨가 입원을 하셔야 한다고요.

나: (반항하며) 여기가 어디야? 여기 정신병원이잖아. 엄마, 나 버리지 마! 엄마, 나 버리지 마! 엄마! 엄마!

울면서 '어머니'에게 매달린다. 순간, 쾅 닫히는 철문.

#3

어머니: 얘가 자꾸 길을 헤매고 다녀서 데리고 왔어요.

의사(소리): 네. 잘 결정하셨습니다.

어머니: 성모상을 안고 차도로 뛰어들었어요. 입원하면 나을 수 있겠죠?

아악! 비명소리가 들린다.

나: 왜 맞는 거예요?

당사자(소리): 반항하니까. 너도 여기서 나가려면 말 잘 들어. 아니면 격리실에 갇혀. 거긴 움직이지 못하게 묶어두고 주사 놓고 똥오줌 누는 것까지 촬영하는 데야.

나: (두려운 눈빛으로 주변을 돌아본다.) 언제쯤 저는 퇴원할 수 있을까요?

당사자(소리): 입원하고 한 달간은 면회도 안 돼.

#4

불안하게 무대 이쪽저쪽을 돌아다닌다.

나: 약을 먹으면 마음이 불안하고 초조해져서 한순간도 같은 자리에 앉아 있을 수가 없어요. 너무 힘이 들어요.

보호사(소리): 다 그런 거니까 참아요.

나: 의사 선생님과는 언제쯤 개인 면담이 될까요? 저는 이곳에서 빨리 나가고 싶어요.

보호사(소리): 때가 되면 면담을 할 수 있을 테니 기다려요.

나: 자꾸 미루기만 하시는데 밖에는 못 나가나요? 갇혀 있으려니 숨이 막혀요. 잠깐이라도 외출을 할 수 없을까요?

보호사(소리): 기다리라니까!

#5

의사(소리): 미술치료 세 번, 음악치료 두 번, 그리고 상담비까지 추가 비용 100만 원입니다.

나: 이제야 의사 선생님을 뵙네요. 선생님, 매일 아침 병실 청소와 화장실 청소 제가 다 하고 있어요. 환자분들과도 잘 지내고 있고요.

의사(소리): (말을 끊으며) 네. 말씀 다 하셨죠? 그럼 다음 환자분 들어오라고 하세요.

의사: (혼잣말로) 퇴원을 시켜도 되겠어. 더 이상 반항을 하지 않네.

#6

'엄마'가, '나' 무대 뒤쪽 벤치에 앉아 있다.

엄마: (함께 앉아 있던 벤치에서 일어서며) 혼자 갔다 올 테니까 넌 집에 있어.

나: 엄마 나도 장례식 갈 거야. 외숙모한테 마지막 가시는 길 인사는 드려야지.

엄마: 네가 거길 왜 가. 친척들도 다 오실 텐데.

나: 그게 왜? 외숙모가 나 어렸을 때 추석날이면 송편 빚은 거 따로 나한테 이거 목우가 만든 송편이라고 챙겨주셨어. 우리 외갓집하고 가까이 살았잖아. 그래서 엄마 일 나가면 라면도 끓여주시고.

엄마: 너 거기 가서 이상한 소리 들리고, 갑자기 망상 오면 그 친척들 다 있는 앞에서 세상 창피해서 내가 어떡하라고! 뉴스에 또 어떤 사람이 사람 죽였다던데. 넌 안 부끄러워?

나: 엄마 그게 왜 내가 부끄러울 일이야. 엄마는 딸보다 뉴스를 더 믿어? 엄마는 내가 조현병인 게 그렇게도 싫어? 날 좀 있는 그대로 봐주면 안 되는 거야? 있는 그대로 사랑해주면 안 되는 거야? 왜 나를 폐쇄병동에 집어넣었어?

엄마: 또 그 얘기야? 너라도 네 딸이었으면 그렇게 했을 거야.

나: 제발 날 보호하려고 그랬단 말은 하지 마! 내가 바라는 건, 거짓말이라도 좋으니까 '거기 보낸 걸 후회, 다시는 널 그곳에 보내지 않을 거야, 널 아프게 해서 정말 미안해'라는 말뿐인데…… (흐느낀다.) 면회 왔을 때 왜 내가 잘 지내고 있다고 한 줄 알아? 반항하면 못 나가니까! 나가려면 잘 지내야만 했으니까!

'엄마'와 '나', 각자의 의자에 가서 앉는다. 관객 쪽을 바라보며.

나: 그래도 엄마, 나, 엄마, 사랑해.

엄마: 나도.

나: 나도가 뭐? 응?

엄마: 그냥 다 원망스러웠어. 너도, 네 아빠도, 이렇게 살고 있는 나도.

나: 나 엄마를 이해할 수 있을 것 같아. 엄마는 내가 독립해서 돈벌이 하고 집도 갖고 맛있는 것도 먹고 옷도 예쁘게 입고 다니고 엄마 아빠 옷도 사주고 여행도 시켜주고 그렇게 사는 게 꿈인 거잖아.

엄마: 그래, 그냥 남들처럼 평범하게 살고 싶었는데……

(내레이션) 한때 저는 다섯 마디를 하려면 세 마디의 말을 하고 두 마디의 말은 잊히는 몸을 가지고 있었습니다. 약 용량이 많아서 어떤 생각도 할 수 없던 때였습니다. 그때 제 주위에 있는 사람들은 제가 하는 말을 들었으나 그 말이 하고 싶은 것에 대해서는 주의를 기울이지 않았습니다. 제게는 꿈이 있었으나 그런 몸으로 이룰 수 있는 것은 없었습니다. 저는 실패했고 좌절했습니다.

저는 그런 몸, 그런 몸을 가지고 산다는 것의 의미를 사회에 나와 알게 되었습니다.

잠이 쏟아져 간단한 문서 작성을 할 수도 없고, 강박 때문에 몸을 움직여 물건을 정리할 수도 없고, 설거지조차 물소리가 말을 거는 환청으로 들려 할 수 없는 그런 몸들…… 그런 몸들은 쓸모없는 몸으로 버려지고 자본주의 사회에서는 쓰레기로 분류되어 시설에 수용되거나 아니라면 가족에게조차 부담만 주는 존재로 여겨져 무시당하고 침묵당하며 살고 있다는 사실을 말입니다.

아무도 우리의 목소리에 응답하지 않았습니다.

우리가 자유롭던 날들은 어디에 있을까요? 우리는 왜 병원에 갇히고 약을 먹어야 사는 존재가 되어버렸을까요? 그리고 우리는 왜 이리 무능할까요?

(소리) 바위는 차갑고 단단하고 움직이지 않습니다. 그러나 바위에서도 배어나오는 것이 있습니다. 햇빛이 내리쬘 때 온화해지는 바위의 온도, 비가 내리는 날 한층 어두워지는 바위의 농도로 알 수 있습니다. 바위를 오래 생각하다보면 침묵 속에 있는 많은 것들이 어떻게 세상과 소통하고 있는지 조금은 알 것도 같습니다.
바위는 오래도록 이 시간의 틈 속에서 많은 것들을 바라보았고, 많은 것들을 품었으며, 많은 것들로 풍요로웠습니다.
표정을 잃어버린 누군가의 얼굴을 떠올리다가 그/녀가 웃었던 때를 생각했습니다. 얼마나 많은 말해지지 않은 것들이 그/녀의 내면에 간직되어 있던 것일까요.

소리가 진행될 때, 배우 한 명, 한 명이 나와 '나' 뒤에 선다.

#8

[조명-따뜻한 환청]

소리들:

- (나드) 목우야, 일어나. 내가 네 얘기를 들어줄게.

- (안희제) 넌 선하고 아름답고 존엄해. 네 곁에 우리가 있을게.
- (쟤) 아파하는 동안 사랑하려 애썼잖아. 그 노력만으로 너는 충분해.
- (다리아) 너무 오래 혼자 아팠어. 도와주는 사람이 없었구나. 너를 이해하는 사람도.
- (다 같이, 앞의 문장 반복 후) 이제 네 곁에 우리가 있어.

어느새 소리들이 나를 에워싸고 앉아 있다. 나, 조금씩 몸을 움직이며 일으켜 세운다.

[조명-복귀]

나: 내가 지금 몇 살이더라.

사이

먼 길을 돌아 나는 영혼을 발견한 것일까. 환청은 세상의 연약한 것들이 내는 소리에 귀 기울이고 싶던 내 마음이었을 거야. 망상은 소외된 꿈들이 짓는 몹시도 뜨거운 희망. 내 영혼 속에 고통이 키운 빛이 있어. 이제 나는 그렇게 어룽거리는 한 점 빛이 되고 싶어.

암전.

세 번째 이야기

등장인물: 나(다리아), 아빠(안희제), 의사(나드), 시어머니(쟤), 엄마(나드), 사제(박목우).

소품: 묵주.

'나'와 '아빠'가 무대 중앙에 서 있다.

[음악 끝나면 조명 in]

#1

의사: 수술은 잘 마쳤습니다. 난소는 난소 자체가 혹이 되기 때문에 혹을 제거하면서 난소도 같이 잘랐어요. 그래도 제가 왼쪽 20퍼센트, 오른쪽 70퍼센트는 남겼어요.

아빠: 선생님, 그럼 임신하는 데는 문제없는 거죠?

'나', 주저앉아 얼굴을 파묻는다.

#2

주저앉은 '나' 옆으로 '시어머니'가 와 앉는다. 묵주를 돌리며 기도한다.

시어머니: 우리 다리아를 위해 기도합니다. 하느님, 다리아의 난소의 혹이 없어지게 해주시고, 얼른 새 생명을 잉태해 충만한 성가정을 이루게 해주세요. 성부와 성자와 성령의 이름으로, 아멘⋯⋯

'나', 주저앉은 채 '시어머니'의 기도를 들으며 점점 멀어지며 성당으로 들어간다.

#3

사제: 오늘 강론은 생명에 관한 이야기입니다. 생명은 하느님이 주신 가장 소중한 선물입니다. 그런데 요즘 젊은 부부 중에 아이를 낳지 않는 이들이 있습니다. 이들은 자신들이 그저 편하려고, 이기적인 선택을 하는 것입니다. 부부가 아이를 낳고, 기르는 것은 하느님이 주

신 소명입니다. 이에 책임을 다해야 합니다……

'나', 강론을 들으며 앉은 채로 밀어진다.

#4

의사: 재발했던 혹이 없어졌네. 자궁하고 난소가 아주 깨끗합니다.

나: 정말요? 이게 저절로 없어지기도 하는군요.

의사: 네, 물혹 같은 경우는 그렇기도 하죠. 다시 생기지 않게 관리만 잘 해주세요.

나: 고맙습니다, 선생님. 안녕히 계세요. (엄마에게 전화를 건다.) 엄마, 나 방금 병원 갔다 나왔거든. 난소에 있던 혹이 없어졌대.

엄마: 그래? 진짜야? 그게 없어졌대?

나: 응, 신기하지. 이게 저절로 없어지기도 하나봐.

엄마: 아이고, 잘됐네, 잘됐어! 그럼 이제 아이 낳으면 되겠다.

나: 뭐라구? 그게 무슨 소리야. 아이 안 낳는다고 했잖아! 왜 또 그 소리야?

엄마: 아니, 몸이 멀쩡한데 애를 왜 안 낳아! 깨끗해졌을 때 빨리 나아야지!

나: 혹 때문에 아이 안 낳겠다고 한 거 아니야. 우리는 아이를 원하지 않아! 아으으! 괜히 엄마한테 전화했어! 끊어! 안 낳는다고 저번에 얘기했구만, 또 이러네.

짜증이 치솟는 몸짓으로 거리를 걷다가 식당으로 들어가 철썩 앉는다.

나: 와퍼 세트 하나 주세요!

아빠! 수술받고 힘들어 죽겠는데, 왜 내 걱정이 아니라 임신 걱정부터 해? 아빠 말 듣고 내가 얼마나 힘 빠졌는 줄 알아? 아이 못 낳게 되면 결혼 못할까봐 그래? 결혼할 때 남편한테 나랑 결혼해줘서 고맙다고 말했지? 내가 마치 하자 있는 것처럼…… 그거 보는 내 마음이 어땠는 줄 알아? 결혼 안 하고, 아이 안 낳으면 좀 어때…… 부모라면, 내가 어떻게 살든, 어떤 선택을 하던 그냥 응원해줄 수 있는 거 아니야?

어머니, 내 혹이 없어지길 기도하는 건 나를 걱정해서인가요? 아이를 낳지 못할까 걱정하는 건 아니고요? 내 몸은 어머니 손주를 안겨줄 수단이 아니에요. 저는 아이 낳으려고 결혼한 게 아니고요, 그저 행복하게 살려고 결혼했어요.

신부님, 편하게 살려고 아이를 안 낳는다고요? 편하게 사는 게 뭐 어때서요? 종일 일하고 피곤에 절어 그다지 편하지도 않지만, 좀 편하게 살면 안 돼요? 나는 내 몸 하나 돌보는 것도 벅차요. 불안한 몸으로 간신히 일상을 유지한다고요, 육아에 집안일에 노동까지 내가 아등바등 힘겹게 살면 만족하시겠어요? 어떻게 이런 삶의 고단함을 편함이라는 단어 하나로 퉁칠 수 있어요?

엄마는 나 키울 때 행복했어? 난 엄마가 하나도 행복해 보이지 않았어. 나 때문에 힘들어하는 것만 봤어. 엄마가 뭘 걱정하는지 알아. 남들과 다르게 살아도 괜찮아. 난 그냥 나로 살게 내버려둬. 부탁이야.

왜 다들 아이를 낳으라고 쉽게 말해요? 내 인생을 대신 살 것도 아니면서!

주변에 무참히 버려지고 쓰러지고 짓밟히는 생명이 얼마나 많은데, 왜 다들 새 생명만을 원하나요? 그렇게 생명이 소중하면 주변부터 살피세요!

아이를 낳지 않는 게 나라를 생각하지 않고 이기적인 행동이라고 비난해도 상관없습니다. 나는 애국자가 되지 않을 겁니다. 내 몸은 나라의 미래를 위해 인력을 생산하는 출산 도구가 아니에요. 그러니 모두들! 내 난소를 위해 기도하지 마세요!

암전.

네 번째 이야기

등장인물: 나(재), 기독교 신자(박목우), 엄마(나드), 고용센터 직원(다리아), 입원실 환자들(모두).
소품: 캐리어, 살색 비니, 이어폰, 취업성공패키지 신청서 파일 2부.

#1

[조명 in]

나: (캐리어를 끌고 입원실로 들어오며) 안녕하세요. 잘 부탁드려요.
환자: 젊은 아가씨가 어디가 아파서 왔어?

나: 아, 유방암이래요. (들고 온 짐을 정리하기 시작한다.)

환자: 에이그, 불쌍해라. 몇 긴데?

나: 4기요.

환자: 아이고, 젊은 아가씨가 어째. 결혼은 했어?

나: 아뇨. 결혼 생각이 없어서요.

환자: 아니, 결혼도 안 하고 돌봐줄 사람도 없어서 어떡해? 남자친구도 없어?

'나', 대답 없이 어색하게 웃는다.

환자: 아가씨는 무슨 일 했는데? 회사 다녀?

나: 아 프리랜서로 축제 기획하는 일 했어요.

환자: (마구 말을 쏟아낸다) 아이고. 그러니까 아프지. 늦게까지 일하고, 자꾸 편의점 음식 먹고, 술 마시고. 그래서 아픈 거였구만그래. 아가씨, 앞으로 절대 냉장고 음식 먹지 말고 좋은 것만 먹어. 그리고 노니 한번 먹어봐. 그거 먹고 몸이 엄청 좋아졌대거든? 그리고 치료받으면 공기 좋은 곳으로 가서 살아.

나: 생각해볼게요……

환자: 아이고 혼자 있으면서 짐은 또 왜 이렇게 많아.

환자: 그나저나 병원비는 누가 대줘? 부모님 등골 빼먹는 거 아냐?

환자: 보험금은 얼마나 나왔어? 빨리 돈 많은 남자 잡아서 결혼해. 효도해야지.

같은 병실 '환자'들의 오지랖과 '충조평판'(충고, 조언, 평가, 판단)은 그칠 줄을 모르고…… 앞으로의 생활이 쉽지 않겠다고 생각하며 어색한 표정을 짓는다.

'환자'들 중 한 명이 다가와 이어폰을 귀에서 빼며 조용히 성경을 건 넨다.

기독교 신자: 예수님 믿어, 이런 병에도 다 뜻이 있을 거야. 따라해봐. 나는 지금 이 순간부터 하나님을 영접한다. 따라해봐 어서(이후 신자 역할인 목우의 즉흥 애드립).

'기독교 신자'는 자신의 말에 취해 일장연설을 계속 늘어놓고, '나'는 슬그머니 캐리어를 끌고 무대 중앙으로 가 있는다.

2

[영상 5 - 삭발식 중계 이미지 정지 컷]
[조명 - 다시 환하게]

나: 안녕하세요. 저는 오늘 이 자리에 삭발 퍼포먼스를 하려 카메라 앞에 앉았습니다. 친구들아 안녕. 저는 유방암 4기 판정을 받고 지금 항암 치료를 받고 있는데요. 유방암 항암 치료는 머리카락이 빠지기 때문에 머리를 다 밀어야 하거든요. 근데 머리를 민 여성들의 이미 지를 떠올려보면 투쟁의 비장함이나 슬픈 사연이 먼저 떠오르곤 하지 않나요. 저는 사실 머리를 미는 게 그렇게 슬프지 않거든요. 살면서 아기 때 이후로 빡빡머리를 해보는 게 처음이라 좀 신기하기도 하고 그동안 미처 해보지 못했던 것을 해본다는 의미에서도 궁금하기도 합니다. 긴 머리라는 여성성의 지표를 벗는다는 의미도 되고, 여러 가지 의미로 삭발을 경험해보는 것은 저에게 의미가 있는 것 같아 요. 그럼 바로 머리를 밀어보겠습니다. 절대 울지 마세요. 저 안 슬프 니까.

#3

'고용센터 직원'이 의자에 앉고, '나'도 의자를 돌려 앉는다.

나: 안녕하세요. 취업성공패키지 신청하고 싶어서 왔는데요.

직원: 아 네. 제출 서류 가져오셨죠? 여기 서류 읽어보시고 참여 신청에 서명하시고요. 지금 보니 정지혜님 유형 1에 해당하시네요. 소득이 적은 저소득층은 코로나 때문에 요즘은 구직촉진수당이라고 해서 패키지 잘 수행하시면 최대 150만 원 수당 신청도 가능합니다.

나: 네. (서류를 읽어본 후 당황하며) 아, 그런데 저기…… 여기에 질병이나 부상 등으로 참여가 어렵다고 판단되면 취업지원 유예 사유라고 하는데…… 제가 암 환자거든요.

직원: (당황해하며) 네?

나: 아, 2년 전에 진단받았고요, 집중 치료도 했고, 담당 의사 선생님께서도 일할 수 있다고 하셔서 고용센터에 도움받으러 온 거거든요. 신청할 수 있는 거죠?

직원: 아…… 이런 상황은 저도 처음이라…… 신청은 뭐 해드릴 텐데. 신청이 유예되실 수도 있어요.

나: 그 기준이 정확히 어떻게 되는데요?

직원: 그건…… 저도 지금은 확답드리긴 어려운데요. 아무래도 국가 예산으로 하는 것이다보니 건강상 문제로 중도 탈락하거나 하면 이게 다 국고 낭비거든요. 여튼 회의를 좀 해봐야 하고, 아니 아프면 치료받고 쉬셔야지 왜 굳이 일을 하려고……

나: 네?

직원: 아니 아픈 사람이 왜 일을 해요?

나: 이번 달 약값만 얼마 나왔는지 아세요? 비보험이라 360만 원 나왔어요. 그 돈은 어디서 나오는데요? 나라에서 대주나요? 왜 굳이 일을 하다니요? 돈이 있어야 치료를 할 거 아니에요!

직원: (머쓱해하며) 아…… 네. 알겠습니다. 신청 통과되면 다시 연락드릴게요.

나: (힘이 빠져 한숨 쉬며) 감사합니다.

'고용센터 직원' 퇴장. '나', 의자에서 일어선다.

#4

나: 여러분 저는 제 인생을 어떻게 살 수 있을까요? 아픈 몸이면 돈이 참 많이 필요한데, 아픈 몸으로도 돈을 벌 수 있는 일은 무엇일까요? 과연 저는 알바라도 구할 수 있을까요? 암만 치료한다고 다 되는 건 아니잖아요. 우리 사회에서 암만큼 두려운 게 가난 아닌가요? 직장도 제대로 못 갖고, 더욱 가난해지고, 차별받고……

암 치료로 몸은 살아 있지만 삶을 꾸려낼 조건은 갖지 못하잖아요. 저에겐 암 때문에 죽는 두려움보다 당장 내 힘으로 먹고살 수 없다는 두려움이 더 커요.

애써 일을 구한다고 해도 한 달에 두 번은 가야 하는 병원인데 눈치 보지 않고 일할 수 있을까요? 화장 안 해도 아파 보인다는 얘길 안 듣고, 브라를 안 하고 가슴 한쪽 없는 걸 굳이 숨기지 않는 복장으로도 일할 수 있을까요?

9시부터 6시까지 풀타임 일을 한다고 해도 업무시간을 잘 견디며 일할 수 있을까요? 솔직히 저도 잘 모르겠어요. 저는 아픈 몸으로도 제 삶을 온전히 스스로 꾸리는 삶을 살고 싶어요.

여러분, 세상에 암 환자가 이렇게 많은데, 암 환자의 삶에 대해 여러분은 아세요?

암전.

등장인물: 나(안희제), 의사1(다리아), 영양사(재), 의사2(나드), 엄마(박목우), 의사3(다리아), 의사4(재), 입대 친구(재), 동아리원(다리아), 전화 목소리(빠빠).
소품: 약통.

#1

[조명 in]
[영상 in 수능 D-Day]
'나'의 뒷모습. 의자에 앉아서 공부한다. 아픈 듯 엉덩이를 들어 왼쪽만 의자에 닿고, 나머지는 허공에 떠 있다. 아무리 생각해봐도 이건 놔둬서 사라질 염증은 아니다. 영 이상하다.

관객석을 향해 돌아앉으면 병원.

의사1: 항문 주위 농양 제거 수술은 잘됐는데, 어떻게 이리 오래 참았어요? 거의 고환에 침범하기 직전이었어요. 일단 농양 다시 쌓이지 않게 실리콘을 달아줄게요. 매주 드레싱 받으러 오세요.

'나', 일어선다. 지하철 안, 서 있는데 너무 아프다. 앉으려고 해도 수술 부위가 찢어지듯이 아프다.

'의사1' 앞에 가서 선다.

의사1: 지금 몇 주째 드레싱을 했는데 가라앉질 않네요. 아무래도 재수술을 해야 할 것 같네요.

나: 재수술이요?

다른 병원. '의사2' 앞에 가서 선다.

의사2: 재수술할 필요는 없고, 이거 불치병이네요. 크론병이에요. 크론병 들어봤어요? 그거 때문에 치루가 생긴 거예요. 그냥 농양 아니고요.

나: 네? 크론병이 뭔데요?

의사2: 가만히 있어도 계속 소화기에 염증이 생겨요. 지금처럼 입부터 항문까지. 일단 약은 이거 드시고, 옆에서 식단 안내해줄 거예요.

영양사: 자 일단, 밀가루 먹으면 안 되고, 매운 거 안 되고, 기름진 것도 안 되고요, 장에 남으면 안 되니까 채소도 식이섬유 많으면 안 되고요. 술이랑 담배 당연히 안 되고, 관리 잘못하면 암에 걸리거든요?

나: (좌절하며) 내가 먹을 수 있는 게 대체 뭐지……?

무대 중앙으로 들어오면 공간이 집으로 바뀐다.

나: 모르겠다 나도…… (약을 한 움큼 입으로 털어 먹고 잔다.)

엄마: 희제야 일어나.

나: 아, 잠, 깐, 나 숨이, 잘 안, 쉬어져, (가슴 중앙부터 목까지 손으로 간신히 짚으며) 여기, 여기가 이상해…… 머리가 깨질 것 같아……

엄마: 병원 가자, 병원, 빨리.

'의사2' 앞에 가서 선다.

의사2: 어…… 이 부작용이 엄청 드문 건데요. (신기하다는 듯) 정말 확률 낮은데 걸리셨네요. (그냥 대수롭지 않게 넘기며) 그러면 약 바꿔드릴게요. 근데 염증 수치를 보니까…… 크론병 아닌 것 같은데……

나: 네? 한 달 전에는 크론병이 확실하다면서요!

다른 병원. '의사3' 앞에 가서 선다.

의사3: 어, 크론병은 일단 맞고요. 두통은 신경정신과 연결해드릴게요. 크론병이 뇌에도 침투했을 수 있거든요. (나를 획 밀면서 신경정신과 '의사4'로 공처럼 토스)

의사4: 검사해보니 뇌에는 영향 없고요, 일단 약은 드릴게요.

나: (약을 먹는다) 잠깐…… 아…… 아…… (머리와 윗배를 번갈아 붙잡고 신음한다) 이거 아닌데…… 아……

#2

'친구들'과의 술자리.

입대 친구: 희제야, 너 이거 한 잔, 아 너 술 못 마시지.

나: 소주잔에 물이나 따라줘. 너 군대 가는데 짠이라도 해야지.

입대 친구: 여기 치킨도 있는데 그러면 이것도 못 먹냐?

나: 응. 아프고 나서 아직 안 먹어봤는데 먹지 말래.

입대 친구: 야, 야, 그러면 치킨 평생 못 먹고 군대 안 가기 vs 치킨 술

다 하고 군대 가기 중에 뭐 고를래?

다른 친구: (재밌다는 듯이 웃으며) 어 쉽지 않은데…… 어…… 진짜 못 고르겠다 야.

입대 친구: 야 우리 군대 가는 사람들끼리만 한잔해, 한잔해. (나를 놔두고 건배하는 친구들.)

나: (머리를 벅벅 긁으며 자리에서 일어난다.) 나 먼저 일어날게. 훈련소 잘 들어가고. 휴가 나오면 연락해라.

친구들: (뭘 잘못했는지 알지만 미안함에 모면해보려 애쓰듯) 야 어디 가? 더 놀다 가야지! 사이다 시켜줄게!

'친구들' 무대 밖으로 퇴장하면 다시 집. 수업에 가야 하는데 몸이 너무 안 좋은 상황이다.

엄마: 희제야 오늘 학교 가기 힘들면 그냥 더 자.

나: 엄마, 나 수술한 데 옆에 염증 또 생겼어. 팔도 아파. 두 번 더 빠지면 F인데. (핸드폰을 꺼내서 전화를 한다.) 안녕하세요, 조교님. 행동경제학 수업을 듣는 경제학과 안희제라고 합니다. 제가 오늘 수업에 갈 수 없을 것 같아서 전화드렸습니다. 병결이기는 한데……

전화 목소리: 아 이 새끼들 날 더워지니까 자꾸 병결이래. (꼭 이 대사가 아니어도 됨. 들을 생각이 없다는 걸 보여주면 됨.)

나: 아 아뇨, 병원에 가서 바로 서류를 떼어오는 경우가 아니라서 설명을 드리자면, 저는 크론병인데요…… (증상 하나하나를 익숙한 방식대로 해명하듯 구구절절 설명하기. 조교는 결국 알겠다고 하지만 끝내 납득하지는 못한 눈치.)

다른 전화를 건다.

나: 안녕하세요, 저 수업 조모임 같이하는 안희제인데요.

전화 목소리: 네 안녕하세요.

나: 다름 아니라 제가 오늘 조모임에 못 갈 것 같아서요.

전화 목소리: 아, 왜요 진짜.

나: 제가 염증이 생겨서 걷기가 힘들어요.

전화 목소리: 다리 아프셔서 못 나온다구요?

나: 아, 그건 아닌데, 그게…… 제가 크론병인데요…… (앞선 통화와 비슷한 상황 이어짐.)

장애인권동아리 모임. 동아리 문집을 마감하고 있다.

동아리원: (수정 작업을 하는 듯 태블릿을 바라보며) 자, 이제 표지에 제목 쓰면, '장애인권동아리 문집 2호'! 거의 마감! (말이 끝나면 '나'를 바라본다.)

나: (동아리원이 말하는 내내 머리를 부여잡고 있다가 말이 끝나면 안 아픈 척) 진짜 수고했어. 이제 교정만 마지막으로 보면 되나?

동아리원: 그치, 이제 교정 끝내고 바로 인쇄 보내자.

나: 나 그런데 지금 머리가 너무 아파…… 웬만하면 하려고 했는데 몸이 이래서 집에 가야 할 것 같아. 다른 사람 없나……?

동아리원: (황당하다는 듯 언성을 높이며) 야! 지금 마감 일정 겨우 맞췄는데! 회장이 먼저 가는 게 어딨어? 그리고 여기서 교정 네가 제일 잘 보잖아. 제일 비장애인이고! 이것만 하고 가 이것만.

나: 나 근데 정말…… 아니다…… 그래…… 잠깐이면 되겠지……

나: (독백) 겉보기에 멀쩡하니까 지들 편한 대로 생각한다. 그래서 다 내가 일일이 설명해야 한다. 학교에서는 매번 모두에게 내 몸을 설명해야 한다. 나는 건강한 사람들이 보기에는 자기랑 비슷한데 자꾸 아프다고 하고, 장애인들이 보기에는 불편해 보이지 않는데 자꾸 힘들

다고 하는 이상한 사람이다. 그놈의 곁눈질 만능주의. 몸은, 결코, 그렇게 투명하지 않다.

다시 병원. '의사3' 앞에 선다.

의사3: 팔 아프신 거, 되게 특이한 데 염증이 생겼어요. 안쪽이랑 바깥쪽 사이 근육에 염증이 생기는 일은 드문데…… 근데 면역 수치가 낮으시네요?

나: 아, 제가 크론병이라 면역억제제를 먹어요.

의사3: (당황하며) 아 그것 때문일 수도 있어요. 진료받으러 가보세요.

의사4: 오랜만이네요. 근데 팔은 크론병 때문은 아닌 것 같고, 항문 주위 염증도 항문외과로 가보셔야 할 것 같아요.

나: 아 네……

(휙 토스)

의사2: 항문외과에서 해드릴 수는 있는데요, 크론병 문제는 아닌 것 같아요. 피부과로 가보시면 어때요?

나: 이번엔 피부과요? 아, 안 가! 이게 뭐야. 아! (온갖 짜증의 말들을 나오는 대로 쏟아낸다.)

주저앉았다가 겨우 일어나 앞으로 나와서 이야기한다.

나: (짜증과 분노를 간신히 가라앉히며, 관객들을 바라보고) 오진과 책임 전가, 약 부작용의 반복. 내 두통조차 설명 못하고, 팔에 생긴 염증 하나에 쩔쩔매면서 자신은 틀렸을 리 없고 내 몸이 특이하다고 말하는 뻔뻔함. 의학의 한계는 바로 여기에 있지 않을까요? 제 발이 진료과들 사이를 헤맨 이유는 의사들의 혼란 때문이었습니다. 그러니까, 헤맨 건 내가 아니라 의학이죠. 의학이 완벽하다는 착각을 버릴

때, 비로소 의학은 제자리를 찾을 수 있을 겁니다. 실수와 부작용의 책임을 저에게 전가하지 마세요.

암전.

등장인물: 나(나드), 엄마(다리아), 의사(안희제).
소품: 캐리어.

#1

[조명 in]
무대 가장자리에서 허공을 보며 서 있다.

목소리: (내레이션)
열여덟 살, 교실에서 책상다리에 걸려 넘어지고, 스물세 살과 스물네 살에 각각 오른쪽과 왼쪽 턱관절 수술을 받았다. 그리고 재발. 스물여덟 살에 세 번째 수술을 받았다. 이후 10여 년 이상 재활을 하다가 자궁과 난소 질환으로 네 번째와 다섯 번째 수술을 받았다.

나: 인생의 절반이 발병과 재발, 수술과 재활로 촘촘히 채워졌다. 손가락 한마디만 한 턱관절 염증에서 시작해 턱뼈로, 온몸의 근육 경직으로, 또 자궁근종과 난소의 자궁내막종으로 몸은 도미노처럼 무너졌다. 아무리 노력해도 원점으로 떨어지는 삶. 열여덟 살, 교실 책상다리에 걸려 넘어지며 턱을 부딪혔던 그 찰나의 순간이 떨어지는 돌을 영원히 밀어 올려야 하는 시시포스의 형벌을 선고받은 순간이었을까.

#2

[영상 7 - 렛미인 캡처 영상과 사운드, 사운드 out 되면]
고개를 돌려 화면을 본다.

나: 얼굴 뼈가 녹는 여자? 어머 어떡해…… (화면을 보다가 이끌리듯 무대 중앙으로 걸어나와 앉는다. 뚫어질 듯 화면을 보다가 배를 움켜 잡으며 통곡한다.) 저거 내 얘기잖아. 내가 저 사람보다 더 나빠.

얼마 전 책을 읽다가 삶의 저자성을 이야기하는 구절에 밑줄을 그었다. 누구나 자기 이야기를 설명하고 반성하면서 자율적으로 써내려가는 저자로서의 삶이 있다고. 살아간다는 것이 자기 인생의 저자가 되는 것이라면, 나는 스물여섯 살에 갑자기 다른 장르의 작가로 변신한 셈이었다.

#3

나: 이것 보세요. 교정하면서 교합이 더 벌어지고 있잖아요. 턱이랑 머리가 너무 아파요. 그렇다면 치아 교정을 하면 안 되는 거 아니었나요? 뭐라고요? 턱관절 때문에 턱뼈가 변할 리가 없다구요?

'나', 방향을 돌리면 다른 병원.

나: 그러니까 턱관절 염증이 심해서 그 부분의 턱뼈가 녹아서 흡수되고 있다구요? 이제 턱뼈를 절개하는 수술을 받아야 한다구요?

'나', 방향을 돌리면 다른 병원.

나: 수술이 다음 주인데, 수술을 받아야 하지만 좋아질지는 모르겠다는 건 무슨 말이죠?

'나', 컴퓨터 앞에 앉아 검색을 하고 메일을 쓴다.

나: 엄마, 미국에서 턱관절에 가장 유명하다는 의사한테 메일을 보내 봤는데. 바로 답장이 왔어. 자기가 고칠 수 있을 것 같대.

엄마: 그래? 그럼 가자.

#4

엄마와 함께 캐리어를 끌고 귀국.

엄마: 이제 진짜 다시 시작해보는 거야. 수술도 잘 끝났으니까 이제 잘 회복하면 다시 예전 모습으로 돌아갈 수 있을 거야.

'엄마', '나'를 방으로 데려다주고 무대 밖 의자에 앉는다.
'나', 침대에 머리를 기대고 바닥에 앉아서 울고 있다. 손으로 턱을 만지며.

나: 아. 턱이 왜 다시 아프지?

'나', 침대로 올라가서 눕는다. 자다가 신음소리를 내며 뒤척인다.

나: 머리도 아파. 아, 귀에서 다시 사이렌 소리가 나. 미국까지 가서 수술했는데 왜 이런 거지? 재발한 건가? (몸을 일으키려다가 쓰러지며) 아, 다리만 움직여도 머리까지 아파. 배도 아파. 뭐가 잘못된 거지? 나는 언제까지 이렇게 살아야 하지? 하나님, 나를 버리신 건가요? 내 고통은 당신과 상관이 없습니까? 하나님, 차라리 나를 데려가 주세요.

#5

'나'는 끊임없이 운동을 하고 재활을 하고 해부학을 공부한다. 양옆에서 말들이 들리면 그쪽을 쳐다보기만 할 뿐 묵묵히 할 일을 계속한다. 시시포스처럼.

친구1: 이거 치료비에 보태. 치료받고 열심히 노력하면 완치될 수 있을 거야.

나: 치료받고, 운동해서 나아서 빨리 학교로 돌아갈 거야.

'나', 운동하다가 아랫배를 만진다.

의사 목소리: 자궁근종이 15센티예요. 난소에 낭종도 있어요. 수술하셔야 합니다.

나: (운동하면서) 당장 수술하기는 힘들어. 재활하고 몸이 나아지면 수술받자.

친구2: 이번에 박사 논문 통과됐어. 수희 너도 빨리 학교로 돌아와야 할 텐데.

나: 좋겠다. 나도 아직 늦지 않았어.

'나', 열심히 운동하다가 아랫배를 움켜잡고 비명을 지르며 쓰러진다.

나: 엄마, 응급실에 가야겠어. 난소 혹이 파열된 것 같아.

의사 목소리: 근종이 역대급으로 커서 자궁 일부만 겨우 살렸어요. 자궁에서 혹을 떼어낸 것이 아니라 혹에서 자궁을 떼어낸 수준이에요. 그런데 파열된 혹이 물혹이 아닌 자궁내막종이라 재발 확률이 높아요. 여기 복강이 검게 물든 거 보이시죠?

나: 노력한다고 좋아질 수 있는 걸까?

친구3: 다음 주에 우리 콩콩이 돌잔치하는데 올 수 있어? 힘들면 오지 말구. 애가 밤에 자꾸 깨서 나도 잠이 부족해.

친구4: 우리 그때 프로젝트로 컨설팅해줬던 회사 있잖아. 거기 경력직으로 들어가게 됐어.

나: 나도 다른 삶을 살고 싶어.

의사 목소리: 다시 난소에 9센티 정도의 낭종이 보여요. 모양도 안 좋아서 암 의심 소견도 있어요. 자궁근종도 작은 게 다시 생겼고, 내막에도 피가 고여 있어서 조직 검사가 필요합니다.

나: (재활하면서, 혼잣말로) 수술받은 지 5개월밖에 안 되었는데 또 수술을 받으라고? 호르몬 주사 맞으면 재발하지 않을 거라고 했잖아요. (바닥에 털썩 주저앉으며) 난 노력해도 소용없구나.

결국 힘에 부쳐 쓰러진다.
[사운드 in-국카스텐 ⟨Sink Hole⟩]

#6

[조명-어두워짐]
(무너져버린 짙은 허상과 / 보이지 않는 삶을 속인 삶의 소유와 / 삼켜져버린 병든 믿음과 / 사라져버린 찌꺼기로 만든 손바닥)
[사운드 페이드아웃]
나: 삶이 난해해지자 난해한 음악이 명료하게 다가왔다.

의사(목소리): 헤모글로빈 정상 수치가 12에서 16인데 5밖에 안 돼요. 우선 철분 주사 맞고 가시고요. 심장에 쇼크가 올 수 있으니 당분간 외출하지 마세요. 나갈 때도 혼자 다니지 마세요. 위험해요.

'나', 서서히 일어나 앉아서 컴퓨터를 한다.
나: 국카스텐 콘서트 예매!
'나', 침대에서 벌떡 일어난다.

엄마: 너 어디 가!
나: 괜찮아. 안 쓰러져. 이렇게 누워서만 살 수는 없어.
[조명 in-콘서트장]
'나', 콘서트장 한가운데 서 있다.

[사운드 in - 국카스텐 〈사이〉]

목소리: 이번 앵콜곡은 〈사이〉입니다.

나: 우와! 〈사이〉라니!

'나', 음악에 몸을 맡기며 춤인 듯, 수영인 듯, 물 위에 떠 있는 듯한 움직임.

(긴 계단 사이에도 / 빼곡한 달력 안에도 / 찾을 수 없었던 내 모습 / 허공 속에서 건져냈던 / 내가 증명될 모든 것이 / 뒤를 돌아보면 어느새 사라져……)

[사운드 페이드아웃]

나: 내가 잃은 건 허공 속에서 나를 증명하는 일일 뿐이었다. 나를 잃지 않았으니 아무것도 잃은 건 없다. 그러니 괜찮다. 내가 겪어온 고통은 나의 한계이기도 하지만 나의 자산이기도 하다. 글을, 나만이 쓸 수 있는 글을 쓰고 싶다.

#7

'나', 책상에 앉아 키보드를 두드리며 글을 쓰고 있다.

나: 글쓰기 너무 힘들다. 아. 머리 아파.

'나', 쓰러져 눕는다.

소리: 노력하면 잘되고 고생 끝에 낙이 오던가요? 그런데 왜 그렇게 믿고 있을까요? 그런 사람들만 글을 써서 그래요. 그러니까 잘되지 않은 사람들의 글이 세상에 더 많이 필요합니다.

'나', 다시 일어나 글을 쓴다.

목소리: (내레이션) 글을 쓰면서 나는 '이게 사는 거냐'고 '이게 살아 있는 거냐'고 묻던 시간으로 돌아가 '그 모든 아픔도 살아 있는 순간이었다'고 대답했다.

후배: 언니, 제 친구 만나실 수 있으세요? 몸이 아픈 친구인데 언니 얘기하니 만나고 싶다고 해서요.

나: (글을 쓰며) 고통의 시간을 통해 나는, 타인이 아픔을 털어놓을 수 있는 사람이 되었다.

의사: 자궁에 다시 용종이 생겼어요. 아직은 괜찮지만 언제든 재발할 수 있어요.

나: (내레이션) 끊임없이 돌을 굴리던 시시포스도 알았을 것이다. 애써 반복해도 돌은 굴러떨어질 것이라는 것을. 힘겹게 들어 올린 돌의 무게만큼 더 빠르게 돌은 내려갈 거라는 것을.

아픔을 극복하기 위해 아픈 시간이 존재하는 것이 아닙니다. 아픈 사람의 책임은 낫는 것이 아니라, 자신의 고통을 목격하고 증언하는 것입니다. 완치란 허상이라는 것을 뒤늦게야 깨달았습니다. 이제 건강을 잃으면 모든 것을 잃는다는 압박 속에 더 이상 스스로를 가두지 않기로 했습니다.

나는 이제, 완전한 치유가 아닌, 완전한 치유로부터의 자유를 원합니다.

암전.

아픈 몸들의, 아픈 몸들에 의한, 아픈 몸들을 위한 현장

조한진희

시작: '실험'과 '실현' 사이에서

아픈 몸들과 글쓰기는 몰라도 공연은 어려울 것이라는 반복되는 주장 앞에 놓였다. 그런 말과 함께 제작 기금 지원사업에서도 계속 떨어졌다. 오랫동안 소위 환자권리운동을 해온 선배들도 비슷하게 이야기했다. 힘이 쪽 빠졌다. 정말 할 수 있을 것 같고, 어렵더라도 방법을 찾아서 해내고 싶은데, 만나는 이들마다 불가능할 거라는 말만 열정적으로 늘어놓았다. 오기가 생길 지경이었다. 어려울 수 있지만, 조건을 만들어가다보면 결코 불가능하지 않다는 것을 보여주고 싶었다. 단순히 연극 프로젝트가 아니라, 아픈 몸의 사회 참여 가능성에 대한 실험이라고 생각했다.

연극을 기획하고, 시민배우를 공개모집하고, 극장을 예약하고, 마지막으로 연출자를 섭외했다. 연출자에게 강조한 몇 가지가 있었다. 우선 시민배우들의 몸에 무리가 되지 않게 진행하는 것이 중요하다는 점을 강조했다. 연습 과정에서 언제든 눕거나 쉴 수 있어야 하고, 그렇게 하는데 부담을 느끼지 않도록 해야 한다고. 또한 연습과 진행 상황을 예상할수 있도록 해야 하고, 건강상의 이유로 결석이 발생할 수 있음도 사전에 설명했다. 통상 공연예술계는 '건강한 비장애인'을 중심으로 연습 시간과 강도를 배치한다. 그중에서도 연극은 제작에 워낙 적은 자원이 투입되는 공연이다보니, 배우들에게 단기간에 강도 높은 연습을 요구하는 방식으로 만들어지는 경우가 많다. 이 연극을 만들 때 무엇보다 준비 및 연습 기간, 배우들의 체력 환경을 강조했던 이유다.

연습 첫날 시민배우 희제에게서 연습 참석이 어렵다는 메일이 도착했다. '최근 몸 상태가 평소보다 안 좋은 편이었는데, 아침부터 증상이 좀 더 심해져서 고민하다가 결국 오늘은 참여하지 못할 것 같다고 연락드립니다.' 그에게 답장을 보냈다. '건강은 좀 나아지고 있으신가요. 아픈 몸과 함께 산다는 것은 자주 예측할 수 없는 상태로 들어간다는 의미이기도 하지요. 그럼 몸이 좀 편안해지시길 바라고, 다음 연습 때는 뵐 수 있길 바라겠습니다.' 크론병과 살고 있는 그가 결석에 대한 미안함뿐 아니라 자신의 몸에 대한 자책감을 최대한 느끼지 않기를 바랐다. 아픈 몸들은 자기 몸을 예측하고 조절하기 어렵기 때문에, 사회적 약속 시간을 지키기 위해 몇 배로 노력하면서도 종종 약속을 지키지 못하는 경우가 생긴다. 이 프로젝트에서만큼은 아픈 몸들이 그런 감정을 덜 느끼며 작업할 수 있기를 바랐다.

시민배우들의 대본 초안을 받아보던 순간을 기억한다. 나드의 대본이 반복되는 질병과 재활에 대한 소중한 이야기를 담고 있었는데, 질병 이력에 대한 긴긴 나열이 염려됐다. 문득 장애인 미디어교육을 하던 때가 떠올랐다. 내가 장애인 미디어교육을 시작한 2006년 이래로 지금껏 변하지 않은 것이 한 가지 있다. 장애인 당사자들이 자신이 시혜와 동정의 시선에 둘러싸이는 것을 언제나 극도로 경계한다는 점이다. 그러나 영상 속에서 자신이 겪는 차별과 고통을 자세히 설명하다보면 결과적으로 어느새 비극의 주인공이 되는 일이 잦았다. 창작자의 의도와 관객의 수용 사이에 격차가 생기고, 창작자가 가장 우려했던 방식으로 전달되는 오류가 발생하는 것이다. 질병도 마찬가지다. 아픈 사람들은 동정과 연민으로 자신의 삶이 재단당하는 것을 원치 않는다. 질병과 재발 그리고 '투병'의 어려움은 자신의 삶을 설명하기 위해 결코 빼놓을 수 없는 것들이지만, 그것을 너무 길게 나열하게 되면 자칫 비참한 극복서사로 전달되는 오류가 발생하기 쉽다. 그렇게 전달될 때 가장 상처받는 것은 그 자신이다. 나드의 대본에 대해 연출자에게 병력을 설명하는 긴 내용을 줄이고 그 뒤의 이야기도 춤으로 압축적으로 표현하는 방향을 제안했다.

공연 날이 다가오자, 혹시나 공연 당일 건강 문제로 무대에 서지 못하게 되는 시민배우가 생기지 않을까 염려됐다. 공연 팸플릿을 만들며 공개모집 당시 시민배우들이 써서 제출했던 에세이를 수록했다. 혹시 무대에 서지 못하더라도 팸플릿을 통해서나마 자신의 이야기가 관객들에게 전달된다는 안도감을 갖길 바랐다. 공연을 앞두고 페미니스트 저널 《일다》에 시민배우들의 글을 연재하기 시작했다. 홍보 목적도 있었지만, 무대에서 미처 다 전하지 못하는 것을 사회에 전달할 수 있는 좀 더 안전하고 너른 통로를 확보해두고 싶었다. 글은 무대보다 컨디션의 영향을 덜 받으며 말할 수 있는 매체이므로.

공연 당일 필요한 준비물을 챙기며 가장 먼저 목록에 넣은 것은 배우들 수만큼의 요가매트였다. 공연 전후 언제든 누워서 쉴 수 있도록 하기 위함이었다. 무대 위에서 앉아 있는 시간이 제법 되는데, 방석이 필요하다는 이야기를 공연 날에야 듣고 급히 구하다보니 방석이 너무 얇은 게 내내 마음에 걸렸다. 좀 더 푹신한 방석으로 새로 구입하고, 아픈 몸에 최대한 무리가 덜 가도록 계속해서 살폈다.

수어통역: 한계를 인정하며 나아간다는 것

물론 시민배우들의 환경만 고려한 것은 아니다. 연극을 기획하며 세워둔 원칙이 있었다. 목적과 과정이 최대한 분리되지 않도록 하자고 다짐했다. 인권을 말하는 작품은 많지만 정작 제작 과정에서 인권이 지켜지지 않는 경우가 빈번하기 때문이다. 완벽하게 올바른 것은 불가능할지라도 최소한의 원칙을 정해 지키고 싶었다. '장애인 접근권'과 무대 뒤 '스태프들의 노동권'을 지키며 연극을 제작하겠다고 다짐했다.

연극 공연 후 온라인 관람이 시작되자, 수어통역 화면의 화질이 매끄럽지 않다는 의견이 들려왔다. 대사를 수어로 전달받아야 하는 농인들에게는 연극 감상에 불편을 겪을 수 있는 일이다. 예상했던 일이자 하나의 '선택'이었다. 공연 전날 무대 리허설을 하며 조명의 조도를 맞출 때, 시민배우 수영이 너무 밝은 조명에 쇼크가 올 수 있다며 자신의 몸 상태를 설명했다. 조명감독은 무대 위 조도를 전반적으로 낮게 조정했고, 조명을 켤 때도 서서히 밝아지는 방식으로 속도를 조절했다. 농인 관객의 시각 동선을 고려해 무대 바로 옆에 서 있는 수어통역사의 조명 역시 어느 정도 무대 조명에 맞춰 진행했다.

상황이 이렇다보니 화면에 수어통역사의 표정이 섬세하게 담기지 않았다. 예산과 시간이 더 허락되었다면 좋은 화질을 구현할 수 있었을 것이다. 그러나 조도를 맞추면서 처음으로 수영의 빛과 쇼크에 대한 정보를 알게 됐고, 공연은 20시간이 채 남지 않은 상태였다. 연극 공연 무대 촬영용으로 두 대의 카메라를 배치했고, 수어통역용으로는 영화 촬영이 가능한 화질 좋은 휴대폰 카메라를 배치한 상태였다. 무대 촬영용 카메라와 달리 수어통역용 카메라는 적은 빛에 상대적으로 취약했다. 새로운 카메라를 구할 시간도 없었고, 제작비가 이미 1000만 원 넘게 초과되어 빚이 쌓여 있는 상태에서 예산을 더 배치하기도 어려웠다. 선택을 해야 했다. 무대 위 배우의 안전과 건강을 우선으로 하되, 그다음에 수어통역 화면 화질이 대사를 전달받는 데 큰 방해가 될 정도인지 조언을 구했다. 화질이 아쉽지만 대사 전달에 방해가 될 정도는 아니라는 의견을 듣고 그대로 진행했다.

사실 장애인 문화접근권, 특히 문자나 수어통역은 내게 익숙한 분야였다. 그래서 별 문제 없이 잘될 거라고, 또 잘해야 한다고 생각하고 있었다. 2005년 시민방송 RTV 시사다큐 〈나는 장애인이다!〉 연출자로 활동할 때도, 다큐 제작이 끝나면 항상 자막과 수어통역 작업을 했다. 16년 전인 당시는 한국에서 장애인 문화접근권 논의가 본격화되던 시기였고, 내가 속해 있던 '다큐인'은 가장 최전선에서 그 담론을 주도하고 있었기에, 나 역시 몇 년 동안 동료들과 이런저런 고민 속에서 공부를 이어갔다. 이후에도 장애인권 영상이나 장애인 미디어교육을 지속했던 터라, 이 작업을 준비할 때 많은 공을 들였다. 연극 분야가 워낙 장애인 접근권이 떨어지는 영역인 만큼 더 잘 제작하고 싶었다.

연극은 수어통역 분야에서도 매우 고난이도의 통역에 해당한다. 따라서 경험 많은 수어통역사와 연극의 기획 의도부터 최근의 수어통역 환경과 영상 구현 현황까지 세세히 짚고 소통했다. 대본이 나오자마자 수어통역사에게 전달하고, 연습실에서의 전체 리허설 장면도 동영상에 담아 미리 전달했다. 수어통역사들은 모든 내용을 사전에 전달받았음에도 무대 리허설 때 직접 공연장에 방문해 배우들의 대사를 객석에서 혼자 통역해보는 등 열정과 책임감을 보였다. 드물게 진행되는 연극 수어통역인 만큼, 그들도 이 연극에 대한 애정과 연대의 마음이 깊은 듯했다.

공연 내내 수어통역사들은 손과 표정 뿐 아니라, 온몸으로 배우들의 대사를 전달하고자 노력했다. 공연이 끝난 뒤 배우들도 탈진 상태였지만, 단시간에 엄청난 에너지를 사용한 수어통역사들 역시 피로감을 느끼고 있었다. 문학작품을 다른 언어로 번역하는 것이 하나의 새로운 창작이듯, 수어통역도 마찬가지라는 것을 새삼 느낄 수 있었다. 연극 영상을 편집할 때도 세세한 논의를 거쳐 수어통역 화면 크기와 자막 위치를 결정했다.

이렇게 수어통역을 위해 몇 주간 여러 사람이 애썼는데, '화질' 때문에 온라인으로 연극을 관람하는 농인 관객들에게 자막이 충분히 전달되지 않는 한계가 발생한 것이다! 아쉬움이나 허탈함이라는 말로는 다 표현할 수 없었다. 다양한 소수자들의 특성과 조건을 존중하며 나아가는 과정에서 이처럼 빛에 예민한 건강약자인 배우의 신체 조건과 농인에게 수어통역을 전달할 수 있는 조건이 '충돌'하기도 한다.

시각장애인 화면해설과 관련한 문제도 있었다. 아픈 몸과 살아가는 시민들을 공개모집해 각자의 이야기로 만들어진 무대인 만큼, 통상의 연극처럼 대본을 자세히 써서 줄줄 외우고, 연기 연습을 해서 올리는 무대가 아니었다. 다양한 워크숍을 진행하며 몸을 좀 더 자유롭게 만들고, 각자의 질병 경험 중 일부를 장면화해서 무대 위에서 표현하는 형태였다.

통상 연극 연습은 배우가 극 중 캐릭터가 되어가는 과정으로, 공연은 그것을 무대 위에서 표현하는 행위로 간주된다. 반면 우리 연극은 시민배우의 몸에서 주저함이나 수치심을 덜어내고, 그 자리를 자부심과 저항의 몸짓으로 채워 무대 위에서 기꺼이 자신의 아픈 몸과 삶을 드러내는 작업에 가까웠다. 그렇게 되기까지 시간과 기다림이 필요했다.

홍보를 위해서는 최소 2주 전에는 보도자료를 배포해야 했지만, 그때 최종 대본은 나와 있지 않았다. 시각장애인을 위한 화면해설을 준비하는 데도 완성된 대본과 무대가 필요했지만, 최종 대본이 나오지 않은 상태였기에 장면 구성을 확정하는 것이 불가능했다. 결국 공연에 대한 구체적 내용 없이 공연 일정과 기획의도만으로 꾸려진 보도자료를 배포했고, 시각장애인을 위한 화면해설은 포기하는 '선택'을 했다.

연출자와 이야기했던 일정이 한참 넘어가고 있었지만, 재촉하지 않았다. 기획 당시부터 연극 준비 과정이 공연을 위한 일방적 준비가 아니라, 참여자들에게 의미 있는 과정이어야 하고 그들의 몸 속도가 존중되는 시간이어야 함을 연출이나 스태프들에게 강조했었다. 공연이라는 결과도 중요하지만, 그렇다고 시민배우들이 자신의 건강이나 정서적 호흡에 무리가 되는 연습 일정을 진행해선 안 됐다. 공연을 목표로 진행되는 연극 워크숍이었지만, 시민배우로 참여하는 이들에게는 자신의 몸과 과거의 경험을 다시 살아내는 치유의 시간이기도 했다.

공연이라는 최종 단계가 아픈 몸들이 서로 만나고 스스로를 치유하는 과정의 결과로서 나오는 방식이기를 바랐다. 말 자체로는 멋지고 매끈하지만, 현장에서 그것을 구현한다는 것은 상당히 어렵다. 그럼에도 가능했던 것은 이런 시간이 절박하거나 소중했던 시민배우들이 열정적으로 자신을 열어냈기 때문이었다. 다행히 노력과 열정이 만나 훌륭한 공연이 되었다. 하지만 결과적으로 시각장애인을 위한 화면해설은 진행하지 못했고, 언론 보도를 통해 질병권 운동을 좀 더 확장하는 데도 한계가 따랐다.

다양한 소수자들의 인권을 동시에 보장하며 나아간다는 것은 대부분의 삶의 문제가 그렇듯 계속해서 선택의 상황에 놓이고, 자본과 시간의 한계에 부딪히는 일이다. 흔히 소수자들은 자본이 시간의 한계를 극복시켜주고, 다시 시간이 자본의 한계를 극복시켜주는 '자본-시간'의 순환 고리에서 벗어나 있다. 이들에게는 자본도 시간도 없다. 연극을 준비한 우리도 그랬다. 그러나 현실의 한계에 좌절하기보다, 한계를 인정하고 그 한계를 넘어설 수 있는 길을 함께 모색하는 것, 그것이 우리가 '선택' 해야 할 태도이며 지향일 것이다.

특히 '아쉬움이 많았지만 최선을 다했다'거나 '어쩔 수 없었다'는 말로 끝나지 않는 경험을 해보는 것이 중요하다. 어떤 한계에 부딪혔는지 설 명하고 기록하는 행위가 중요하며, 그 또한 자신의 '선택'이었음을 인정 하는 태도가 필요하다. 소수자의 인권을 보장한다는 것은 각기 다른 소 수자의 필요와 특성에 맞춰 제공해야 하는 편의를 그저 '병렬적'으로 늘 려가는 일이 아니다. 소수자 각자의 현실은 다양하게 '교차'하고, 서로의 인권을 보장하기 위한 노력은 앞서 말했듯 '충돌'하기도 한다. 정해진 방 향으로 열심히 달리면 그만인 일이 아니라, 파도 위에서 끊임없이 흔들 리며 균형을 잡는 행위와 같다.

다양한 소수자성을 존중하는 것과 인권을 보장하려는 시도가 현실에 서 충돌할 때, 우선순위를 두고 '선택'해야 하는 일이 벌어지게 마련이다. 그 우선순위가 '정치성'이며, 그것을 바꾸는 것이 '정치'이고, 바꾸는 것 을 넘어 더 많은 우선순위를 실현시키는 것 혹은 우선순위의 의미 자체 를 재해석하는 것이 바로 사회운동이다. 우리는 이번 연극에서 건강약자 인 배우들의 건강을 우선순위에 두고 선택했다. 동시에 장애인 접근권을 놓치지 않으려 애썼으나 한계에 직면했다. 하지만 그때로 다시 돌아간다 해도 같은 선택을 했을 것 같다. 사실 지금도 더 나은 대안이 무엇이었을 지 고민을 진전시키지 못했다. 이 고민을 이렇게 기록으로 남김으로써 많은 사람들과 함께 대안을 모색해보고 싶다.

스태프의 권리: 노동권을 실천하는 현장

연극을 제작하며 놓치지 않기 위해 노력한 또 하나는 스태프들의 노동권이었다. 인권을 말하는 작품이라면 제작 과정에도 인권적 실천이 필요하다는 문제의식이었다. 무대나 스크린 위에서 인권을 말하지만, 정작 그 무대나 스크린을 만들기 위해 노력하는 스태프들의 인권은 쉽게 저버리는 것을 그간 무수히 보았다. 연극 기획 단계에서부터 스태프들의 노동권이 지켜질 수 있도록 몇 가지 규칙을 정했다. 이를테면 노동 제안과 계약을 할 때 노동시간을 정확히 명시하고, 법정 최저임금을 준수하고, 노동의 전 과정이 종료된 뒤 늦어도 일주일 안에 임금을 지급하고, 아무리 가까운 사이라 하더라도 무임금 노동은 없다는 규칙들이다.

당연히 지켜져야 하는 이 원칙들이 연극계는 말할 것도 없고 사회운동 영역에서도 종종 지켜지지 않는다. 투입된 자원이 극히 적은 열악한 환경에서 개인의 열정을 중심으로 움직이기 때문일 것이다. 연극계의 저임금과 체불은 최근 몇 년간의 통계로도 입증된다. 그 통계에 따르면, 예술 분야의 임금체불 중 42.9퍼센트가 연극계에서 발생한다. 또한 문화예술계 임금체불 중 500만 원 미만의 소액 체불이 73.2퍼센트로 대부분을 차지하며, 100만 원 미만의 체불도 22.1퍼센트에 달한다.* 소액 체불이라고 해서 노동자에게 타격이 적은 것이 아니다. 오히려 이런 식의 상습적인 체불은 문화예술계의 저임금 노동 환경을 짐작할 수 있는 단초가 된다.

연극 제작을 위해 조명 등 스태프들을 섭외할 때, 출근해야 하는 일자별로 출퇴근 시간을 명시하고, 임금은 법정 최저임금 혹은 그 이상으로 책정했다. 진행 지원 스태프로 결합한 지인 등 임금을 지급하지 않아도 된다고 말하는 이들도 있었지만, 무임금 노동은 없다는 원칙하에 모두 임금을 지급했다. 고도의 전문성을 발휘하는 영역을 담당하는 스태프의

 * 국회 문화체육관광위원회 소속 더불어민주당 김영주 의원이 문화체육관광부와 한국예술인복지재단에서 제출받은 자료(2018년 10월)를 참고했다. 〈5년간 예술인 임금체불 27억 원…… '연극'이 최다〉, 《연합뉴스》, 2018. 10. 7.

인건비의 경우, 적정 임금에 해당한다거나 저임금은 아니라는 자문을 받고 금액을 협의했다. 공연 종료 이후에는 음향오퍼부터 진행지원까지 전 스태프의 노동시간과 임금, 임금 지급일을 다시 점검했다. 계약시 제시했던 노동 총시간을 모두 맞췄고, 노동 종료 후 늦어도 3일 안에 임금 지급을 완료했다.

그리고 연극을 기획하며 처음으로 나 자신의 임금도 책정했다. 나는 건강을 어느 정도 회복하고 복귀하면서 지난 몇 년간 사회운동 영역에서 여러 대중 사업과 행사 등을 기획하고 진행했다. 그러나 단 한 번도 활동비(임금)를 받은 적이 없다. 한국의 운동사회는 특이하게도 상근자 중심의 문화가 강해, 상근을 통해 일정한 활동비를 받지 않는 활동가들의 경우 종종 애매한 위치에 놓이게 된다. 건강 때문에 상근 형태로 활동하지 않는 나 또한 주로 강의, 원고, 지원사업 프로젝트 수행 등이 주 수입이 된다. 그런데 이렇게 다양한 대중 사업이나 행사를 기획하고 진행하다보면 종종 악순환이 발생한다. 한창 바쁘게 활동하는 시기에는 초청 강의나 외부 요청 원고를 쓰지 못해 수입이 거의 생기지 않는 것이다. 아무튼 이번 연극에서는 처음으로 나에게 임금을 책정했고, 스스로 잘했다는 마음이 들었다.

재정이 넉넉해서 이렇게 할 수 있었던 것은 아니다. 무척 어려운 일이었다. 노동시간을 지키기 위해서는 더 계획적으로 일해야 하고, 이따금 포기해야 하는 일이 생기기도 한다. 무엇보다 한동안 빚더미에 올라앉아야 했다. 연극 제작비가 총 1600만 원 정도 들었는데, 아름다운재단에서 지원받은 금액 500만 원과 여기저기서 후원받은 금액 약간을 제외한 나머지가 전부 빚이었다. 빚이 점점 쌓여가자 주변에서 걱정이 이어졌고, 나도 슬슬 걱정이 됐다. 현금으로 교환할 수 있는 물건이 무엇이 있을지 집 안 구석구석을 살펴보기도 하고, 청약통장을 담보로 하면 신용등급이 낮아도 대출이 가능하고 심지어 저금리로 은행 대출이 가능하다는 것을 확인해두기까지 했다. 불안함이 없었던 것은 아니지만, 스태프들의 노동권을 지키기 위해 안간힘을 쓰며 연극을 기획하고 제작한 것에 조금의 후회도 없다.

사실 떠올려보면, 재정이 풍족하다고 해서 꼭 정당한 임금을 지급하는 것도 아니다. 강의료나 원고료를 보더라도, 돈이 넉넉지 않은 단위들에서 오히려 강사료와 원고료를 더 열심히 책정하는 경우를 종종 본다. 예산이 넉넉하게 있는 곳들에서 황당한 태도를 보이는 경우도 자주 목격했다. 지자체에서 전액 지원을 받는 기관에서 강의 종료 이후에 강사료를 깎거나, 이런저런 재단에서 '재능 기부'를 일방적으로 무례하게 요구하는 경우도 있다. 누군가의 노동에 대해 적절한 임금을 책정하지 않는 것, 그리고 임금을 지불하지 않는 것, 그게 바로 착취다.

제대로 된 임금을 지급하지 않고서도 미안함을 표하기는커녕, 그것을 당연시하는 모습을 보며 고개를 저었던 경우도 많았다. 착취를 당연시하는 각종 태도들, 그 부끄러움조차 모르는 모습이 지긋지긋했다. 노동권을 지키지 않는 것은 성폭력과 위계폭력만큼 나쁘고 부정의하다. 평등과 해방을 말하며 타인의 노동권 침해를 당연시하는 것은 평등과 해방을 말하며 성폭력이나 위계폭력 가해를 저지르는 것만큼이나 이중적이다.

많은 이들이 내 빚을 염려해주었을 때 걱정이 되면서도 한편으로 안심했던 건 그래서다. 기획 제작자로서 빚을 어쩌나 싶었지만, 스태프의 노동권을 지켰다는 것에 안심했다. 스태프들의 인건비를 깎기보다 홍보를 열심히 해서 더 많은 관객이 연극을 볼 수 있도록 하자는 계획이었다. 그게 스태프들의 인권을 지키는 일이고, 질병권 운동을 확장하는 일이라고 여겼다.

다행히 관객들의 뜨거운 홍보 덕분에 입소문을 타고 온오프라인 누적 관객이 (부분 에피소드를 포함하여) 2만 명이 넘었다. 의대나 간호대 등 대학을 중심으로 공동체 상영 신청도 들어오고, 인권단체에서 교육용으로 상영하고 싶다는 문의도 오래도록 이어졌다. 결국 제작비 때문에 진 빚을 공연 몇 달 만에 완전히 갚을 수 있었고, 심지어 몇 백 만원의 흑자를 기록하기도 했다.

하지만 알고 있다. 누구나 이런 시도를 할 수 있는 게 아니고, 이런 무모해 보이는 시도가 빚잔치로 끝나지 않을 확률도 매우 낮다는 것을. 그럼에도 이런 사례 하나가 생기면, 다른 이들도 용기를 낼 수 있을 것이다. 그리고 그 용기에 관객 역시 호응을 보낼 가능성이 적지 않다. 앞서 설명했듯 소수자의 안전과 편의 제공 같은 현실이 충돌할 때, 이런 문제를 상당 부분 '극복'시켜주는 것은 자본이다. 스태프들의 노동권 보장도 마찬가지다. 물론 자본이 있다고 해서 소수자의 편의와 스태프의 노동권이 자동으로 보장되는 것은 아니지만, 둘 모두 어느 정도 물적 토대가 있어야 가능한 실천들이다. 책이든 연극이든 하나의 작품은 결국 독자/관객에 의해 완성된다. 관람은 물론이고 예리한 비평은 작품에 대한 관객의 자리를 넓히며 완성시킨다. 관객들이 이런 시도를 멈추지 않는 작품들을 계속해서 완성시켜주길 바란다.

질병권 운동의 일환으로 기획·제작한 연극 〈아파도 미안하지 않습니다〉에 '관람'으로 화답함으로써 아파도 미안하지 않은 세상을 향한 무모한 프로젝트를 '완성'시켜준 관객들에게 깊은 고마움과 연대의 마음을 전한다. 아파도 미안하지 않은 세상을 각자의 자리에서 '함께' 만들어가고 있음을 여전히 뜨겁게 느끼고 있다.

시민참여형 예술의 의미: 소수자가 언어를 가질 때까지

마지막으로 연극 공연 이후 많은 이들이 질문했던 내용에 대해 언급해야 할 필요를 느낀다. 시민참여형 작품의 어려움에 관한 것이다. 시민연극을 비롯한 '시민참여형 예술'은 흔히 시민이 참여한다는 의미는 있으나, 그에 비해 상대적으로 내용의 완성도나 미적 성취는 약하다고 이야기된다. 나는 그게 시민들의 전문성이 부족하기 때문이 아니라, 어떤 시민과 어떻게 함께할 것인가에 대한 고민이 부족해서가 아닐까 하는 생각을 해왔다. 시민참여형 예술은 '누구든' 참여할 수 있지만, 결코 '아무나' 참여하는 활동은 아니다. 작품의 의도에 대한 이해가 깊은 준비된 시민을 찾아 적절한 과정을 거쳐 함께 작업을 완성할 필요가 있지 않을까.

〈아파도 미안하지 않습니다〉의 경우, 아픈 몸으로 살아가는 시민을 공개모집했다. 시민들에게 자신의 질병 경험을 에세이로 써서 제출하도록 하되, 글쓰기 역량을 기준으로 선발하는 것임은 아니라고 공지했다. 그런 기준을 둔 것은 우선 시민 스스로 이 작업을 준비할 수 있도록 하기 위해서였다. 무엇보다 자신의 질병 경험을 사회문화적으로 해석해내는 관점을 보고 싶었다.

이런 방향으로 연극을 기획할 수 있었던 것은 물론 앞서 경험한 수많은 실패와 어려움, (이따금의) 성공 등이 가르쳐준 것들 덕분이다. 2000년대 초반 시민참여형 예술교육과 여성영화관객상을 함께 기획했던 동료들과의 경험, 2006년부터 '다큐인'에서 동료들과 함께해온 장애인 미디어교육과 장애, 여성, 빈곤에 대한 독립 다큐멘터리를 연출했던 경험, 그리고 그 과정에서 대중들에게 관심받거나 외면받았던 경험이 모두 큰 도움이 되었다.

세상을 더 나은 방향으로 만드는 것이 사회운동이라고 할 때, 그 여정이 어렵고 험난하다한들 소수자를 주체로 세우는 방식을 포기할 순 없다. 소수자가 자신의 언어를 갖고, 그 언어를 바탕으로 목소리를 높이고, 그 목소리가 사회에 수용되고, 그리하여 더 이상 차별, 혐오, 배제에 걸려 넘어지지 않아도 되는 세상. 그런 세상을 향해 몫 없는 동료들과 계속해서 천천히 나아가고 싶다.

2020년 3월

페미니스트 저널 《일다》와 장애인언론 《비마이너》를 통해
〈낭독극: 아파도 미안하지 않습니다〉 참여자 공개 모집.

2020년 4월 3일

신청자가 제출한 질병 에세이를 검토하여 여섯 명의
최종 참여자 선정 및 발표.

2020년 4월 25일

연극 연습 시작.

2020년 7월 11~12일

대학로 이음아트홀 공연.

2020년 7월 11일~8월 31일

온라인 공연.

2020년 11월 7일

2020 레드어워드 '주목할 만한 시선' 부문 수상.

2021년 4월 12일

제57회 백상예술대상 연극 부문 후보.

각종 단체 및 공동체 상연

2020년 9월	이화여자대학교 채플
	순천향대학교 간호학과
	아시아인권문화연대
	도봉구 건강가정다문화가족지원센터
	간뎌울초등학교 병설유치원 유아교육 전문적학습공동체
	(메아리 인권교육) 교사
2020년 10월	이화여자대학교 장애인권 자치단위 '틀린그림찾기'
	서울대학교 의과대학 의예과
	숙명여자대학교 공감인문학센터
	하.나.의. 교회
2020년 12월	경북대학교 의과대학 의예과
	대전녹색당 페미니즘 의제모임
2021년 3월	3·8 세계여성의날 기념 경남여성영화제
	이화여자대학교 인권윤리학
	홍성여성농업인종합지원센터
	녹색당 건강사회위원회(준)+성평등위원회
2021년 4월	부천문화재단 시민미디어센터
2021년 5월	카이스트 문지캠퍼스
	노들장애인야학 철학2반
	서울대학교 의과대학 의예과
2021년 6월	(재)국립극단
2021년 10월	창원대학교 간호학과
2022년 1월	현재까지 총 2만 명 이상의 관객 동원(온오프라인 합산).

이한 이유진 송화선 최가진 주미옥 허윤민 홍지흔 이진송 림보 권정희
최민 박종희 배선영 성경숙 윤수진 김정희 전윤정 김희정 강민수
루나(우정) 유성원 이광연 김지은 박영 이정원 이옥연 신혜영 윤여준
홍성훈 강영주 서준형 강윤지 서준형 왕언경 신민정 바우새 조한나
박지은(은지) 최유미 기리 김수나 박주연 이동희 치이즈 고주영 박정현
강병재 김한나(후원자명 해랑) 은지영 박은영 덩야핑 한정은 윤수진
공진하 이지원 이승연 움직씨 권정은 강명신 엄진경 이수연 강윤정
오현아 권영은 장윤주 정진새 정은희 고명선 Hanna Cho 홍혜은
윤희정 박미현 조한진희 김지수 장은지 동녘 박성인 윤혜진 이유환
강주혜 배현경 오지수 최유나 전희경 김영옥 김은결 이래은 백수연 신재
김경란 강지영 희음 강보름 성재현 안서연 양지해 조연하 이슬 이해솔
송진희 김영화 김서화 유혜경 최지은 김아영 김미현 박미선 전지윤
나드짱 이혜나 수짱 강미선 윤선영 문영민 김마이 정지혜 한경 곽정란
김선희 박신서 박하늘 조이여울 김민영 김윤주 조안나 송진희 이지은
홍지혜 심승주 박신영 박혜미 최샘이 이선주 양윤정 안수연 눈길 날개
김선재 박형준 김진희 김신 소이 라시내 김민숙 김보람 김국향 김미경
이진 구이진 서동빈 김광현 임미경 최유경 한 톨 유선 신소영 오로라
김현정 정인성 박예진 김효실 김현숙 신소영 이도연 아람 전미옥 임인자
김유미 송현성 성지혜 임선희 조혜영 권유경 이송연 장문선 전경자
조예림 지수진 일요 메이 권영애 박세정 정상순 최정윤 이세연 김정국
장경아 백석 최혜영 이기정 군소 유정화 박소영 박목우 양하은 오현주
김예은 박정수 김경림 나영정 배은미 탤탤 도우리 홍주은 이해울 최기섭

유연주 이옥분 김소이 유혜영 정은희 곽노길 김민기 영실 김하선 오선화
이숙견 양지우 공윤선 안지혜 김선정 이영수 우리동네연구소 고진선
신나라 정재익 강순옥 이호선 추경미 우예림 배나은 장미현 문민기
문지혜 박문진 정보미 차경미 김승환 최영란 김정민 성지혜 홍윤희
차미경 김수연 박희규 임세현 한혜경 이창민 김보영 김세영 김영식
조영아 이현아 강설애 양동민 함보현 강수연 최란 이정숙 최지선 조미영
이은주 은석 호진 김지림 오혜민 이정은 지은숙 이선희 김정재 문지혜
전지윤 이해울 신상숙 이명희 김유진 박의나 김영주 남혜원 반기훈
서경선 장윤정 김민조 김진산 김태희 권아람 김미정 최진영 이성윤
조언주 유소현 김오쭈야 나경희 윤용석 이종란 최순화 김지안 이경은
배운기 정근화 오현정 이은주 김영민 류후남 심병섭 정승훈 이화정
고영란 하재영 강아란 Sung Mee Sun 이주영 장인선 최은경 단 조기현
하은 정규성 김호성 안관수 임성미 주장욱 박의빈 신운선 강혜민 김여진
박우진 이주희 김민경 이미지 최혜란 류현철 차민정 손하영 안애련
전현정 안보영 정기환 박수진 박아름 금지원 장찬 김나연 윤현배 강초혜
원예은 강유민 곽노길 신연주 햄날맹 노명 박정하 송미란 마조은 강혜인
장일호 이주영 이정옥 김남훈 권민희 오현정 최소현 김민혜 이의영
최윤정 이안 clara57 원영 황숙희 김진하 김동현 김미현 서정은 안슬기
윤민지 금기환 이경섭 최진영 온누리 김경혜 장재희 문수복 임경희
김재정 고민경 조우정 박상하 정연빈 김성희 우경진 서춘희 공예진
조민준 임미화 주수미 신두란 조은영 박선영 무지 안소연 마몸 이하경
유형섭 김소미 노영은 김잔디 옥이 정지윤 나루 안지영 조정현 정한나
김성연 박문정 한예슬 김혜령 최보희 노현영 김민지 박보현 전근배
이채현 김소연 김남일 임현진 황가현 maum 권보라 지강훈 홍진표
우정규 꼬부기 김미현 이선화 김정은 루크 강미옥 한선주 유해리 유미영
해연 하랑경 김지민 지수 김혜린 고마워서그래 한은서 정우주 이진아

황유정 봄로야 이지형 박혜리 고혜경 강지효 김혜원 유초원 박희정 하늬
오션 배은미 오온유 김지은 한채원 권다정 명아 백승지 김다원 윤여임
황채은 이나연 나희경 이윤형 김방옥 장유주 오류동퀴어세미나 최유나
이시은 김시현 쇼비 박기나 Remind 최진혜 이지민 손준형 김보람
곽노길 박상은 최윤경 흐르는 물 이시카와쥬리 정순우 박동호 박세연
김진용 신민경 코뿔소 민효민 양도현 산호초 한빛 김은미 양희선 김진주
노하은 우지안 전소은 임예신 공감이 빵지 은진 누군가 명화숙 민소연
윤영선 야옹 변두리 홍정희 장창현 황시연 채정민 이혜림 김민경 양현지
이한희 장혜원 김안나 최여리 가나자와사토미 곽혜림 김현아 이설민
하예린 김예림 이소연 이소연 임지유 김은숙 안은미 이선재 김경옥
최나리 현자명 이하정 박지민 조이슬 유현주 심희완 이서빈 선정인
이은영 전경숙 조경설 임혜지 홍수빈 김민서 윤혜원 심은화 김민주
김정혜 박현진 김제옥 소진영 김수영 김학선 김민주 김효진 이동경
박내현 니나 솜머 신현정 김정우 마마품 공동체상영 및 화답연대상영
경북대 의예과 서울대 의예과 숙명여대 인문학센터 순천향대 간호학과
이화여대 채플 청주교대 교육학과 이화여자대학교 장애인권자치단위
틀린그림찾기 하나의교회 인천간재울초 도봉구다문화가족지원센터
38여성의날기념경남여성영화제 홍성여성농업인센터
부천문화재단시민미디어센터 카이스트 노들장애인야학철학2반
녹색당건강위원회 녹색당성평등위원회 추천사 김창엽(서울대
보건대학원, 시민건강연구소) 미류(인권운동사랑방) 은유(작가)
최민(한국노동안전보건연구소) 최원영(서울대 간호사) 토크쇼 사회
및 게스트 정은희 김창엽 최원영 언론 및 비평 일다 조이여울 한겨레
김효실 시사IN 김영화 민중언론참세상 정은희 비마이너 강혜민 박정수
경향 이진송 연극IN 문영민 다른세상을향한연대 전지윤 고려대신문
김민조 이음센터웹진이음 김소연 연극비평집단시선 관람평이벤트

강병재 다올 hanna kim 배우 나드 다리아 박목우 안희제 재 홍수영
연출 빠빠 기획제작 조한진희 무대감독 김동규 음향감독 정재익
조명감독 박병호 영상오퍼 백상민 무대크루 김광현 진행스탭 진영
서영화 혜정 수어통역 수어통역협동조합 김선미 임동초 장진석 윤영표
문자통역 AUD협동조합 이시은 영상 마민지 오건영 사진 김덕중
디자인 조은영 협력 인권연극제, 장애인문화예술판 후원 아름다운재단
도서출판동녘 주최 다른몸들

아픈 몸, 무대에 서다

초판 1쇄 펴낸날	2022년 1월 19일
글	나드·다리아·박목우·안희제·재·홍수영
기획	조한진희×다른몸들
펴낸이	박재영
편집	이정신·임세현·한의영
마케팅	신연경
디자인	조하늘
제작	제이오
펴낸곳	도서출판 오월의봄
주소	경기도 파주시 회동길 363-15 201호
등록	제406-2010-000111호
전화	070-7704-2131
팩스	0505-300-0518
이메일	maybook05@naver.com
트위터	@oohbom
블로그	blog.naver.com/maybook05
페이스북	facebook.com/maybook05
인스타그램	instagram.com/maybooks_05
ISBN	979-11-90422-31-4 03300

책값은 뒤표지에 있습니다. 잘못된 책은 바꾸어 드립니다.

만든 사람들

책임편집	임세현
디자인	조하늘